천명

천 명

초판 1쇄 인쇄 2013년 12월 15일
초판 1쇄 발행 2013년 12월 20일

지은이 紫 微
펴낸이 金泰奉
펴낸곳 한솜미디어
등 록 제5-213호

편 집 박창서, 김수정
마케팅 김명준
홍 보 김태일

주 소 (우143-200) 서울시 광진구 구의동 243-22
전 화 (02)454-0492(代)
팩 스 (02)454-0493
이메일 hansom@hansom.co.kr
홈페이지 www.hansom.co.kr

ISBN 978-89-5959-379-8 (03150)

*책값은 표지에 표시되어 있습니다.
*잘못 만들어진 책은 구입하신 서점에서 친절하게 바꿔드립니다.

천명

天命

紫 微 지음

한솜미디어

| 목 차 |

제1부 하늘의 부르심

제2부 신비의 질병 치유 능력

제 4부 새로운 인생으로 탄생

제5부 신과 영혼

제1부

하늘의 부르심

무릉도원 세상이 자미국이다

이 지구 상에서 공식적으로 하늘의 천명을 유일하게 받을 수 있는 곳은 자미국뿐이다. 천명을 받는다는 것은 쉬우면서도 어려운 일이기 때문이다.

하늘의 천명은 아무나 받을 수 없다.

이 책을 읽고 공감하고 감명받으면 천명을 받을 확률이 매우 높지만 그렇지 않으면 천명을 받을 수 없다. 하늘은 한 치의 오차도 없으시기에 엄격한 심사를 거쳐서 심판하신 후에 천명을 내려주시기 때문이다.

천명을 받는다는 것은 살아서나 죽어서나 하늘의 보호와 사랑을 무한정 받을 수 있는 특권이 주어진다.

맑고 깨끗한 하늘의 마음을 가진 자들에게 우선적으로 기회가 주어진다. 더러운 욕심으로 가득한 자들은 천명을 받기가 그만큼 어려워진다.

잃어버린 하늘을 찾고자 갈구하는 자들과 사후세계에서 슬피 울고 있는 자신의 조상님을 고통에서 구해내고, 몸 안에서 하늘 찾아달라고 울부짖는 자신의 영혼을 하늘 만나게 해주려는 자들이 천명을 먼저 받을 수 있다.

천명을 받는다 함은 현생의 인간세상과 죽음 이후의 사후세계까지 보호받는 무릉도원 세상이 열린다.

하지만 인간의 욕심을 채우기 위하여, 출세하기 위하여, 성공하기 위하여, 사업이 잘되기 위하여 천명을 받으려 하면 그건 조건이 되기에 천명받기가 쉽지 않다.

인간의 힘으로 도저히 이룰 수 없는 영적 세계인 하늘세계, 사후세계, 신명세계, 영혼세계, 조상세계에 대한 것을 궁금히 여기며 알고자 하는 사람들이 천명을 받을 수 있다.

수천 년 전부터 늘 외세의 침입을 받으며 슬프게 살아온 동방의 작은 나라 한반도!

언제나 미국, 중국, 일본, 러시아 등 4대 강대국들의 힘에 눌려 살아왔고 지금 또한 마찬가지이다.

그래서 민족혼을 되살리고 정신적 지주를 세우는 일이 시급한데 대한민국 대통령과 정부 고위관료들부터 천명을 받아야 나라가 강대해진다.

5천 년의 역사를 자랑하지만 민족정신의 구심점이 될 인물이 없다. 이제 이 나라 국민들은 고정관념과 인간의 욕심을 모두 내려놓고 민족과 인류의 지도자를 추대하는 자미국의 천지대업에 동참해야 할 시기가 다가왔다.

이 나라가 세계를 다스리고 호령하며 영도할 수 있는 하늘이 내려주신 행복의 길이 있다.

나의 주장에 어안이 벙벙할 국민들이 대다수일 테지만 이 나라가 잘되고 잘살 수 있는 유일한 길이다. 이 나라에 하늘이 내려주시는 처음이자 마지막 기회이다.

그것은 자미국이 인류와 민족의 구심점으로 청와대 터에 하루빨리 세워지는 것이다.

나는 천명을 받은 대로 뜻을 전한다.

하늘과 땅, 신, 영, 조상님, 나라조상님, 천지신명님들이 모두 함께하실 자미국 터 청와대 자리를 이제 원주인에게 돌려주라는 천명을 이 나라 정부와 국민들에게 전하는 바이다.

청와대 터는 인류가 탄생하면서부터 자미국이 들어설 터로 정해진 자리였다.

하루속히 청와대 터를 원주인에게 돌려주어서 하늘과 땅의 모든 천지신명님들과 나라를 건국한 역대제왕님, 나라조상님들의 오랜 원과 한을 풀어드리게끔 장소를 내주어서 나라의 부흥번창을 현실로 이루어내는 것이 정부와 국민들의 현명한 선택이라고 생각한다.

세계 속에 위대하신 태초의 하늘을 인류의 구심점으로 세우고 받드는 인류의 역사적인 천지대업을 이루는 민족 최대의 경사스런 일이다. 이 나라와 국민들이 하늘께 보호와 사랑을 받을 수 있는 처음이자 마지막 기회가 이 나라에 주어졌으니 기쁘게 받아들여야 한다.

청와대 터의 진짜 원주인이 들어가지 않는 이상 앞으로도 대통령들의 불행, 나라의 불행은 멈추지 않고 오히려 지금보다 불행의 강도가 심각할 정도로 강해진다.

이 나라를 세계 최고의 국가, 인류의 구심점, 세계 중심국가로 우뚝 세우기 위해서 청와대 터를 비워 달라는 것인데 과연 정부와 국민들이 얼마나 이해하고 받아들일지 천명을 전하는 나로서도 궁금하기는 마찬가지이다.

너무나 황당하고 현실적으로 가당치도 않은 일 같아서 미친놈 소리 들을 수도 있다. 하지만 이것이 나와 하늘과 땅, 신, 영, 조상님, 나라조상님, 천지신명님들의 뜻이니 뭐라 욕하고 비난하더라도 받아들일 준비는 다 되어 있다.

한마디로 제정신이냐고 할 사람들 참으로 많을 것인데 나의 뜻만 전하는 것이 아니라 하늘과 땅, 신, 영, 조상님, 나라조상님, 천지신명님의 메시지가 수시로 내리기 때문에 줄기차게 전하고 있는 것이다.

인간이 태어난 이후 최초로 하늘이 강림하시어 우리 민족을 인류를 영도할 중심국가로 선택해 주시었는데 이 뜻을 아는 내가 전할 수밖에 없지 않은가?

청와대 터는 수많은 사람들이 신의 터라서 사건사고가 많이 난다고 100년 전부터 알려져 왔는데 엄격히 말하면 자미국 터가 맞다.

인간상식 수준에서 이해될 일 같으면 이런 말을 책으로 집필할 필요가 없다. 우리 인간들은 위대하신 하늘의 높은 뜻을 다 헤아릴 수 없다.

나 하나의 꿈이나 야망이 아니라 하늘과 땅, 신, 영, 조상님, 나라조상님, 천지신명님들 모두의 뜻이다. 말도 안 되는 일이라고 비난의 말을 할 사람들이 부지기수일 것이지만 나는 이 모든 분들의 메시지를 실시간으로 받고 있다.

연평도 포격 3주년을 맞아 북한의 청와대 불바다 발언과 천주교 전주교구 신부의 국정원 댓글 선거개입 책임을 지고 '박근혜 대통령 사퇴하라'는 발언의 파문이 일파만파로 번지고 있으나 이것이 무엇을 뜻하는지 지금으로서는 그 깊은 내막을 국민들은 알 수가 없을 것이다.

자미국이 청와대 터에 세워지는 것은 하늘과 땅, 신, 영, 조상님, 나라조상님, 천지신명님께서 인류가 탄생한 시점부터 천상 계획도에 이미 설계되어 있다고 하시었다.

이 모든 분들이 청와대 터를 비우라고 북한 당국과 천주교 신부 육신의 몸을 빌려서 우리들이 들어갈 청와대 자리를 어서 비우고 떠나라며 시위하는 메시지이다.

자미국을 이 나라의 중심으로 건립하려는 것은 대한민국을 새로이 건국하는 것과 같고, 천손민족이 장차 세계인류를 정복하기 위해 반드시 필요한 천지간의 역사적인 천지대업의 일환으로 받아들여야 한다.

하늘과 땅, 신, 영, 조상님, 나라조상님, 천지신명님과 천지대능력자 인황이 청와대 터를 비우라고 전하는데 과연 얼마나 버텨낼 수 있을 것인가 그것이 궁금하다.

이 모든 분들의 뜻이 담겨진 자미국 건립은 나라의 국책 사업으로 다루어 조속히 추진해야 할 것이다.

이 모든 분들의 뜻이 받아들여지지 않으면 상상초월, 예측불허의 수많은 재앙들이 나라 곳곳에서 일어날 것이라고 이미 몇 년 전에 경고했었다.

자미국이 청와대 터에 세워지면 무소불위하신 천지대능력을 가지신 하늘과 땅, 신, 영, 조상님, 나라조상님, 천지신명님들께서 이 나라를 세계의 중심으로, 1등 국가로, 세계지배 통치국가로 우뚝 세워주신다고 말씀하시었다.

나라가 평온한 상태에서는 나를 통해서 이분들이 전하는 메시지를 정부와 국민들이 받아들일 수가 없기 때문에 정국을 일파만파로 뒤흔들고 계신 것이다.

자미국을 이 나라의 중심으로 청와대 터에 조속히 건립하라는 것이 하늘, 땅, 신, 영, 조상님, 나라조상님, 천지신명님들이 이 나라와 정부, 국민들에게 내리신 天命(천명)이다. 천명을 거역하면 그에 상응하는 엄청난 대가를 치러야 한다는 것쯤은 대다수가 알고 있을 것이다.

이 나라와 대통령, 정부, 국민들이 하늘의 天命(천명)을 받아들일 때까지 나라의 국론이 분열되어 국가 비상사태가 선포될 정도로 나라가 뒤흔들릴 것이고 천재지변과 상상을 초월하는 대형 사건 사고로 정부와 국민들이 정신을 차리지 못할 정도로 위태로워질 수도 있다.

전 세계 237개의 수많은 나라가 있지만 하늘께서 天命(천명)을 내려주신 나라는 천손의 민족인 대한민국 하나뿐이니 대통령과 국민들 모두가 기쁘게 받아들여 자미국을 청와대 터에 우뚝 세워서 인류의 구심점, 세계 중심국가, 통치국가로 하루빨리 세워야 할 것이다.

이 글을 읽고 수많은 반대론자들도 있을 테지만 하늘, 땅, 신, 영, 조상님, 나라조상님, 천지신명님, 자미국은 어떤 수단과 방법을 써서라도 뜻을 이룰 것이다.

이미 모든 분들이 오래전부터 정해 놓은 이 나라의 운명이기 때문이다. 하루빨리 이분들의 뜻을 겸허히 받아들이는 것이 이 나라 발전에 원동력이 될 것이다.

이분들의 분노로 나라가 풍비박산이 난 뒤에 굴복하지 말고 나를 통해서 이분들의 뜻을 좋은 말로 전해줄 때 받아들여야지 나라가 무탈할 것이다. 이미 주변 국가의 대재앙을 통해서 이 나라 정부에 수없이 경고하였다.

전 세계에 일어나고 있는 대재앙이 바로 그것이다.

인도네시아 쓰나미 30만 명 사망, 일본 동북대지진으로 인한 쓰나미와 원전폭발로 인한 3만 명 사망과 300조 규모의 피해, 중국

쓰촨성 대지진 10만 명 사망, 필리핀을 강타한 초강력 태풍 하이엔의 막대한 피해, 연평도 포격사건, 천안함 폭침, 금강산관광 중단, 개성공단 폐쇄 등이 바로 그것이다.

이런 천지대재앙들이 이 나라 정부와 국민들에게 이 모든 분들이 보내는 긴급 메시지이다. 이 글을 읽고도 무시하면 현실로 더 큰 재앙을 이 나라에 직접 일어나게 해서 다급함을 보여주실 것이다.

수많은 대재앙을 통해서도 이 나라 대통령과 정부와 국민들이 알아듣지 못하니까 천주교 신부를 통해서 대통령 사퇴하라는 말을 하게끔 하는 것이다.

하늘의 대행자 자미국 인황의 육신을 통해서 이 모든 분들이 보여주신 무소불위한 천지대능력이 얼마나 대단하신지 이 책의 사례들을 자세히 읽어보면 알 수 있을 것이니 끝까지 정독하기 바란다.

이분들의 대단하신 천지조화 능력은 엄포가 아니라 현실 그대로 무소불위함 그 자체이시기에 천명을 거역하면 나라가 위태로워질 것이다.

올해 태풍으로 인한 피해가 전혀 없었다. 큰 태풍 하나만 올라와도 나라경제에 치명적이다. 천지대자연을 통한 하늘, 땅, 신, 영, 조상님, 나라조상님, 천지신명님들의 응징을 무슨 재주로 이 나라가 막아낼 수 있을 것인가?

자미국을 나라의 중심으로 세워 무릉도원 세상에서 살아갈 것인가? 아니면 대재앙으로 응징 당하여 지옥세계 같은 비참한 운수로 살아갈 것인지 이제는 대통령과 정부, 국민들이 속히 결정을 내려야 한다.

하늘이 내리신 천명(天命)

하늘이 내리신 天命.

각자 개인에게 내린 천명이 있고, 기업에게 내린 천명이 있고, 대통령과 국가에 내린 천명이 각기 다르다.

개인에게 내려진 천명은 사후세계에서 하늘을 만나지 못하여 구원받지 못해 슬피 울고 있는 부모조상님 구원과 자기 영혼 및 가족 영혼을 구원해서 아픔과 슬픔, 고통과 불행에서 벗어나 행복하게 살라는 것이다.

구천에서 슬피 울고 있는 자신의 부모조상님들을 자미국에서 구원하지 않은 사람들은 죄인들이기에 웃으며 살면 안 된다는 하늘의 지엄한 천명이 내려져 있기에 웃고 살면 인생이 더 뒤집어져서 지옥 같은 삶을 살게 된다.

기업인들에게 내려진 천명은 자미국 건립에 적극 동참하고 후원한 뒤에 중소기업은 대기업으로 번창하고, 대기업은 지금보다 더 크게 발전하여 세계적인 굴지의 글로벌 기업으로 도약해서 1등 경제부국을 달성하는 데 초석이 되라는 것이다.

대통령과 국무위원, 국회의원, 고위공직자들에게 내려진 천명은 하늘, 땅, 신, 영, 조상님, 나라조상님, 천지신명님의 뜻을 조건 없이 받아들여 청와대 터를 다른 곳으로 조속히 이전하고 천하를 다스릴 자미국을 나라의 중심으로 세우는 데 동의하는 용단을 내리는 것이다.

이렇게 자세히 각자에게 내려주신 천명을 전해주어도 받아들이고 받아들이지 않고는 각자의 판단이고 자유이겠으나 천명을 거역한 대가는 반드시 받게 된다.

이 모든 분들이 벌을 내려서 목숨을 잃게 하거나 기업이 파산하고 대통령과 국록을 먹는 사람들은 일신상의 직무를 수행하지 못할 엄청난 불행한 일들이 불원지간에 발생하여 때늦은 후회를 하게 될 것이다.

세계 72억 인류를 굴복시킬 수 있는 방법은 하늘을 대신해서 자미국 인황이 인류의 죄를 물어 살릴 자 구하고, 죽일 자 천지대재앙으로 멸망을 내려 심판하는 것이다.

핵무기 같은 군사력이나 거대한 경제력으로도 이 나라 국민과 세계인류를 굴복시킬 수는 없다.

군사대국, 경제대국, 인구대국을 이루고 있는 세계 초강대국 대통령과 국민들을 굴복시킬 수 있는 유일한 길은 인류의 대표, 인류의 심판자, 하늘의 대행자인 자미국 인황이 갖고 있는 무소불위의 천지대능력이다.

국력이나 무력으로는 초강대국들을 굴복시킬 수 있는 유일한 방법은 그 어디에도 없고 대능력을 갖고 계신 하늘과 땅, 신, 영, 조상님, 나라조상님, 천지신명님들이 나의 육신을 통해서 세계인류가 감동받아 스스로 자미국에 굴복하게 만드는 천지신명공사를 집행하는 길 하나뿐이다.

이것이 전 세계를 단일국가 하나로 통합하여 세계 각 나라를 자미국 연방국가로 귀속시키는 엄청난 천지대업의 역사이니 인류가 제 2의 천지창조가 되는 것이다.

초강대국인 미국, 러시아, 중국도 세계 통일을 못했지만 자미국

창시자 인황은 천지대능력자분들의 도움을 받아서 현실로 이루어낼 수 있다.

이 나라 모든 국민들은 물론 세계인류 모두가 이 땅 지구에서 살아남으려면 자미국 인황의 무소불위한 천지대능력 앞에 조건 없이 승복하고 동참하는 것이다.

하늘, 땅, 신, 영, 조상님, 나라조상님, 천지신명님, 자미국의 뜻에 동참하지 않아 이분들의 보호와 사랑을 실시간으로 받지 못하면 각자의 목숨, 건강, 재물, 권력, 벼슬, 명예, 기업, 직장, 가정을 지켜낼 수 없는 재앙들이 갑자기 발생해도 아무도 도와주시지 않을 것이다.

내가 전하는 말이나 글, 마음, 생각은 현실에서 그대로 일어나기에 무시했다가는 상상을 초월하는 불행한 일들이 일어나고, 반대로 그대로 행하면 기쁨과 행복의 좋은 일들이 무수히 일어난다는 것을 책 읽으면서 알게 될 것이다.

자미국을 전 세계의 중심으로 세우기 위하여 무소불위하신 천지대능력자들이신 하늘, 땅, 신, 영, 조상님, 나라조상님, 천지신명님들께서 자미국 인황의 육신을 빌려서 모든 천지신명공사를 실시간으로 집행하고 계시기에 인간들의 상식을 넘어 상상을 초월하는 천지개벽의 조화가 글, 말, 마음, 생각하는 대로 현실에서 실제로 일어나고 있다.

천지대능력자분들이 자미국 인황 육신의 몸으로 모두 하강 강림하시어 천지신명공사를 집행하시는 인류 최초의 경사이니 내가 이 나라 이 땅에 태어난 것이 이 나라와 국민들 모두의 홍복이자 대길조일 것이다.

수많은 비기와 예언서에도 이 나라가 세계의 중심국가로 부상한다고는 예언되어 있지만 구체적으로 어떤 방법에 의해서, 언제 누구에 의해서 그리되는지 아무도 모르고 있으며 다만 모두가 그날을 기다릴 뿐이다.

자미국을 창시한 하늘의 대행자 인황!

어쩌면 인류 모두가 오랜 세월 동안 종교세계 안에서 찾으며 애타게 기다렸던 주인공일 수 있다.

그동안 종교 교주들에게 너무나 오랜 세월 동안 많이 속고 속아서 이런 주장을 하는 자체부터가 사이비 종교로 매도하는 것이 어쩔 수 없는 현실세계이지만 하늘과 땅, 자미국의 진실을 전하니 대단한 자미국을 받아들일 자 받아들이고, 무시할 자 무시하면 된다.

월드컵을 통하여 지구촌 역사상 최초로 수백만 명이 붉은 옷을 입고 무리를 지어 대~한 민국을 연호하며 축구를 응원한 것은 처음일 것이다.

이것을 계기로 지구촌에서 대한민국을 모르는 국가와 인류가 없을 정도로 5천만 국민의 함성은 세계를 경악케 하고도 남음이 있었던 하나의 대역사였다.

이런 한류열풍이 전 세계적으로 거세게 불고 있는 원인은 무엇인가? 스포츠 선수들과 연예인을 통해서 전 세계로 퍼지고 있는 한류열풍은 자미국의 존재를 전 세계에 널리 알리기 전에 이 나라를 세계 속에 먼저 널리 알리고 이 나라를 인류의 중심국가로 세우시려는 하늘과 땅, 신, 영, 조상님, 나라조상님, 천지신명님들의 천지신명공사였다.

나라가 발전하려면 정치부터 안정되어 있어야 하는데 현재의 대통령 직선제로는 정국안정을 꾀할 수 없으므로 입헌군주제를 도입하고 내각책임제를 실시해야만 해결된다.

후손 대대로 역사에 길이 계승 발전될 우리 7천만 민족의 정신과 정기를 하나로 모아 통일 한반도를 조기 실현하고, 구천과 지옥세계에서 고통받는 선대 조상님들의 영혼을 구원하여 자손들이 질병과 악귀잡귀로부터 고통받지 아니하고, 마음과 육신이 평화롭게 천수를 누리며 살아가는 무릉도원 세상 자미국을 세우고자 한다.

지구촌을 이끌어갈 영원한 정신적 지도자인 진인은 과연 어디에 있으며 누구인가? 진인(眞人)은 진사성인출(辰巳聖人出)이라 했으니 진년이나 사년에 하늘의 천명을 받은 사람일 것인데 그 주인공이 자미국 창시자 인황일 것이다.

자미국은 종교가 아니고 종교 색채를 띠지 않으며 특정 종파를 위해 존재하는 곳이 아니다. 진짜 태초의 하늘과 실시간으로 유일하게 통신할 수 있는 자미국이 민족과 인류의 구심점으로 서는 것은 아주 당연한 일이다.

하늘이 내리시는 천명을 받게 해주는 자미국!

모든 종교를 포용하므로 무신론자는 물론 기독교 천주교 불교 도인들 모두가 참여해도 되므로 종교 간의 갈등으로 고민하지 않아도 된다.

부모조상님, 하늘과 땅, 신을 참으로 모시지 않는 사람은 부처님이나 예수님도 진심으로 모시기 어렵고 자신의 욕구만을 위해 기도한다.

자미국은 어느 한 개인이나 단체를 위해 세워지는 것이 아니고, 세계 만국과 만물의 정기를 하나로 모아 민족과 인류의 결집체를 세우는 곳이다.

이것은 자자손손 대대로 물려줄 신성하고 영원한 정신적 자산으로 그 주인은 바로 하늘과 자미국의 인황, 사감, 천인, 천손, 백성들이다.

각계각층의 사회 저명인사와 정계, 관계, 재계와 목사, 신부, 승려, 신명제자, 도인 등 종교 지도자들이 모두 참여하는 계기가 되었으면 좋겠다.

하늘과 땅, 신은 우리 인간의 몸에 마음(精氣)으로써 존재하고 있다. 하늘의 정기를 받은 사람, 땅의 정기를 받은 사람, 신의 정기를 받은 사람들이 각자 다른 천명을 받고 이 땅에 왔다.

거지는 거지대로 전생의 죄업을 닦아야 하고, 청소부는 전생의 지은 업연의 인연대로 와서 냄새나는 곳을 깨끗이 청소하는 천명을 받았다. 이 세상에 청소하려고 태어난 사람은 한 명도 없을 것이다.

그것은 하늘에서 그들에게 내린 천명이다.

하늘과 신은 반드시 존재하고, 영혼도 존재하며 또한 인간의 신명도 존재한다.

하늘과 신은 정기의 흐름으로 일반 사람 눈에는 전혀 보이지 않는다. 신을 받았거나 기도를 통해서 신계와 영계의 세계를 보는 영능력자는 많이 있다.

하늘과 신은 만져지지도 않고, 들리지도, 보이지도 않기에 믿기가 어렵다. 하지만 인간의 마음처럼 존재한다고 믿으면 틀림없고 그 신들은 모두가 마음으로 오고 또한 마음으로 간다.

그러나 그 신들은 우리 인간의 마음을 모두 알고 있으며 우주의 기운을 돌린다.

대우주 천지창조주이신 태상천존 자미천황님께서도 인간이란 존재가 없으면 존경과 숭배를 받을 수 없으시며 인간세상에선 아무 일도 할 수 없으시다.

신의 정기를 받는 인간의 육신이 있을 때에만 그 사람의 입을 통해서 신들의 참뜻을 전달할 수 있다.

인류의 구심점 자미국에서 추구하는 목표는 정신적 평화와 물질적 해방, 질병으로부터 벗어나 1인 1신명 생전 도통시대를 열어 탄생에서 무덤에 이르기까지 무릉도원 같은 삶을 살아가는 것이 최종 목표이다.

자미국은 온 인류가 기다리고 바라던 유토피아 세상이 분명하며 마음과 영혼의 안식처가 되어 줄 것이다. 교인들이 찾는 극락이나 천국을 저 높은 하늘에서만 찾을 것이 아니라 지상에 세워 신과 사람이 하나 되도록 하자.

신의 운수로 살아가야 인간의 고통이 신에 의해 소멸된다.

자미국은 지친 삶을 살아가는 육신의 안식처이고, 영혼의 안식처는 천상 자미천궁이다. 살아서는 자미국에서 죽어서는 천상 자미천궁으로 가면 된다.

태어나기 전에는 엄마의 자궁 속이, 태어나서는 자미국이, 죽어서는 천상 자미천궁이 무릉도원이다. 어느 종교를 갖고 있든 종교적 갈등으로 고민하지 않아도 된다.

하늘과 땅과 조상님은 절대 종교가 아니다.

하늘은 하늘 자체이고, 땅은 땅 자체이며, 조상님은 뼈와 살을 나누고 인생을 같이 하다 사후세상으로 먼저 가신 분이다.

많은 사람들과 상담을 한다.

인생의 문제점과 추구하는 목표도 다르다 보니 궁금한 사항도 모두 다르다. 궁금해 하고 모르는 부분에 대하여 설명을 해주다 보면 가끔은 기진맥진할 때도 있지만 나의 임무이고 나의 길이기에 기쁘게 행하고 있다.

그러나 가장 힘든 부분은 이곳 자미국이 어떤 종교인지에 대하여 궁금해 하는 사람들이 많은데, 종교가 아니라고 설명해 주면 그럼 사이비냐고 묻는 사람들이 있다.

다시 한 번 강조하지만 하늘과 땅이 어찌 종교이고 각자의 조상님이 종교인지 묻고 싶다.

이곳 자미국은 높고 높은 천상의 하늘과 우리가 살아가고 있는 지상의 땅과 이미 가신 자기 조상님의 소원을 이루어드림으로써, 한 치 앞도 내다볼 수 없는 나약한 인간들의 불확실한 미래에 대한 공포와 불안.

그리고 사업 실패, 금전 고통, 교통사고, 우환, 질병 등에 대한 불안 요인들을 하늘과 땅과 조상님의 도움으로 사전에 예방하여 지상천국, 지상선경, 유토피아, 지상낙원, 지상선국의 무릉도원 세상을 이룩하는 곳이며 종교의 뜻이 아닌 하늘의 원뜻을 펼치고자 하는 고차원의 세계이다.

이 나라의 운명이 천지개벽하려면 나라의 대통령부터 천명을 속히 받아야 한다. 그리고 각료와 정치인, 고위관료, 기업인, 개인들은 하늘이 자신에게 내려진 천명이 무엇인지 육신이 살아 있을 때 받아야 한다.

천명을 받는 것에 대하여 거부 반응이 일어나는 사람들은 자신의 몸에 악귀잡귀, 사탄마귀, 귀신들이 있다는 증거이니 부정적인 마음이 일어나면 억지로라도 누르고 자미국에 빨리 들어와서 조상님 입천제의식을 행하는 천명부터 받들어야 한다.

자미국의 브랜드 자산 가치

입헌군주국인 영국 여왕과 왕실로 인해 영국은 경제적으로 커다란 이득을 보고 있다.

브랜드 파이낸스에 따르면, 영국 왕실의 브랜드 가치는 440억 파운드(한화 약 80조 원)로 나타내었다.

관광산업에 기여하고 있고 국가 이미지와 자국산 상품에 대한 대외 호감도를 크게 높이는 것 등을 평가한 금액이다.

그럼 지구의 가치는 얼마나 될까?

5,447,460조 원!

미국 캘리포니아주립 산타크루즈 대학의 천체물리학자 그레그 러플린 박사는 지구의 가치를 금액으로 환산한 결과 3,000조 파운드, 우리나라 돈으로 환산하면 544경 7,460조 원에 달한다고 발표하였다.

2012 코리아 브랜드 콘퍼런스에 따르면 대한민국 브랜드 자산가치는 세계 9위이다.

우리나라의 브랜드 자산가치가 전 세계 주요 39개국 중 9위를 차지했다. 지난해 10위보다 한 단계 오른 수치다.

산업정책연구원은 27일 서울 중구 대한상공회의소 국제회의장에서 열린 '2012 코리아 브랜드 콘퍼런스'에서 이 같은 내용의 국가 · 도시 · 기업 브랜드 가치평가 결과를 발표했다.

지식경제부 산하 브랜드 경영 연구 전문기관인 산업정책연구원은 지난 2002년부터 매년 해당 결과를 공개했다.

이날 발표된 내용에 따르면 브랜드 자산가치가 가장 높은 국가는 1위 미국(약 12조 2000억 달러, 1경2천2백조 원)이었다.

2위는 독일(약 7조 4000억 달러)과 3위는 일본(약 3조 4000억 달러)이 차지했다.

9위에 이름을 올린 한국의 브랜드 자산 가치는 약 1조 6000억 달러로 집계됐다.

전 세계 60여 개국에서 실시한 설문 조사, 각 국가의 제품 · 서비스 수출액 등을 반영해 분석한 결과다.

국내 도시를 대상으로 한 브랜드 가치 평가에선 서울이 1위에 올랐다. 서울의 자산 가치는 무려 384조 5000억 원. 부산(87조 1000억 원), 인천(65조 5000억 원) 등이 뒤를 이었다.

국내 기업 중에선 삼성전자(95조 원)의 브랜드 가치가 가장 큰 것으로 나타났고, 13년 연속 이 부문 1위를 지켰으며 이어 현대차(30조 원), LG전자(22조 원) 순이었다.

국가 브랜드 가치는 수출은 물론, 관광 · 투자 등 수익 창출에 커다란 영향을 미치기 때문에 매우 중요하다. 기업 브랜드 가치와도 밀접한 연관을 가지고 있다고 설명했다.

그러면 자미국의 브랜드 가치는 얼마나 될까?

지구 전체의 대지, 농지, 임야, 부동산 감정평가액, 바닷속의 광물자원, 수산물자원, 세계 각국 나라가 보유중인 금괴, 보석류, 현금, 채권, 주식 등을 평가한 금액에 억조를 곱한 것이 자미국 브랜드 가치이다.

지구 전체의 모든 자산 가치를 능가하는 곳이 자미국이기에 인간들의 숫자 개념으로는 환산 자체가 안 된다.

이론적이라 상상이 가지 않을 것이지만 아무튼 자미국은 인류 역사 이래 최고로 대단한 곳이니 감히 종교세계와 비교하려는 것은 무모한 일이다.

하늘님이신 태상천존 자미천황님께서 어마어마한 사랑을 자미국을 통해서 인황, 사감과 이 나라에 내려주신 것이다.

인류 최고의 재벌이 인황과 사감이라고 말씀하시었으니 이제 현실로 다가오는 일만 남은 것이다.

자미국의 인황과 사감 육신을 통해서 하늘, 땅, 신, 영, 조상님, 나라조상님, 천지신명님들이 인류에 대한 생사여탈권과 흥망성쇠를 실시간으로 주재하시기 때문에 이 나라와 국민들은 물론 전 세계 각국 나라와 72억 인류 역시 자미국에 들어와야 현생과 죽음 이후의 사후세계까지 보호받을 수 있다.

지구와 인류에 대한 소유권은 태초로 지구와 인간을 창조해 주신 하늘님이신 태상천존 자미천황님이시다. 이렇게 대단하신 하늘께서 자미국의 인황과 사감의 육신을 통하여 인류에 대한 생사여탈권을 집행하고 계신다.

대우주를 창조하신 하늘 차원에서 보면 지구는 좁쌀알 하나 정도의 크기밖에 되지 않을 것이다.

지구와 인류를 대표하는 자미국의 인황과 사감을 통해 하늘님께서 인류의 심판과 구원, 흥망성쇠에 대한 생사여탈권을 행사하게 될 줄은 꿈에도 생각하지 못했다.

자미국의 브랜드 자산 가치는 돈으로 환산할 수 없는 무한대의 가치를 갖고 있으니 자미국에 들어오는 자체가 만물의 영장으로 태어나서 가장 값지고 영광스러운 일이 될 것이다.

자미국을 청와대 터에 세워서 전 세계로 알리려고 하는 것은 국가 이익 창출에 엄청난 역할을 할 수 있기 때문에 국민들 모두가 동참해야 할 것이다.

지금까지 이 땅에 전해지고 있는 종교세계의 교리와 이론이 진짜 하늘의 뜻과는 전혀 다르기에 자미국의 진실이 전 세계에 전파되면 대한민국 자체가 세계 속에 1등 관광국가로 다시 태어날 것이다.

2012년 1년간 관광객으로 입국한 사람이 1,114만 명인데 자미국이 전 세계에 널리 홍보되면 연간 1억 명 이상을 돌파할 것이고 여기에 따른 경기호황이 천문학적으로 증가하여 국가 발전에 지대한 영향력을 미칠 것이다.

자미국의 위상이 전 세계에 널리 알려질수록 전 세계 수출 물량은 상상을 초월할 정도로 기하급수적으로 늘어나게 된다. 전 세계가 대한민국 제품이라면 1순위로 구입하게 될 것이기 때문에 주문 물량이 폭주하게 된다.

모든 수출 품목이 호황기를 맞이하여 제품 생산하기가 벅차서 중국, 인도, 태국, 베트남, 필리핀, 터키, 파키스탄, 러시아 사람들이 대거 물밀 듯이 대한민국으로 입국하여 속속 산업현장으로 투입될 것이다.

자미국이 청와대 터에 세워지고 15~30년 정도 지나면 국민 1인당 GNP가 50만 불 정도가 되어 전 세계에서 가장 잘사는 1등 나라가 된다.

참고로 1961년 대한민국 GNP는 62달러였고, 2012년 GNP는 세계 36위로 23,500달러였다.

전 세계 GNP 1위는 모나코로 178,800달러, 2위는 리히텐슈타인 127,000달러, 3위는 룩셈부르크 108,600달러, 4위는 노르웨

이 106,200달러, 7위는 호주 70,000달러, 11위 스웨덴 57,200달러, 12위 덴마크 55,800달러, 13위 캐나다 51,500달러, 14위 싱가포르 50,000달러, 15위 미국 50,000달러, 21위 일본 47,000달러, 23위 독일 41,400달러, 25위 프랑스 39,300달러, 27위 뉴질랜드 38,500달러 등이다.

2012년 국내 GNP는 세계 36위로 23,500달러인데 20배 이상으로 급성장할 수 있는 길이 자미국을 청와대 터에 세워서 전 세계에 널리 알리는 것이다.

정부당국자와 관련부처의 국정책임자, 기업인, 국회의원 등 정계, 관계, 재계 인사들이 나의 브리핑을 듣고 싶으면 자미국으로 방문하여 좀 더 구체적인 내용을 들어보기 바란다.

상상이나 전혀 허무맹랑한 말이 아니므로 정부관계자들은 깊은 관심을 가져주었으면 한다.

이 나라 대통령과 정부, 국회, 국민들이 적극 동참해 주면 자미국의 브랜드 자산 가치가 진가를 발휘할 것이고 이 나라 발전에 절대적인 영향력을 행사하여 전 세계 최고로 잘사는 1등 국가로 부상할 수 있다.

자미국 창시자 인황은 이 나라와 국민들의 운명을 천지개벽시킬 무소불위의 대단한 천지대능력을 갖고 있기에 반드시 현실로 이루어낼 수 있으니 국민 모두가 많은 관심 가져주고 자미국의 뜻에 적극 동참해 주기 바란다.

책을 읽으면 신명정기가 내린다

몸에서 갑자기 열이 나거나(기운 내림) 몸 전체가 떨리는 사람과 손에 크고 작은 진동(환희), 머리에 가려움증이나 뭐가 기어가는 듯한 느낌(신의 언어전달 시도),

환청이나 환영(신에서 보여주고 들려줌), 마음이 들뜨고 밝고 명랑해지거나(몸에 영이 알아들음) 이상한 꿈(신들이 보여주는 현상)을 꾸거나 몸이 가벼워짐(천지신명조화)을 느끼고, 슬프게 대성통곡하며 울거나 흐느끼게 될 것이지만 놀랠 필요 없고 이때부터 어떤 메시지를 받기도 한다.

머리가 아프거나 가슴이 답답하고 어깨가 눌리거나 몸이 아픈 것은 신과 조상님들이 몸 안에 있다는 표시이다. 이런 변화가 일어난 독자들은 하늘로부터 존귀하게 선택받은 경우이며 천지신명님의 기운을 받고 있는 것이다.

그동안 몸 안에 숨겨져 있던 신과 영들이 반응을 나타내고 있는 것이니 하늘의 뜻을 받들도록 하여야 한다.

천인조화가 일어나면 귀신들은 모두 교화되어 사람 자체가 천인(신선)이 된다.

살아서도 죽어서도 천상 자미천궁에 가고 싶은 것이 모든 신과 영들의 간절한 소원이다. 하늘의 신명정기 기운을 많이 받을수록 영생의 길에 한 발 더 가까이 다가가는 것이다. 하늘의 백성과 천인이 되어 천지기운의 조화를 스스로 느껴보면 알게 될 것이다.

이곳은 하늘 본체이니 생전이나 사후에 천상에 오르려거든 지금부터 숨겨져 있던 본인들의 신과 생령을 찾아서 천인합체의식을 하루빨리 행하여야 한다.

수행을 통해서 이루는 곳이 아닌 하늘과 땅의 천지조화에 의해 의식을 통하여 천인을 배출하는 곳이다. 도교에서 아직 천인합체를 이루지 못함은 수행하여도 도통에 이룰 수 없다는 진실을 보여준 것이다. 각자의 신과 생령이 원하고 바라는 것을 자신이 먼저 행하지 않으면 부귀영화와 행복을 이루지 못한다.

33년간에 걸친 뼈저린 고행 속에서 얻은 참 진리는 신과 영들이 바라고 있는 천상입천의식, 천인합체의식을 자신들이 먼저 행하는 것이었다.

이 순간에도 하늘과 땅의 말씀은 어김없이 오늘도 내려지고 있건만 그 말씀은 보이지도 들리지도 않기에 헤아릴 길이 없다. 하늘과 땅이 내린 말씀은 존귀하고 장엄하나 음성이 없어 알아듣는 이가 없고, 알면서도 행하지 않으면 하늘과 땅으로부터 자신이 받을 수 있는 것은 아무것도 없다.

하늘과 땅, 조상님을 몰라보고 무시하며, 조상님을 구원하지 않고 자신의 신과 생령을 몰라보고 구하지 않으면 만사가 불통이다. 인류 최초로 밝혀지는 생령의 존재!

각자의 생령들은 육신이 죽으면 사령, 즉 귀신이 되어 허공중천 구천세계를 떠돌거나 가족들의 몸 안으로 들어가서 구해달라며 온갖 고통과 불행을 주는데 산 사람들은 귀신들이 왔는지 갔는지 알 수가 없어 속수무책이다.

자신들의 생령들을 구하려면 육신이 살아 있을 때 하늘의 선택을 받으면 육신이 죽어도 축생계로 윤회하지 않는다. 또한 지옥세계나 가족들의 몸으로 들어가지 않고 천상 자미천궁으로 올라가서 기쁨과 행복한 영생을 누리게 된다.

언제 어느 날 갑자기 소리 없이 열릴지 모르는 죽음 이후의 사후 세계를 대비하고 살아가야 한다.

여러분이 죽어야 할 날은 벌써 정해져 있고 그날이 언제인가만 남아 있다. 100년도 못 살고 떠날 인간들의 집만 호화스럽게 잘 지을 것이 아니라 이미 세상을 떠난 조상님들에게도 좋은 집(천궁)을 마련해 드려야 한다.

또한 자신들의 몸 안에 있는 신과 생령들이 살아갈 영원한 집도 잘 지어주어야 인간 육신들이 고통과 불행에서 벗어난다. 조상님들에게 좋은 집이란 산소가 아니라 천상궁전 자미천궁에서 올라가서 영원히 살아갈 조상님의 궁전을 말한다. 조상님들께 천상에서 살아갈 궁전을 지어드리는 의식이 천상입천의식이다.

신과 영들에게는 천상에서 살아갈 궁전을 지어주는 의식이 천인합체의식이다.

하늘의 뜻을 받아 수많은 천인과 백성들이 함께 머물 지상궁전을 짓는 것이 인류의 수도 자미국 궁전 건립이다.

책을 다 읽은 독자 여러분의 입장에서는 나 인황이 대단한 인물로 느껴질 수 있으나 위대하신 하늘 자미천황님 앞에서는 개미와 같은 아주 나약한 존재이다.

하늘의 무소불위하신 천지조화 능력과 대단하신 위상을 가장 많이 체험한 인황조차도 두려움으로 존경하는 하늘이시니 독자들은 인황의 뜻에 따라 조건 없이 하늘에 승복하는 것이 살아서나 죽어서나 하늘과 땅의 보호와 사랑이 따를 것이다.

죽으면 가져갈 수 없는 재물을 가장 값지게 쓰는 것은 자신의 조상님을 구하고 자신의 신과 영들을 구하는 데 올리는 것이다.

하늘과 땅이 인류에게 내린 천명

인간사의 길흉사는 운이 나빠서도 아니고 재수가 없어서도 아니고 천도재를 안 지내서도 아니고, 굿을 안 해서도 아니고, 조상이 앞길을 가로막고 있어서도 아니다.

사주팔자 때문도 아니고, 이름이 나빠서도 아니고, 삼재 때문도 아닌 죄가 크고 많기 때문이고, 자미국을 통하여 하늘과 땅에 죄를 빌지 않은 죄의 대가로 인해서이다.

하늘과 땅, 신, 영, 조상님의 뜻과 맞게 육신이 움직이면 인생사 행복이고, 하늘과 땅, 신, 영, 조상님의 뜻과 다르게 육신이 움직이면 인생사가 불행하다.

그러나 세상에서 이 진실을 아는 자 없어 지금까지는 인생의 불행과 고통을 종교적으로 해결하려 하였지만 종교를 통하여 해결책을 찾지 못한 채 세월에 세월을 거듭하며 인생의 불행과 고통 속에 살아가고 있다.

많은 사람들이 종교를 믿고 있고, 종교 의식을 행하였으나 종교를 믿으면 믿을수록, 종교 의식을 행하면 행할수록 인생이 행복해지는 것이 아니라 갈수록 더 힘들어짐을 많은 사람들은 이미 경험하여 알고 있을 것이다.

종교 믿고, 종교 의식 많이 행한다고 인생이 행복해지는 것이 아니라 하늘과 땅, 신, 영, 조상님이 내린 말씀을 이행하고 죄를 빌어야 행복해질 수 있다는 진실을 전한다.

인생의 고통과 불행은 하늘과 땅, 신, 영, 조상님이 내린 말씀을 무시한 채 육신 마음대로 석가, 예수, 성모, 상제 등을 최고라 하면서 굴복하고 있는 각자에게 하늘과 땅, 신, 영, 조상님이 내린 벌이다.

이제는 종교적 관념에서 과감히 벗어나 자미국의 인황과 사감을 통하여 하늘과 땅, 신, 영, 조상님에게 각자가 지은 죄를 빌어야 한다. 하늘과 땅, 신, 영, 조상님에게 죄를 빌면 인생이 죄인의 굴레에서 벗어나고 반대로 빌지 않으면 인생이 아프고 고통과 불행 속에 살아가게 된다.

자미국의 인황과 사감을 통하여 자미국의 절차에 따라 하늘과 땅, 신, 영, 조상님이 내린 죄를 빌면 인생이 새롭게 태어나는 기쁨과 행복을 찾을 수 있을 것이다. 자미국은 종교세상을 탈피하여 지금까지 수많은 종교에서 행하지 못했던 경이롭고 신비한 일들을 행한다.

하늘세계, 사후세계, 영혼세계, 조상세계에 대해서 알아가게 되면 그동안 진실이라고 굳게 믿었던 종교세계 이론들이 그 얼마나 잘못되었는지도 알게 된다. 하늘세계, 사후세계, 영혼세계, 조상세계, 인간세계의 진실에 대하여 최고의 경지에 올라 있는 대단한 자미국의 인황과 사감을 살아생전 만날 수 있음은 각자의 삶에 새로운 희망찬 인생을 시작하는 일이다.

책을 보는 독자는 이 책을 계기로 자미국과 인연이 되어 자신들이 지은 죄를 빌어 죄인의 굴레에서 벗어나 진정한 기쁨과 행복 누리는 삶을 살았으면 한다.

하늘 믿는다고, 조상 믿는다고, 석가 믿는다고, 예수 믿는다고, 도 열심히 닦는다고 죄가 닦아지는 것이 아니다.

사후세계 집을 마련할 수 있는 길

100년 미만의 인생살이가 바쁘고 내 집 마련하느라 무진 노력을 해서 성공한 사람들은 크고 작은 집을 마련해서 살고 어떤 사람들은 뜻을 이루지 못한 채 세상을 떠나고 있다.

현생의 100년을 살아갈 집은 큰돈을 들여서 호화로운 주택에서 살면서도 정작 자신들이 죽어서 영생을 누리며 영원히 살아갈 영혼의 집은 무관심 속에 아예 마련할 생각조차 하지 않고 살아가고 있다.

육신이 죽은 시신의 집은 한 평 남짓한 산소가 전부일진대 어찌 이리도 어리석은가?

인간들 모두가 언젠가는 죽어서 가야 할 세계가 분명 정해져 있지만 눈에 보이지 않고 들리지 않는다고 죽음을 아무런 대책도 없이 맞이하고 있다.

자미국을 통해서 사후세계 집을 마련할 수 있는 길이 있으니 그것이 이미 죽은 조상님들에게는 입천제(천상 자미천궁 입궁식)의식이고, 육신이 살아 있는 자들에게는 천인합체의식이라는 인류 역사상 유례가 없는 진귀한 의식이다.

조상님들은 자손들이 입천제를 올려서 살아생전 지은 죄를 빌어 용서받아야 천상궁전 자미천궁으로 입궁하여 으리으리하며 금빛 찬란한 황금궁궐에서 영생을 누릴 수 있고, 산 자들 역시 육신이 살아 있을 때 천인합체의식을 행해서 천상궁전 자미천궁에 집을 마련해 놓고 세상을 떠나야 한다.

많은 재산을 갖고 살아가는 사람들은 지금 현실에서 아무런 근심과 걱정 없이 살아가고 죽음을 당연하게 여기며 받아들이고 있지만 일단 죽으면 천추의 원과 한을 남기고 사후세계의 집을 마련하지 못하고 죽음에 후회가 막심하다.

살아생전의 모든 재산과 권력, 명예는 죽으면 하늘과 땅은 물론 다른 귀신들도 알아주지 않는다.

동물이 아닌 만물의 영장인 인간으로 탄생한 것은 전생과 현생의 죄를 빌어서 천상 자미천궁에 다시 태어날 수 있는 마지막 기회를 하늘과 땅이 주신 것이기에 자미국을 통해서 행운의 기회를 잡아야 한다.

영혼의 집도 없이 허공중천 이리저리 떠돌아다니고, 산소, 흉가나 폐가 같은 곳에 기거하며 조폭귀신들에게 잡혀가서 종살이를 하며 지낼 것인가? 아니면 꽃피고 새 우는 무릉도원 천상궁전 자미천궁에 집을 마련하고 죽을 것인가? 지금 이 책을 읽어보고 결정해야 한다.

사후세계 영혼의 집(천상 자미천궁)은 자미국을 통해서만 마련 할 수 있는데 책을 읽고 자미국에 늦게 찾아오면 차례가 돌아가지 않을 수도 있다.

하루에 한 사람에게만 천상 자미천궁에 자신의 집을 마련할 수 있기 때문에 자미국이 수많은 사람들이 알 정도로 크게 소문이 나면 웃돈을 크게 주고도 사후세계 집을 마련하지 못한 채 세상을 떠나야 할 사람들이 무척 많을 것이다.

현재 올리는 천공 액수보다 10배, 100배, 1,000배, 10,000배를 더 주고도 천상 자미천궁에 집을 마련하지 못할 수도 있으니 입소

문 나기 전에 서둘러야 한다. 자미국이 청와대 터에 세워지면 천인합체의식은 이 나라 중산층들에게 그림의 떡이 되어 하고 싶어도 할 수 없는 상태가 된다.

자미국의 대단한 위상이 전 세계에 널리 소문이 나면 세계적인 부호들이 예약하느라고 난리법석을 치를 것이기 때문에 큰 재벌 아니면 천인합체의식은 할 수 없게 된다. 물론 조상님 입천제의식도 마찬가지로 행하기 어렵다.

1년 동안 천인합체의식을 행해서 천상 자미천궁에 집을 마련할 수 있는 한계 인원이 최대 200명 정도이기에 2천 명이 한꺼번에 예약한다면 10년이란 긴 세월을 기다려야 하니 예약만 해놓고 천인합체의식을 행하지 못하고 죽어야 할 사람들이 엄청 많이 있을 것이라고 본다.

천인합체의식은 살아 있는 사람들만이 행할 수 있는 의식이기에 육신이 죽으면 천인합체의식을 행할 수 없다.

늦게 들어와서 너무 많이 기다려야 할 경우를 대비하여 천인합체의식 비용 천공을 미리 완납하고 기다리다 사망했을 경우 벼슬 입천제로 전환하여 해줄 수 있다.

이미 죽어서 세상을 떠나 자미국에 육신은 들어올 수 없지만 각자의 영혼들을 불러들여 천상 자미천궁으로 보내줄 수 있기 때문이다.

살아서 천인합체의식을 행하지 않았기 때문에 천인이란 신분은 가질 수가 없고 천손의 신분으로 올라가게 된다. 천인과 천손의 신분 계급 차이는 하늘과 땅 차이만큼 크고도 크지만 별다른 방법이 없다.

그나마 천인은 아니더라도 천손의 신분이 되어 천상 자미천궁으로 올라갈 수는 있다. 그러하니 책을 읽고 이것저것 계산하고 생각할 겨를조차 없을 것이다.

조금 늦게 자미국에 들어오면 먼저 예약한 사람들 때문에 얼마나 많은 세월을 기다려야 할지 예측불허이다.

부자나 가난한 자 모두에게 죽음은 공평하고 어느 날 갑자기 맞이하게 되므로 죽음의 두려움을 없애고 마음 편히 세상을 살아가고 싶은 사람들은 속히 방문해서 하늘과 자미국의 법도에 따르면 된다.

영의 문이 열리지 않아서 인간들은 죽음 이후의 세계가 있느니 없느니 의견이 분분하지만 사후세계는 분명히 실존세계로 존재하고 있음을 자미국에서 수많은 의식을 행하여 하늘의 말씀으로 알게 되었다.

또한 이 책의 내용이 그것을 증명해 줄 것이다.

하늘세계, 천상세계, 사후세계, 영혼세계, 조상세계, 도의세계, 명상세계, 심신수련의 세계에 관심이 있는 사람들과 종교를 찾아다니는 사람들, 진짜 하늘을 찾아다니는 사람들에게 자미국은 아주 귀하고 소중한 존재이다.

나와 동시대에 태어나서 자미국에 들어오는 사람들은 행운아 중에 가장 큰 복을 받은 사람들이다.

살아생전에 마련한 집과 재산은 후손들이 지키지 못하고 얼마 못 가서 다 날리거나 혹은 자손들 간에 유산상속 싸움으로 골육상잔의 피비린내 나는 싸움으로 의절하는 사태가 속출하고 있으니 유산으로 물려주기 전에 자신들의 사후세계 집을 천상 자미천궁에 마련해 놓고 세상을 떠나야 죽어서 비참하고 불쌍한 악귀잡귀, 사탄마귀, 귀신이 되지 않는다.

잃어버린 하늘님과 조상님을 찾아야

잃어버린 하늘님과 조상님을 찾아주는 자미국!

하늘님과 조상님을 잃어버리고 세상을 살아가는 자들의 인생은 고통과 불행의 연속이다. 종교를 열심히 믿고 살아가는 사람들의 종착역은 우환과 질병, 불행이다.

세상 살아가면서 인생에 모진 비바람이 휘몰아쳐 포기하고 싶을 때 마지막으로 희망의 등불이 되고 자신들을 지켜줄 고마운 존재는 각자의 뿌리인 조상님들이자 하늘님이시다.

인생의 보호막이 유일하게 태초의 진짜 하늘님과 조상님인데 모두가 종교를 믿으면서 미쳐가지고 위대한 보호막인 하늘님과 조상님을 내다버렸다.

인류의 80%가 종교숭배자들을 열심히 섬기며 받들고 믿고 따르고 있는데 정작 이들은 각자의 인생이 아프고 슬플 때는 아무런 도움도 주지 못하고 있다. 이들의 자손도 아니고 구해줄 대단한 능력도 없기 때문이니라.

자미국이 아닌 곳에서 전하는 하늘은 모두가 가짜 하늘인데 정말 믿어지지 않을 것이고 믿기도 싫을 것이지만 이제라도 지금까지와 정말 다른 인생을 살아가고 싶다면 잃어버린 하늘님과 원뿌리인 조상님을 찾아야 한다.

각자의 조상님을 종교에 갖다버린 죄를 빌지 않는 자들은 하늘님이 각자의 인생을 구해주시지 않는다.

각자의 조상님들은 태초의 하늘께서 창조하시어 이 땅으로 내려 보낸 하늘님의 아들딸들인데 가짜 하늘인 종교에 갖다버려서 그들의 노예가 되어 종살이를 시키고 있으니 그 죄를 무엇으로 빌 것인가?

종교에서 전하는 하늘이 진짜라면 자미국은 이 땅에 세워질 필요가 없었을 것이고, 하늘과 땅이 함께해 주시지도 않았고 하늘의 대행자이자 인류의 심판자인 나 인황에게 무소불위한 천지능력을 내려주시지도 않았을 것이다.

진정한 이 땅과 인류의 주인이 나타나시었다. 불가능이 없는 무소불위하신 하늘과 땅의 무시무시한 천지대능력을 갖고 오시었다. 하늘과 땅의 주인이신 대능력자께서 자미국의 인황과 사감의 육신을 통해서 무소불위하신 천지대능력을 만 세상에 보여주시는 천지신명공사를 수시로 집행하고 계신다.

인류의 상식이나 상상을 초월한 천지조화를 실제로 보여주고 계시는데 너무나 신비하여 믿어지지도 않고 황당하다고 할 정도이다. 그동안 인간들이 일반적으로 생각해 왔던 하늘과 땅의 천지대능력은 이제까지 인류의 상상력을 초월하시는 대단한 능력이시다.

종교를 믿으면 일평생 고통과 불행의 연속이고 죄인의 굴레에서 벗어나지 못한 채 자손대대로 죄업 때문에 가난과 질병의 굴레에서 벗어나지 못한다.

반대로 천지대능력을 가지신 하늘과 땅이 함께하는 자미국과 함께하면 인생의 고통과 불행에서 벗어나는 천지개벽의 인생을 살 수 있다.

죄인의 굴레에서 벗어나려면 잃어버린 자기 조상님을 입천제를 행하여 찾고, 잃어버린 하늘님을 찾으려면 천인합체의식을 행하여 찾으면 된다.

자미국은 잃어버린 하늘님과 조상님을 찾아주어 모두가 근심과 걱정 없이 살아가는 무릉도원의 세상을 만들고자 세워지고 있는 것이다. 육신이 살아 있을 때 잃어버린 하늘님과 종교에 팔아버린 조상님을 찾지 못하면 우환과 질병, 사건사고로 지옥 같은 삶을 죽을 때까지 살아갈 것이다.

그리고 죽음 이후에도 조상님을 찾지 않은 죄, 갖다버린 죄, 하늘의 족보를 가짜 하늘로 바꾸어 믿은 죄로 인하여 사후세계 형벌의 고통이 끝없이 이어지고 살아 있는 자손들에게도 상상조차 할 수 없는 불행한 일들이 자손만대에까지 이어져 결국 멸문지화 당하여 가문이 문을 닫게 된다.

이 책의 내용들은 천지대능력으로 한 치의 오차도 없이 현실로 모두 일어나니 살고자 한다면 한시라도 빨리 자미국으로 들어와야 한다.

하늘의 대행자이자 인류의 심판자 인황과 사감이 쓰는 글이나 말, 마음, 생각, 행동, 문자, 메일, 전화통화는 실시간으로 무소불위하고 대단하게 현실로 이루어진다.

내가 대단한 것이 아니라 인간처럼 육신이 없으신 하늘과 땅의 천지대능력자분들이 이토록 대단하심을 나 인황과 사감의 육신을 통하여 만 세상에 보여주고 계신 것이다.

나와 사감을 통하여 나오는 신비한 능력들이 모두 나와 사감의 것인 줄 알았으나 천상에 계시는 태초의 하늘과 태초의 신, 태초의 영, 태초의 도, 태초의 인간, 천지신명님으로부터 나오는 천력, 신력, 영력, 도력, 인력, 지력이라는 진실을 오랜 세월이 흐른 뒤에 알았다.

인류의 대표, 하늘의 대행자, 인류의 심판자 인황으로 하여금 하늘과 땅에 계시는 분들이 이렇게 대단하신 능력자라고 만 세상에 보여주시고 선포하시는 것이다. 나와 사감의 인간 능력으로는 어림도 없는 일이다. 그러므로 나 인황과 사감만의 능력이 아닌 하늘과 땅의 대단하신 대능력자분들이 함께하시는 천지조화이기에 놀랄 필요가 전혀 없다.

이렇게 하늘과 땅이 부리시는 천지대능력은 무소불위하시고 정말 대단하시다. 이 책을 읽어보고도 의심하거나 믿지 못하겠다고 부정하는 자들은 하늘과 땅의 버림을 받아 자미국의 백성과 천인으로 절대 탄생할 수 없는 구원 불가의 죄인들이기에 지금처럼 살아가면 될 것이다.

자미국은 종교처럼 아무나 들어오는 대로 다 받아주지 않고 엄격한 자격심사를 한다.

죄를 짓고 이미 세상을 떠난 배우자, 자녀, 부모, 형제, 조상님을 입천제를 행하여 구원받게 해주고, 어느 날 갑자기 다가올 자신들의 죽음 이후 사후세계를 미리 준비하는 천인합체의식을 행하여 구원받게 해주고 있다.

죽은 자의 혼령과 산 자의 생령을 구원해 주는 것은 본인과 가정, 가문을 지키고 우환과 흉사를 막는 중요한 일이다. 육신이 죽어서 영혼이 천상궁전에 오르지 못하고 원귀가 되어 허공중천을 떠돌거나 가족들의 몸으로 찾아가고 지옥세계, 축생계로 윤회하면 가족들의 삶이 고통으로 이어진다.

육신이 살아서 자미국을 통하여 하늘께 구원받지 못하면 각자 지은 죄에 따라서 지옥으로 떨어지거나 대부분 축생계로 윤회하게 되는 불행을 당한다.

종교는 1천 년을 믿어도 구원이 안 된다. 인간세상은 구원의 마지막 시험장이며 인간으로 태어난 것이 구원받을 수 있는 마지막 기회를 하늘과 땅이 주신 것이다. 육신이 살아서 추구하는 재물, 벼슬, 권력, 명예, 가정은 인간으로 살아 있는 100년 미만의 행복이다.

각자의 죽음 이후에 영원한 행복을 구하는 천상의식은 죽은 자에게는 조상님 입천제이고, 살아 있는 자에게는 천인합체의식인데 이것이 태초로 하늘이 인류에게 내려주신 가장 큰 사랑의 선물이다.

끝없는 고통과 불행의 삶. 각자의 모습은 이미 죽은 배우자, 자녀, 부모, 형제, 조상님들의 모습인데 이를 알아보는 사람들이 전무하다. 사람들은 생령(자기의 영혼)과 가족 혼령, 귀신들이 자기 몸 안에 들어와서 함께 살아가고 있다는 것 자체를 알지 못한 채로 살아가고 있다.

죄가 크고 많아서 인생이 뒤집어지기도 하고, 잃어버린 하늘님과 조상님을 찾지 않은 죄를 빌지 않아서 인생이 뒤집어져 고통과 불행 속에 살아가는 것이다.

한 가정이 편안하고 잘살 수 있는 유일한 길은 하늘과 땅에게 지은 죄를 빌어 하늘님의 사랑과 보살핌을 받는 것이다. 조상님의 죄를 빌어 용서되면 조상님이 편안하고, 조상님이 편안하면 후손인 인간 육신이 편안해진다.

잃어버린 하늘님을 찾지 않고, 조상님의 귀한 존재를 몰라보면 하늘님이 내리시는 복은 받을 수 없다.

죄를 지은 것이 있다면 어떻게 하든지 현실로 그 죗값을 치르고 살아가야 한다. 전생에 지은 죄와 현생에서 지은 죄를 자미국 인황과 사감을 통하여 하늘에 용서 빌어서 사면받고 살아가야 인생이 뒤집어지지 않는다.

죗값을 치르지 않으면 그것이 단명이나 불치병, 사업실패, 부도, 자살로 나타나고 불치의 병에 걸려 고통스런 날을 살아가는데 이는 자신들이 죽는다고 그것으로 끝나지 않고 그 자손이나 후손들이 물려받게 되기 때문에 피할 수가 없으니 하루빨리 하늘과 땅에 죄를 빌어야 한다.

빚진 것이 있으면 갚아야지 그것을 떼어먹으면 이자까지 그 핏줄이 물려받게 되기 때문에 더 큰 고통이 이어진다. 그러므로 죄를 지었으면 하루빨리 용서를 빌어야 하는데 말로만 비는 것이 아니라 그 죄에 합당한 의식비용을 준비해서 하늘에 천제의식을 올려서 빌어야 한다.

"각자가 살아서 뿌리고 행한 대로 거두게 된다."

하늘과 땅은 한 치의 오차도 없으시기에 하늘과 땅의 눈과 귀를 피해 갈 자는 이 땅에 없으니 조상님들이 전생과 현생에서 지은 죄, 각자 인간과 생령들이 지은 죄를 하루빨리 빌어서 죄인의 굴레에서 벗어나야 행복한 세상이 열린다.

하늘과 땅이 내리시는 복은 인간들이 고통과 불행에서 벗어나는 사랑도 있지만 진짜 사랑은 조상님 입천제와 천인합체의식을 행하여 자신의 생령과 조상님들이 꽃피고 새 우는 무릉도원 천상궁전 자미천궁에 올라가서 하늘의 품 안에 안기어 영원한 기쁨과 행복을 누리며 영생하는 것이다.

새로운 하늘께서 나를 부르시었다

책을 처음부터 정독하여 끝까지 한 자도 빼지 않고 읽는 사람들은 하늘께서 선택받을 독자들이고, 읽어 내려갈 때마다 알 수 없는 천지기운을 몸으로 직접 느끼는 독자들은 하늘의 자미천황님께서 선택받아 천인으로 탄생할 수 있는 희망이 주어진 것이라 보면 본다.

하늘 자미천황님께서 무릉도원 자미천궁을 지상에 세워 진리 말씀을 만천하에 전하시는 천명(天命)을 내리시었다. 모든 세계인류에게 천명을 전하여 인류 모두가 애절히 기다리던 무릉도원 세계 자미국 지상 자미천궁을 세우라 하시었다.

인간의 힘(人力)으로는 이룰 수 없는 이상향 무릉도원 세계를 하늘께서 내리시는 무소불위한 천력과 천권으로 열어주시어서 한반도에 자미국 지상 자미천궁을 세워 인류가 상상 속으로만 늘 그려오던 무릉도원 세계를 세우라는 천명.

즉 이제는 종교의 세계가 아니라 하늘의 주재자 천지주인께서 모든 천신들을 지상세계 인간 몸으로 내려보내시어 인간과 함께 동고동락하는 이상향의 세계를 열어가신다고 말씀하시었다.

이는 하늘께서 인간 육신이 없으시어 하늘의 뜻을 인간으로 하여금 세상에 펴시고자 함이시다.

미륵출세, 예수재림을 학수고대하며 나할 것 없이 기다려온 세계인류. 이제 미륵님께서 인간세상에서 알고 있던 용화세존 미륵존불이 아니신 천상도감님이란 새로운 직위를 하사받아 출세하시었고,

기독교 하나님께서는 천상천감님이란 직위로 대우주 천지인 창조주이신 '태상천존 자미천황님'의 천명을 받아 자미국 지상 자미천궁으로 강림하시었다.

선천시대에 석가와 예수가 태초의 하늘님이신 태상천존 자미천황님의 존재를 인간세상에 알리고 세우라는 지엄한 황명을 받들지 않았기에 도솔천의 하느님이요 천주이시고 미륵존불이신 미륵부처님께서 천상도감님이란 직위를 하사받아 출세하시었고, 도리천의 하나님이요 천주께서는 천상천감님이란 직위를 받아 강림하시었다.

석가모니는 하늘이 내리신 천명을 저버리고, 자신이 천상천하 유아독존이라 하여 태상천존 자미천황님의 진노를 사시었다. 즉 하늘위에나 하늘 아래에서도 하늘의 참 주인님을 제치고 자신이 최고라고 하였으니 하늘을 능멸한 그 죄를 무엇으로 다 갚을 것인가?

그리하여 불법에서는 하늘의 존재를 무시하고 부처님이 최고인양 모든 불자들의 눈과 귀를 가렸다. 하늘의 자미천황님 존재를 망각하고 자신이 우주의 참 주인인 양 행세한 선천시대의 잘못된 불법을 바로잡고자 하신다.

『석가모니는 도솔천의 호명보살로서 구도에 정진하다가 인간으로 내려와 부처가 되었다.

도솔천궁에서 미륵이신 도솔천주님을 호위하는 호명보살로 있으면서 미륵존불님의 명에 따라 도솔천주의 지상 출세까지 중생교화를 위해 이 땅에 오셨었다.』 (미륵 하생경에서)

하늘의 자미천황님께서 윤허를 내리시지 않았기에 그토록 인류가 간절히 바라고 원하는 지상낙원 불국정토 세상이 불법시대에서는 펼쳐지지 아니하였었다.

그러나 이제 미륵님께서 존귀하시고 지엄하신 하늘 자미천황님의 천명을 받아 인간세상으로 출세를 명 받으셨기에 희망찬 꿈의 무릉도원 자미국 지상 자미천궁 세계가 펼쳐지리라.

천상도감(미륵님)님께서는 자미천황님 존재를 이 땅에 알리시고자 나의 몸으로 천기 6년(서기 2006년) 10월 30일 출세를 하명받으셨다.

도솔천주 용화세존 미륵님과 도리천주 하나님께서 자미천황님으로부터 각각 '천상도감님'과 '천상천감님'이란 관직을 하사받아 인황과 사감의 몸으로 오시었고, 두 하나님의 사명완수가 이 땅에서 이루어지는 날 세계인류는 대립에서 벗어나 서로 화목하고 평화가 정착되는 지상천국 유토피아 무릉도원 세계가 온 세상에 펼쳐지게 된다.

이제 두 하나님들께서는 서로 대립이 아니라 절대 협력자의 관계로 발전되어서 진정한 하늘의 천지주인이신 우주의 절대자 자미천황님께서 존재하고 계심을 온 세상에 알리는 역할을 하시고자 하신다.

더불어 그동안 잘못된 종교의 폐해를 만천하에 주지시키고, 이제는 종교상 불교법이나 기독교법을 다시 세우는 일이 아니시라 순수한 하늘의 법도를 지상에 세우시는 일이시다.

종교인들 모두가 기다리는 두 하나님께서 이 동방 땅에 손에 손을 잡고 내려오셨으니 환영으로 영접해야 할 것이다. 그럼으로써 이제 세상에서 종교 간의 대립이 사라지고 온 인류 서로가 화목하고 평화롭게 살아가야 하리라.

이제 하늘의 주인이신 절대자 자미천황님께서는 하늘에 있는 고차원적인 신명들과 이 땅의 사람들을 하나 되게 천인합체의식을 윤허하셨다.

무소불위한 천지조화를 부리는 아름다운 지상 무릉도원 자미국 자미천궁을 세우시어 하늘의 뜻과 인간, 조상, 영혼, 신들이 오랜 세월 간절히 원하고 바라던 이상향 세계의 뜻을 동시에 이루고자 하심이다.

하늘의 자미천황님께서는 두 하나님(도솔천주님과 도리천주님)을 사람 육신의 몸으로 강세시키시어 대우주 천지창조주의 전지전능하시고, 절대권자의 무소불위하신 천지조화 기운을 인간 몸주 인황과 사감에게 내려주시어서 하늘의 자미천황님 능력인 천력으로 인간세상을 다스려 나가시게 된다.

지나온 기나긴 세월의 발자취.

나는 왜 하늘이 내리시는 길을 갈 수밖에 없었는가?

"하늘이 날 부르셨다."

어려서부터 인간은 왜 100살도 못 살고 죽어야 하는 것일까?

그 명쾌한 해답을 찾고자 오랜 세월 가슴속에 품고 있었으며, 수많은 종교인, 인간, 조상, 영혼, 신들이 추구하는 구원과 영생, 이상향의 무릉도원 세상을 열 수 있는 비밀의 문을 두드리며 살았다.

오랜 수행 끝에 하늘께서 스스로 인황과 사감에게 하늘의 문을 열어주시니 드디어 하늘 자미천황님의 기운을 모두 받을 수 있는 무릉도원의 세계가 현실로 열려졌다.

자미천황님께서 내리신 천명을 받아 '천상도감님(미륵존불)'의 천지조화 기운이 모두 내려와 있기에 인간이 원하고 바라는 뜻을 하늘의 자미천황님께 고하여 천명을 받들어 행하면 우리 모두의 상상을 뛰어넘어 현실에서 실제 이루어진다.

하늘께 지은 죄를 빌어 죄인의 굴레에서 벗어나게 해주시어 우리가 행복하게 살아갈 수 있도록 현실로 이루어주실 미륵님이 강림하시어 이상향의 무릉도원 세상을 자미국에서 현실로 펼쳐주고 계신다.

글을 읽는 도중 하늘의 기운을 직접 느껴 볼 수 있는 천서로 하늘께서 내리신 인류 최초의 귀한 책이다.

나는 누구인가?

또한 하늘은 어디에 있는가?

나는 왜 태어났나?

이런 화두를 가슴에 지닌 채 나의 존재와 하늘의 자미천황님 존재를 찾기 위해 천지만물을 벗 삼아 수행 정진한 지 25년 만에 민족의 영산인 태백산 정상에서 내가 누구이며 하늘께서 나에게 무엇을 원하고 바라시는지를 찾았다.

하늘께서 내리신 천명은 천지의 만생만물과 인류의 구심점인 자미국 지상 자미천궁 건립이었다.

모든 천지의 신들과 모든 조상영혼 그리고 하늘과 자연의 이치를 몰라 고통받으며 살아가는 이들의 원과 한을 풀어주어 질병과 우환, 금전으로 인한 고통을 겪지 않으며 온 인류가 행복하고 건강하게 잘사는 이상향의 무릉도원을 세우라는 것이 하늘의 자미천황님께서 내리신 지엄한 천명이시었다.

천상지상 자미천궁에 계시는 '태상천존 자미천황님'의 천명을 받아 아직까지 세상에 알려지지 않았던 하늘께서 내리신 말씀을 책으로 집필하여 세상에 전한다.

세계인류와 천손민족의 정신적 구심점이고 인간, 조상, 영혼, 신들을 구해주고 인도하여 주는 천상지상 자미천궁의 문이 활짝 열렸다.

누구나 한 번쯤은 하늘을 통하고 싶은 욕망!

길이 있다면 도전해 보고 싶었던 하늘세계, 마음으로만 갈구하던 천상세계가 이 세상 오기 전에 신명 즉 천인(天人)이었던 줄 몰라보고 살아온 지난날들.

무조건 두렵고 무서워했던 하늘!

수천 년 동안 신명(천인)으로 탄생하는 길을 찾지 못해 종교에서, 산에서, 명상 속에서 헤맸던 각자 모두는 자미천황님께 영광의 선택만 받으면 신명(천인)으로 탄생할 수 있다.

지상낙원 무릉도원 세상의 뜻을 실현시켜 가는 자미국 지상 자미천궁! 하늘 자미천황님의 천명을 받들어 지금 수많은 천인(天人)들이 이곳에서 무수히 탄생하고 있다.

이제 신명(천인)으로 탄생한 자미천황님의 천손(아들딸)들은 마음의 평화를 얻어 기쁨과 행복을 마음껏 누리며 무릉도원의 삶을 살아간다.

인간의 한없는 욕망과 도전을 현실로 이루어갈 하늘 자미천황님 시대가 열렸다. 하늘을 통하려면 하늘과 각자가 하나로 합쳐져야 하는 의식이 필요하니 이것을 천인합체의식이라 한다.

천인(天人)!

뜻의 음은 하늘 천, 사람 인. 말 그대로 하늘의 사람이니 만고의 이치를 깨닫고 삼라만상을 통할 수 있는 능력자 천인이 되는 것이니 세상 살아감에 보이지 않는 귀신세계로부터 아무런 장애나 두려움이 따르지 않게 된다.

약소국가의 한계를 넘지 못하는 천손의 민족 대한민국.

아~ 이대로 영원히 포기하고 강대국들 틈새에서 줄타기 외교를 하며 숨죽이고 살아가야 하나?

외침만 받아온 작은 땅덩어리의 한계라고 할 테지만 사실 그것

역시 하나의 핑계이고 포기를 할 수밖에 없는 우리 약소국가의 현실일 뿐이다.

군사력, 인구숫자, 국토면적, 경제력으로 체계가 다 갖추어진 강대국들과 싸워서 이긴다는 것은 현실에서는 불가능한 일이었기에 어쩔 수 없이 그들이 원하는 대로, 그들이 이끄는 데로 행하여 주다 보니 우리의 정신을 잃고 천손민족이 아니라 원과 한이 많은 한(恨) 민족으로 전락하여 버렸다.

이제 우리 대한민국 국민 모두는 잠에서 깨어나 한이 맺힌 한 민족이 아니라 그 위대하신 하늘 자미천황님의 천손(아들딸)민족으로 다시 태어나야 한다.

경제력, 군사력, 국토면적, 인구숫자에서 초강대국들을 능가할 것이 하나도 없는 약소국가의 현실이지 않은가? 그 어느 것 하나도 초강대국들과 견주어 이길 수 있는 것이 없으니 선택은 하나뿐이다.

오늘날과 같은 약소국가로 만들어놓은 당사자는 나라의 통치자 제왕들이었고, 이 또한 우리 민족 모두의 운명이라고 받아들여야 한다. 세계에서 한국인처럼 우수한 두뇌와 탁월한 능력이 겸비된 뛰어난 민족도 없다고 한다.

나는 할 수 있다.

인간, 조상, 영혼, 신들, 개인, 가문, 기업, 국가 모두가 행복해지는 길로 또는 고통받는 길로 인도할 수 있다.

인간, 조상, 영혼, 신들, 개인, 가문, 기업, 국가 모두가 간절히 원하고 바라는 행복의 비밀은 이제까지 하늘에 있었는데 지금은 자미국 지상 자미천궁에 내려져 있다.

자미천황님의 존재를 믿고 인정하는 사람, 기업, 국가는 행복을 누리며 즐겁게 살아간다.

각자 모두가 부귀영화를 누리고 있거나 이를 누리려는 사람들은 하늘을 인정하고 굴복하라.

그것이 인간, 조상, 영혼, 신들, 기업, 국가가 잘사는 유일한 길이다. 각자들이 알고 싶어 하는 개인사, 가정사, 기업들의 흥망성쇠, 국가 발전과 몰락의 비밀을 자미국 지상 자미천궁은 훤히 알고 있다.

하지만 개개인이 너무나 머리가 좋고 뛰어나다 보니 서로 우두머리가 되려고 국가지도자들 사이에 내분이 일어나 국력이 결집되지 못하여 외침을 당해서 자멸한 슬픈 민족이다.

각자는 용감하고 머리가 비상하나, 모아놓으면 남 잘되는 꼴 보기 싫어 상대를 비방, 모함하여 낙마시키기 좋아하는 습성이 배어 있고, 모래와 같이 뭉쳐질 수 없는 민족근성을 갖고 있는 것이 한민족이다.

한마디로 뭉치면 사는 것이 아니고 모두가 죽는다.

다 자기 잘났다고 떠들어대서 자멸할 수밖에 없었던 역사실록이 잘 증명해 주고 있지 않은가?

그리고 자존심과 고집이 너무 강하여 절대로 무릎 꿇지 않는 민족근성이 가득 차 있다. 이런 민족근성으로 인하여 내분까지 일어나 광활한 고구려 영토를 모두 빼앗기게 되었고, 한반도마저 남북으로 갈라지는 분단의 고통을 안게 되었다.

세계에서 한반도만이 남과 북으로 분단되어 대치하며 세계의 이목을 끌고 있고, 연일 북핵문제와 무력도발 운운으로 세계가 신문 머리기사로 다루며 긴장 상태를 유지하고 있다.

한민족은 목숨이 끊어지기 일보 직전까지도 버티는 근성이 있으며 망할망정 자존심 하나에 목숨을 거는 경우가 많다.

왜 천손민족이라 했겠는가?

그만큼 하늘백성의 기질을 타고 났으니 대단한 기상을 갖고 있는 것이 아닌가?

이 타고난 하늘의 근성을 이제 긴요하게 쓰실 때가 되어서 우리 민족에게 마지막 기회를 내려주고 계신다.

미국이 현재 세계를 좌지우지하며 막강한 군사, 경제력으로 지배하고 있고 일본, 중국, 러시아, 영국, 프랑스 등이 정복자 국가로 그 뒤를 따르고 있다.

세계 강대국들을 이겨낼 비법은 단 하나, 하늘의 무소불위한 절대능력자이신 태상천존 자미천황님의 천권과 천력을 자미국 지상 자미천궁에서 얻어내는 길 하나뿐이다.

세계를 천권과 천력으로 지배하고 자미국 지상 자미천궁 하나로 만들어 통치할 지구 상 유일한 민족이 우리 천손민족이란 사실을 누가 알고 있을까?

말도 안 되는 이야기, 현실성 없는 말이라고 비아냥거리며 일축해 버릴 것인가?

하늘의 절대권자 자미천황님께서는 고집스럽고 자존심이 대단히 강한 우리 천손민족 모두를 위대한 세계 정복자로 선택해 주시었고, 이미 천명을 내리시어 천상에 두 하나님께서 사명을 부여받으시어 인간 몸으로 강림하시었다.

위대하시고 무소불위하신 자미천황님의 천권과 천력만이 약소국가의 서러움을 씻는데 종지부를 찍을 수 있다. 우리 민족의 운명을 바꾸어주실 하늘께서 단서를 붙여주셨다.

그것은 자미국 지상 자미천궁을 청와대 자리에 세워 무릉도원의 참다운 세계를 열어가는데 국민 대다수와 정치지도자들이 함께 동참해 달라는 말씀이셨다.

이유인즉 천지조화를 자유자재로 부리는 자미천황님의 수많은 하늘의 천손과 천인들이 인간세상에 하강하여 머무르며 천상공무를 집행할 집무실인 자미국 지상 자미천궁 궁전이 청와대 터에 건립되어야 한다는 말씀이시다.

종교의 구심점이 아닌 자미국 지상 자미천궁을 인류의 구심점으로 세우기 위함이고, 천상도감님을 내세워 장차 모든 인류를 자비와 사랑으로 피 한방울 흘리지 않고 자미천황님의 대능력이신 천권과 천력(天力)을 행사하시어 민족과 인류의 정신적 구심점으로 자미국 지상 자미천궁을 청와대 터에 세우고 영도하시려는 천상계획이시다.

이리되면 우리민족 뿐만 아니라 세계 각국 나라 국민들이 하늘께서 내리시는 천지조화 기운에 이끌려 자미국 지상 자미천궁으로 하늘의 천명을 받아 천인이 되고자 물밀 듯이 들어와 스스로 머리 조아리게 된다.

그럼으로써 강대국 수뇌들도 모두 하늘의 무소불위한 천력에 이끌리어 절대자의 천명을 따르게 되어 하늘의 천손과 천인으로 탄생할 것이므로 이때부터 약소국가의 서러움을 벗어나서 천손민족으로서의 영광을 민족 모두가 누리게 된다.

실로 꿈만 같은 이야기이고 말도 안 되는 이야기라고 할 수 있겠으나, 나의 천지조화능력이 아니라 하늘 자미천황님께서 천지조화의 천권과 천력(天力)의 천지대능력을 인간세상의 육신을 가진 자미천황님의 명 대행자, 명 수행자에게 내리시어 친히 자미국 지상 자미천궁을 세우시고 행하시는 천상공무의 일환이기에 반드시 현실로 일어난다.

인류의 대표, 인류의 심판자, 하늘의 명 대행자로 천명을 받은 나 인황은 하늘의 태상천존 자미천황님께서 펼치시는 무소불위한 천지조화능력을 수없이 몸으로 실제 체험하여 왔기 때문에 절대 확신한다.

이미 하늘께서 행하시는 일을 자미국에서 대행하고 있는 입장이다 보니 누구보다도 하늘께서 펼치시고자 하시는 그 뜻을 잘 알고 있다.

이것이 자미천황님께서 원하시는 일이고, 우리 민족뿐만이 아니라 인류 모두가 구원받고 축복받는 일이며 우리가 늘 부르짖던 이상향 세계는 바로 무릉도원 자미국 지상 자미천궁 건립이다.

보이지 않는가?

들리지 않는가?

하늘의 용트림이!

원과 한이 많은 이 동방의 작은 나라 한반도에 인류 모두가 그토록 원하던 무릉도원 자미국 지상 자미천궁을 건설하여 우리 민족의 원과 한을 풀어주시고자 그 위대하신 하늘께서 우리 천손민족을 유일하게 선택해 주시었다.

오랜 세월 우리들이 온 마음을 다하여 이루고자 하였으나 이루지 못했던 민족의 간절한 소원을 이루어주시고자 하시니, 우리 모두 다 함께 손에 손을 마주잡고 한 마음 한 뜻으로 위대하신 자미천황님께서 펼치시는 뜻에 경의를 표하자.

인간의 힘인 인력(人力)으로 아니 될 때는 하늘의 힘인 천력(天力)으로 해야 하지 않겠는가?

전지전능하시고 위대하시고 무소불위하시고 절대능력자이신

하늘께 우리 한민족의 원과 한을 고하여 윤허를 받아낸다면 천권과 천력의 천지대능력으로 대자연도 움직여주실 위대한 능력을 갖고 계신다.

지진, 해일, 화산폭발, 괴질, 운석낙하, 강우, 가뭄, 폭설, 한파, 혹서, 태풍, 이 모든 것을 자유자재로 움직이시는 분은 대우주를 창조하신 자미천황님의 고유 권한이시니 현실로 얼마든지 가능하다.

지금까지는 태상천존 자미천황님의 존재를 모르다 보니 말도 안 되는 소리라고 하였지만 그것은 절대권자의 능력을 과소평가하였던 우리의 실수였다.

우리가 그 위대하신 하늘을 과소평가하고 있었으니 그 위대하신 하늘께서 우리의 소원을 들어주시지 않으셨던 것이다. 우리의 눈에 보이지 아니하고, 우리의 귀에 들리지 아니할 뿐 지금 이 순간도 하늘께서는 우리 일상생활 모두의 일거수일투족을 내려다보시고 있다는 사실을 명심해야 한다.

우리 인류의 모든 소원인 인간세상에 지상낙원 자미국 자미천궁을 세워서 그로 인하여 하늘과 인간, 조상, 영혼, 신들이 공존 공생하는 세상을 이루려 하심이다.

하늘 뜻에 선택받은 민족이 바로 천손민족이며 옛 성현들께서 예견하셨던 천손(天孫)민족을 하늘에서 이루어주시려 하시니 실로 선택받은 대한민국임이 틀림없다.

인류사의 천만사 고난을 소멸할 자미국 지상 자미천궁!

살아서든 죽어서든 하늘, 인간, 조상, 영혼, 신들의 무릉도원 세상이 자미국 지상 자미천궁이다.

하늘께서 선택하여 주신 나의 인생!

지금 지난날을 회상하며 이런 글을 쓸 수 있음이 위대하신 하늘 태상천존 자미천황님께서 나 인황에게 내려주신 큰 기쁨이자 사랑이고 사명이라 생각한다.

어느 누가 감히 인류의 대표, 인류의 심판자, 하늘의 대행자 역할을 하고 하늘의 뜻(천명)을 이 땅의 인간세상에 전할 수 있단 말인가?

아무나 행할 수 없는 하늘 자미천황님의 대행자!

하늘로부터 인류의 대표, 인류의 심판자, 하늘의 대행자 인황이란 직위를 하사받음에 나와 나의 가문, 이 나라 모든 국민들에게도 무한한 영광이 될 것이다.

하늘 자미천황님께서 인류 탄생 이래 유일하게 천명으로 내려주신 존귀한 직위 인황! 인간들의 눈에 뽑혀서 인정받아 인황이 된 것이 아니라 친히 하늘 태상천존 자미천황님께서 직접 내려주신 직위이다.

처음이자 마지막인 인황의 직위에 눈물겹도록 감사하다.

인간세상 대통령들이야 보장된 임기 끝나면 그 자리에서 내려와야 하고, 육신이 죽으면 생전의 직위가 아무 소용없지만 나에게 하사해 주신 인황의 직위는 내가 살아서든 죽어서든 영원히 누리고 가질 수 있는 하늘 자미천황님께서 공식적인 천명으로 내려주신 이 세상 하나밖에 없는 특별한 직위이다.

그래서 대한민국 대통령은 물론 미국 대통령, 영국 여왕, 일본

천황, 중국 주석, 러시아 대통령, 로마교황이 전혀 부럽지 않고 감히 인황의 직위와 비교할 수가 없다.

하늘님이신 태상천존 자미천황님께서 인류의 대표로 하사하여 주신 인황이기에 인간세상 대통령들의 자리하고는 비교 자체가 될 수 없다.

세상의 대통령들은 하늘 자미천황님께 공식적으로 천명을 받은 대통령들이 아직까지 단 하나도 없기 때문이다.

세계 대통령들은 모두 1개 국가의 통치권자로서 한시적인 임기 대통령들이거나 또는 살아서 종신 국가원수를 지내기도 하지만 인황은 1개 국가 원수가 아닌, 전 세계 국가 제왕들을 모두 통치하고 다스릴 수 있는 하늘의 천권과 천력을 부여받은 인황이란 직위를 내려주신 것이니 하늘 자미천황님께서 내려주신 사랑을 통째로 다 받은 것이다.

72억 인류 중에서 가장 많이, 가장 크게 하늘의 복을 모두 받는 행운을 얻은 것이고, 이 세상 모두를 자미국 지상 자미천궁 인황과 사감 육신의 몸으로 모두 내려주시겠다고 하셨다.

각자 누리고 있는 모든 부귀영화 재물과 권력, 명예와 건강, 기쁨과 행복, 장수, 천권과 천력을 자미국 지상 자미천궁으로 내려주신다 하셨다.

하늘 자미천황님께서 모두 사랑을 내려주고 계시니 인황과 사감은 살아서든 죽어서든 아무런 근심걱정 없다. 자미천황님을 알고 자미천황님 앞에서 죽는 것은 죽음 자체도 큰 기쁨이자 큰 행복이라고 신명님께서 알려주셨다.

하늘 자미천황님의 사랑은 빛나며 영원하시고, 온유하시며 너무나도 넓고, 너무나도 깊어 다 알 수가 없으며 인간, 조상, 영혼,

신들에게 영원히 변치 않는 사랑을 무궁무진 내려주시는 우리 모두가 존경해야 할 감사의 하늘이시다.

우리 72억 인간들 모두를 태초로 창조하시어 이 땅에 보내주신 대단하신 하늘이시기에 그 사랑은 언제나 따뜻하다.

우리 72억 인간 모두가 자미천황님께서 창조하신 자손들인데 이 진실을 몰라보고 인간들은 종교를 믿고 엉뚱한 곳에 정성을 들이며 복을 빌고 있다.

그 종교들은 목적이 따뜻한 사랑이 아니라 보이는 물질에 눈이 멀어 있고 인간, 조상, 영혼, 신들의 존재를 알지도 못하기에 이들을 구할 능력도 갖고 있지 않다.

그러면서도 수천 년 동안 거짓을 전파하며 불쌍한 이들을 속여 왔지만 이 종교 교조들을 믿고 따른 인간들 역시 눈에는 하늘 자미천황님이 아니 보이고 아니 들려서 그들의 현혹에 넘어가 인생이 고통의 바다에 빠져 있다.

누가 복을 내려주시는 능력자인지도 모르고 조상님을 찾고, 석가, 예수, 상제, 마리아 등에게 복을 구걸하고 있으니 하늘 자미천황님의 심기가 하루도 편할 날이 없으실 것 같다.

72억 인간 모두가 자미천황님의 고귀한 천손(아들딸)들인데 왜 석가, 예수, 상제, 마리아가 나서서 자기 자식인 양 인간, 조상, 영혼, 신들을 구해주겠다고 현혹시키며 구원능력도 없는 자들이 끊임없이 거짓말을 하는 것인가.

그들을 믿고 따른 이후 그들의 말이 거짓인지 아닌지 각자의 살아가는 삶이 기쁜지 불행한지, 행복한지 고통스러운지, 부자인지 가난한지, 자신의 삶이 어찌 바뀌었는지 자신들을 스스로 돌아보면 금방 알 수 있는 것을 그들에게 벌 받을까 봐 이러지도 저러지도 못해 굴레를 벗어나지 못하고 있다.

나는 전형적으로 석가, 예수, 성모, 상제의 굴레에서 완전히 벗어난 대표 사례자이다. 그들을 믿고 모시면서 그 혼령들과 대화를 나누고 살았으니 말이다.

그들을 내 마음에 모시고 살았을 때 내 인생은 고통의 바닷속에 빠져 자살을 선택해야 할 정도로 가난했고 불행했으며 지인들에게 사기배신 당하여 우울한 나날을 보내야 하는 그야말로 엉망진창의 지옥세계 삶을 살았었다.

인간 대표 인황!

생각만 해도 마음 뿌듯하다. 하늘 태상천존 자미천황님, 자미황후님, 천상감찰신명님, 천상천감님, 천상도감님 등을 제외하고서는 인간세계, 영혼세계, 조상세계를 향하여 대우주 천지인 창조주 태상천존 자미천황님의 명 대행자로서 명을 내릴 수 있는 천권과 천력을 나 인황에게 내려주신 것이니 경천동지할 일이다.

내가 겪은 고통의 세월!

어찌 글로써 다 말할 수 있을까?

파란만장하고 수없는 고통과 번뇌 속에 지나온 세월을 어디서부터 끌어내어 글을 써야 할지 참으로 망설여진다. 나는 하늘과 세상사람, 조상, 영혼, 신들을 위해서 어떤 일을 해야 하는지 무척이나 고민하며 생각에 잠겼다. 수많은 선각자들이 모두 하늘의 뜻을 펴겠다고 나름대로 열심히 행하였고 그 결실은 수많은 종교를 잉태해 놓았다.

석가, 예수, 성모, 상제, 공자, 노자가 하늘의 참뜻이라 펼쳤던 기존의 잘못된 종교를 바로잡는 것이 자미천황님의 천명을 봉행함이니 참으로 어깨가 무겁고, 이것이 과연 현실적으로 가능한 일인지에 대해서도 결과를 예측할 수 없다.

나의 뜻이 아니라 우주를 창조하신 대우주 천지인창조주 '태상천존 자미천황님'의 뜻이고 지엄한 천명이시기에 무조건 받들 뿐이다.

모든 일을 행하시는 분은 높고 높으신 하늘 자미천황님이시니 나는 단지 하늘의 자미천황님께서 내리시는 천명대로만 육신의 몸으로 행할 뿐이다.

젊은 시절 혈기왕성하던 때는 거부가 되어 세계경제를 주름잡아 세계 최고 부자가 되고 싶었던 야심으로 가득 찬 꿈 많은 시절도 있었는데 이제는 자미국에서 붓 한 자루로 하늘 자미천황님의 메시지를 온 세상에 전해야 하니 막중한 사명감에 몸 둘 바를 모른다.

제자를 통해서 내려주신 천명

세월은 흘러 94년 봄에 나라를 위해서 기도한다는 60대의 한 남자를 우연히 알게 되었는데, 자신은 전직 정보부 출신이라 소개하였다. 그가 기도하며 살고 있다는 곳은 충남 아산의 연암산에 움막이었고 그곳으로 함께 동행하게 되었다.

거기에는 40대 중반으로 보이는 여자 제자가 있었고, 밤낮으로 나라를 위하여 기도를 드린다며 촛불도 켜놓고, 산속에 용궁과 산신당. 허공기도 터가 있었다.

공기 좋고 인적이 드물어 기도하기에 안성맞춤이어서 매 주말마다 쌀 한 가마니와 대초 한 박스를 싣고 내려갔었다. 그곳에서 나름대로 열심히 천신기도, 용궁기도, 산신기도를 하면서 다니고 있을 때 하루는 여자제자가 함께 기도해 보자는 것이었다.

각자가 용궁 전에서 무아지경에 이르도록 기도를 하고 있는데 갑자기 하늘에서 내리시는 분부 말씀이라면서 나에게 잘 들어보라는 것이었다.

예, 대답하고는 매우 궁금하여 합장한 채로 귀를 쫑긋 세우고 들어보니 그 당시로서는 가당치도 않은 황당한 내용이었다.

제자가 어떤 신명님 말씀을 받아 전해주는 말인즉슨,

나에게 대뜸 하는 말이 "신의 대통령을 하고 싶으세요?"라고 물어오기에 기가 막혔다.

이때 나이가 40세였다.

〈저자〉

예? 그게 무슨 청천벽력 같은 말씀입니까?

제가 어찌 그런 중차대한 천명을 받을 수 있나요?

저는 아무것도 모릅니다.

얼마 전에 겨우 거사님과 알게 되어 우연히 이곳에 주말마다 기도하러 온 일반인이고 이제 겨우 하늘의 존재에 대하여 눈을 떠가고 있는 초보자인데 신의 대통령이라니요? 가당치도 않고 천부당만부당한 말씀입니다.

〈제자〉

아닙니다. 이미 하늘께서는 그렇게 정해 놓으신 것 같습니다. 그러기에 이렇게 하늘의 말씀을 나로 하여금 그대로 전해드리게 하는 것 아닙니까?

저도 하늘의 천신 줄을 타고난 신명제자인데 어찌 감히 하늘의 말씀을 왜곡되게 전해드릴 수 있겠습니까? 이는 천명으로 내리는 것이니 거부하지 마시고 받아들여야 합니다.

하늘이 내리시는 천명을 거역하면 그 재앙이 본인은 물론 가족에게도 대대로 내려가니 명심하도록 하세요.

지금은 아무것도 모른다 하지만 차근차근 계단을 밟아 하늘공부를 열심히 하시랍니다.

점이나 사주 보는 그런 제자가 아니라 장차 사해만방에 이름을 떨치며 세계인류를 천명을 받들어 구하고 천군만마를 영도하며 다스릴 대 사명을 갖고 오셨다고 하시며, 원시반본 시대를 열어갈 하늘의 대행자이시랍니다.

〈저자〉

너무 어려운 말씀들뿐입니다.

도통 뭐가 뭔지 당최 알 수가 없고 정신도 없는데 그런 엄청난 천명을 어찌 받아들인단 말입니까?

하늘께서도 저에게 실수를 하신 것 같습니다만 생각할 시간의 여유를 주셨으면 합니다.

하늘께서 어떤 분이신지도 전혀 아무것도 모르는데 무조건 하늘의 분부를 따르라고 하시니 참으로 난감하기 이를 데 없습니다. 아직 아무런 준비도 마음의 자세도 되어 있지 않으니 생각해 보고 나중에 말씀드리겠습니다.

〈제자〉

이는 태초 이래로 인간세계에 처음으로 내리시는 천명이시랍니다. 종교를 세워서 교주가 되시라는 천명이 아니시고, 하늘께서 지상에 천궁(자미국 자미천궁)을 세우려 하신답니다.

이 작은 한반도에 천궁(자미국 지상 자미천궁)을 세워 민족과 인류의 정신적 구심점으로 세우시려고 오래전부터 설계해 놓으신 천상공무랍니다.

그동안 왜곡되고 잘못 전해진 종교세계를 완전 바꾸고 하늘께서 친히 다스리시는 나라를 세우시기 위하여 도솔천의 미륵님을 출세(하강 강림)시켜 인간, 조상, 영혼, 신들을 고통의 굴레에서 구하라는 분부 말씀입니다.

하늘께서는 인간 육신이 없으시므로 하늘이 인류에게 내리시는 천명을 대신 인간세상에 전달할 대행자 역할을 행할, 때 묻지 않은 인물이 필요하시다는 것입니다.

하늘께서 이미 전생부터 정해진 이치에 따라 대행자로 선택하셨다 하니 이 또한 하늘의 뜻이라 생각하시고 겸허히 받아들이시기 바랍니다.

하늘의 대행자 역할만 충실히 잘해 주신다면 가문은 빛날 것이며 후대자손 대대로 영광이 가득하고 부귀와 공명을 누리시게 될 것입니다.

〈저자〉

현재는 무어라 변명할 여지도 선택권도 없으니 무조건 하늘의 천명대로 행하고 열심히 하늘공부하겠습니다.

신의 세계에 대하여 아무것도 아는 것이 없는 나에게 하늘께서 그런 천명을 내려주셨으니 최선을 다하여 하늘의 천명을 받들어 모시겠나이다. - 이상 -

제자가 하늘의 분부 말씀을 다 전해주고 나서는…

축하합니다!

반드시 하늘께서 내리시는 분부말씀 그대로 행하시어 훌륭한 하늘의 대행자 역할을 행하시기 바랍니다.

여기서 계속 변명하고 응석 부려봐야 아무런 도움이 안 되고, 야단만 맞을 것이니 무조건 하늘의 천명을 받들겠다고 말을 할 수밖에 없었던 처지였다.

그래야 분부말씀이 끝날 것이라 생각하였고, 결국 내가 고집을 꺾고 무릎을 꿇자 하늘의 말씀은 더 이상 내리지 않았다.

이 당시에 받은 대행자 역할이 하늘의 천명을 받들어 도솔천의 용화세존 미륵존불님께서 나의 몸으로 출세(탄생)하시어 '천상도감님'이란 직위를 갖고 오신다는 것을 무려 12년의 세월이 흐른 뒤에야 그 뜻을 알게 되었다.

94년도에 이런 일이 있고 난 뒤 하늘께 맹세하고 약속했던 일들은 각박한 현실 생활을 해가면서 가슴속에만 묻어둔 채 까마득히 잊혀져가고 있었다.

1년이 지난 1995년경 어느 날, 평생 감기 한 번 걸리지 않고 살만큼 강골이었던 내가 갑자기 온몸에 열이 펄펄 나면서 몸살을 앓기 시작했다. 뿐만 아니라 어깨가 심하게 눌리고 결려 오십견인 줄 알고 강남구 도곡동의 한의원에도 다녀보고, 머리가 내 것이 아닌 것처럼 벙벙하며 이상하게 느껴졌다. 뒷골이 심하게 당기어서 겁이 덜컥 났다.

병원부터 달려가서 C T촬영을 비롯하여 종합검진을 받아보았지만 아무런 병명도 나오지 않았다.

한편 안심도 되었지만 뒷골이 패듯이 계속 아프고 당겨서 다시 집 근처 인근에 있는 다른 한방병원에 가서 침을 맞고, 부황을 떠서 피를 빼보기도 하였으나 통증은 전혀 멈추지 않았고 더욱더 심하게 아파왔다. 그래서 주머니에 두통약과 속이 쓰릴 때 먹는 약을 항상 갖고 다니며 아플 때마다 한 알씩 먹으니 조금은 견딜 만했다.

이 당시 나는 두통과 뒷골 당김, 속 쓰림으로 너무나 큰 고통을 받으며 살았고 그것이 무슨 메시지이고 무엇을 하라는 것인지 전혀 알 수 있는 상식이 없었던 시절이다.

지금 생각하여 보면 혈기가 넘치는 시절이었으니 신의 메시지라고 받아들일 수 없었을 것이다.

회사 일로 신경을 많이 써서 스트레스로 머리가 아픈 걸로 생각하며 지냈고, 몸이 무거우면 사우나에 가서 찜질을 하는 것이 전부였다. 이렇게 고통받고 있던 95년도 6월에 하늘께서 내리시는 음성이 가슴으로 강렬하게 느껴졌다.

천궁(자미천궁)을 건립하라는 강력한 메시지를 받게 되었고, 하늘께서 내리시는 천명을 가슴에 담기 위하여 책상 위에 명패를 새겨서 올려놓기도 하였다.

나는 명패를 새겨 하늘께서 내리신 천명에 따르겠다고 했으면서도 천궁(天宮)이란 뜻이 무엇인지도 잘 모르던 시절이었고 마음에서 우러나오는 대로 행했을 뿐이었다.

해는 바뀌어서 96년도 가을 무렵 보살을 만났다. 60세는 넘어 보이는 보살님이셨고, 이내 용문산에 가서 천신기도를 하게 되었다. 초저녁부터 시작된 기도는 자정을 넘겼고, 잠시 쉬었다가 새벽 3시경 다시 이어졌다.

보살님이 쳐대는 징소리가 귓전에 윙윙거리며 들려왔고 무어라 주문을 열심히 해대는데 알아들을 수 있는 말은 하나도 없었다. 하늘에 간절히 축원발원을 열심히 하고 있다는 것은 알아챌 수 있었지만 내용은 전혀 몰랐다.

나는 합장한 자세로 앉아 있었고, 한 시간쯤 경문을 했을까 보살님이 나에게 하늘께서 전해주는 말씀이라면서 잘 들어보라 하시었다.

당시에는 하늘의 문을 열어서 돈 많이 버는 것이 가장 큰 소원이었었기에 일념으로 그리되기를 하늘께 빌고 있었을 뿐이었다.

〈저자〉

예, 제발 사업 잘되게 도와주세요.

인간사 하는 모든 일이 얽히고설키어 도무지 정신을 차릴 수가 없고, 몸은 안 아픈 곳이 없으니 참으로 고통스럽습니다. 앞으로 어찌하면 되겠는지요?

방법 좀 알려주세요.

〈보살님〉

하늘께서 내리시는 천명을 어찌 거역하고 엉뚱한 길을 계속 가고 있는 것이냐?

온몸으로 하늘의 천지기운이 내려오고 있건만 왜 모른 척하고 인간사 일을 하는가? 하늘의 길로 들어서야 할 하늘께서 내리신 하늘제자 몸이거늘 언제 그 천명을 받들 것인가?

〈저자〉

예~? 저는 하늘의 천명에 대하여 아무것도 아는 것이 없습니다. 뭘 어찌해야 하는지요?

〈보살님〉

이미 인간사의 일은 인연이 다 끊어져 가고 없으니 어서 회사 정리해! 하늘의 길로 들어서라는 지엄한 천명이 내렸으니 팔자로 받아들여! 도저히 피할 수 없는 천지신명님의 천명이 내려와 있으니 거역하면 큰일 일어나!

〈저자〉

예, 그럼 회사 정리되는 대로 그리하겠어요.

그럼 저는 어떤 그릇의 하늘제자인가요?

무당이나 법사, 목사, 신부?

아니면 스님? 도사? 어느 쪽의 길로 가야 하는지요?

〈보살님〉

모두 다 아냐!

〈저자〉

그럼 도대체 나는 어떤 신분이란 말인지요?

목사? 신부? 아님 대사인가요?

〈보살님〉

그도 또한 아니야!

분명한 것은 하늘께서 친히 내리시는 큰 제자이니 내 상식으로는 무어라 말을 못하겠다.

분명 하늘제자는 제자인데 스님도 아니고, 대사도 아니고, 도사도 아니고 거참 이상하네.

아무리 영안으로 둘러보아도 도저히 모르겠어.

옥황상제님 모습과 매우 비슷하기도 한데 당신께서는 아니라고 고개를 저으시니… 참 별일도 다 있네.

40년 신명 제자생활에 나도 모르는 신명님이 보이시는 일이 일어났으니… 나 원 참.

나머지는 자네가 도를 열심히 닦아서 스스로 찾아내도록 하게나! 내 상식으로는 도저히 찾아낼 수 없네.

내가 찾아낼 그런 신명님이 아니신 것이 분명한 것 같네.

〈저자〉

예, 알겠습니다.

제가 열심히 하늘공부하여 찾아보겠습니다.

새벽까지 기도해 주시느라 참으로 수고 많으셨습니다.

고맙습니다. - 이상 -

보살님은 그날 새벽 5시까지 열심히 기도해 주었으나 내 가슴은 허탈했다. 40년 경력의 신명 제자생활로도 알아보지 못하고, 찾아내지 못한 신을 나 스스로 도를 닦아 찾아내라는 말이었으니 참으로 걱정스럽고 기가 막혔다.

이렇게 용문산 천신기도를 끝내고 하산하여 집에 돌아오니 아침 8시였다. 샤워를 하고 소파에 잠시 앉아 곰곰이 생각해 보니 2년 전 충남 아산의 연암산 천신제자가 들려준 하늘의 대행자란 말이 번뜩 떠오르는 것이었다.

아! 그럼 과연 내가 그 엄청난 하늘의 천명을 인간세상에 전파할 대행자(신의 대통령)란 말이 맞는단 말인가?

천신제자는 하늘의 대행자란 말을 정확히 해주었고, 보살님은 무속세계 법도만 알다 보니 그 신명님의 관명을 잘 몰라서 대답을 확실히 못 했단 말인가?

그러나 현실의 나는 설사 위대한 하늘의 대행자라는 큰 신명이 내렸더라도 그 길로 들어가기에는 아무런 지식이나 준비가 전혀 되어 있지 않았었다.

회사를 금방 정리하기도 어려운 처지라서 하늘제자 길과는 너무나 거리가 멀었다.

이렇게 고뇌하면서도 한편 현실적으로 살아갈 수밖에 없는 입장이었고 회사 운영에만 전념하다 보니 하늘의 천명을 받들어야 할 사명을 까마득히 잊어버리고 있었다.

날이 갈수록 회사 운영이 어려워졌지만 오기로 몇 년을 더 버티고 있다가 99년 1월 초에 가장 가까운 사람(직원)으로부터 차마 있을 수 없는 참담한 배신을 당하여 단 하루 만에 회사 문을 닫을 수밖에 없는 극한 상황으로 돌변해 버렸다.

결국 내가 스스로 회사 운영에 대한 미련을 버리지 못하고 시간을 끌면서 하늘의 말씀을 행하지 않으니까 하늘께서 나와 10년 동안 알고 지냈던 가장 친한 사람이 배신케 함으로써 인간사의 미련을 일순간에 송두리째 모두 끊어버리게 조화를 부리셨다는 것을 나중에 알게 되었다.

한마디로 하늘께서 내리시는 천명을 받들지 않고 내가 차일피일 미루니까 일순간 강제집행을 하신 것이었지만 당시에는 그를 죽이려고 마음에 다짐을 하고 또 했었다.

가슴에 비수를 꽂은 채 참느라고 오장육부와 속이 새까맣게 다 타버리다 보니 맨 정신으로는 도저히 살아갈 수가 없었고, 이 분노를 참느라 매일 같이 술독에 빠져 3년을 살아야 했다.

지나온 과거를 회상하며 이 글을 쓰게 되면서 그가 나를 배신하게 한 것 또한 하늘께서 내리신 천명이었음을 8년이 지나서야 깨달았다.

인간적으로 봐서는 나의 금전을 수억이나 뜯어가고 배신까지 하여 회사 문을 하루아침에 닫게 하였으니 지옥까지 따라가서라도 갈기갈기 찢어 죽여서 복수해야 마땅할 아주 사악하고 간특한 자였다.

이 글을 쓰기 전까지도 배신의 아픔을 잊지 않고 간직하고 있었으나 오늘에서야 지난날 내가 하늘의 깊은 뜻을 빨리 깨닫지 못하자, 그로 하여금 배신케 하여 인간사 모든 일을 접고 하늘께서 내리시는 천명을 받드는 길로 가도록 고통 주셨음을 알게 되어 죄송스럽고 부끄럽다.

이제야 하늘께서 내리시는 뜻이 무엇인지 깨달았다.

나를 배신한 네가 우연히 나의 이 글을 읽는다면 이제는 마음 편히 갖고 살아가기 바란다.

마음으로부터 용서하였고, 네가 행한 배신의 행동 역시 네 뜻이 아니라 나를 하늘의 대행자로 쓰시기 위하여 너의 육신을 빌려 천상공무를 집행하신 것이란다.

네가 나에게 뜯어간 수억의 돈은 하늘께서 너를 한 번 크게 쓰시고자 내려주신 대가이니 너의 것이란다.

네가 하늘의 천명대로 행하지 않았으면 나는 살아 있을지 아니면 잘못되어 어떤 고통을 더 심하게 받고 있을지도 모른단다.

네가 나를 배신한 것이 너의 마음이었을 것이라고 생각하고 행했을 테지만 나를 깨닫게 하기 위한 하늘이 내리신 천명이었단다.

나도 마음고생 많았지만 너도 또한 양심의 가책을 심하게 느껴 마음이 괴로웠을 것이라 생각한다.

모두 하늘의 뜻이었으니 마음 편히 갖고 살아가라.

벌써 16년 세월이 지나갔고, 이로써 그에 대한 미움과 증오, 복수를 포기하고 용서하게 되었다.

고집으로 일관되게 하늘께서 내리신 천명을 신명제자 두 명을 통하여 내려주었건만 이를 완전히 무시하고 내 멋대로 인생을 살아왔으니 누구를 원망하고 탓하랴!

하늘의 천명은 나에게 하늘의 대행자로 그렇게 내려져 있었나 보다. 하지만 나는 평범한 인간으로서 인간세상에서 살아가기를 원했고 그렇게 살려고 노력했었다.

하늘께 정말 죄송스러울 뿐이고, 배신한 친구 그 자신은 하늘에서 내린 천명인지도 모르고 지금까지는 물론 앞으로도 평생 살아가면서 죄의식을 잊지 못할 것이다.

하지만 난 이제 그에게 용서의 마음을 보낼 수 있고, 하늘께서 내리신 천명을 수행하는데 일조를 한 그에게 수고했다고 박수갈채를 보낸다.

하늘은 우리에게 알 수도, 이해할 수도 없는 하늘의 천명을 수시로 내려주고 계시지만 이를 알아듣는 사람 몇이나 되더란 말인가?

하늘의 대행자 길로 들어와서도 8년의 세월이 흐른 후에 그 당시 나에게 내려진 천명에 대하여 해답을 얻게 되었으니 평범한 일반인들이야 오죽하랴!

하늘께서 내리신 천명은 살아서는 찾을 수도 없고, 죽어서야 천상에 기록된 장부에 의해서 알 수가 있다.

하늘의 명 대행자 신분을 찾는데 무수한 세월과 뼈아픈 고난과 금전고통, 질병고초를 겪은 체험 실화인데도 이 책을 읽으면서도 부정하거나 하늘이 내리신 천명을 알지 못하고, 받들지 못한다면 참으로 가엽고 불쌍하리라.

결국 1999년 4월 중순경, 가슴에 원과 한을 품은 채 인간사의 모든 미련을 뒤로하고 회사 문을 닫았다.

이때 나이 44살이었고, 하늘께서 내리신 천명을 행하기 위하여 강남역 부근에 건물 전세를 얻어 천상세계에 정식 입문하면서 쓰라린 고행의 험난한 길이 또다시 펼쳐지기 시작하였다.

용화세존 미륵존불님

정말 파란만장한 대행자의 길이었고, 하늘이란 무엇인가를 알기 위하여 스스로 기도에 들어갔다.

강남역 부근의 우성 5차 아파트에 살 때 작은 방의 상 위에 대초 2개를 켜고 사기대접에 천수를 떠올려놓고, 합장을 한 채로 눈을 살며시 감고 하늘께서 내리신 말씀을 주문으로 천경을 독송하기 시작하였다.

천궁세계, 도의 세계, 신의 세계에 대해서 아무것도 아는 것이 없는 맹물이었고, 종교도 없이 산기도 몇 번 해보고 조상굿과 천도재 몇 번 한 것이 조상님에 대한 상식이 전부였다.

하늘과 신과 조상님은 무엇이고, 이분들은 우리에게 어떤 역할과 어떤 능력이 있으며 우리 인간에게 무슨 영향력을 행사하고 있는지 도무지 알지 못했다.

신이 눈에 보이지 않으니 있는 것인지 없는 것인지, 종잡을 수가 없었고, 믿어야 하나 말아야 하나 갈피가 잡히지 않았다.

모든 일에 대하여 완벽을 추구하던 나였지만 기도에 들어가서도 아무런 반응도 보이는 것도, 들리는 것도 없으니 앞이 깜깜할 수밖에 없었다.

한마디로 장님이 코끼리 만지는 형국이었으니 기가 막힌 천궁세계 출발이었고 무조건 기도정진하기 시작했다.

1시간 동안 꾸준히 매일같이 반복 기도했고, 한 달가량이나 되었을 무렵이었다. 합장하고 있는 손에 알 수 없는 전율이 흐르며 손이 요동치듯 떨리기 시작했다.

하늘의 기도에 대하여 아무것도 모른 채 천경을 21번 독송하니 알 수 없는 천지조화 기운이 드디어 나의 온몸으로 내려오기 시작하였다.

날이 갈수록 천경 주문 횟수가 1회식 줄어들고 있음을 확인하게 되었다.

21, 20, 19…3, 2, 1

100일이 지나자 한 번만 천경주문을 독송해도 즉시 천지기운이 강렬하게 요동치며 내리게 되었고 온몸은 땀으로 범벅이 되어 있었다.

이 후에는 천경주문 첫 구절만 읽어도 기운이 강하게 내리는 경지에 이르렀고 마음 안에서부터 자꾸만 무슨 말이든지 하고 싶어졌다.

이때 초를 켜놓은 채 출근했다 퇴근하여 집에 돌아와 보면 대초의 촛불이 벌겋게 타고 있었다. 그래서 자세히 살펴보니 초의 심지 상부가 까맣게 넓적한 모양으로 변해 있기에 이상하다 생각했다.

"왜 초가 맑게 잘 안타고 벌겋게 타지? 거 참 이상하네" 하며 혼자 중얼거렸다.

24시간 초를 켜놓아서 그 방은 천장이 새까맣게 그을렸다.

매일같이 혼자 기도하면서 촛불에 신경이 곤두서기 시작했다.

대초가 불량품인가?

그래서 새것으로 교환해 보았지만 역시 마찬가지로 시간이 조금 지나면 심지 끝이 금방 까맣고 넓적하게 타는 것이 아닌가.

급기야 가위를 가지고 넓적해진 심지를 모두 잘라냈다.

촛불이 정상적으로 잘 타는 모습을 보고 출근했다가 다시 퇴근하여 들어와 보면 여지없이 먼저와 똑같이 벌겋게 타는 것이 아닌가?

누구에게 물어볼 생각도 못하고 기도는 계속 이어졌다.

그러던 어느 날, 한 도인을 만나서 초를 켜고 기도하면 왜 촛불의 심지가 넓적해지고 벌겋게 타느냐고 물으면서, 그동안 가위로 심지를 잘라냈다고 말했더니 깔깔대며 박장대소를 해댔다.

그가 하는 말이

"그것이 초꽃이에요. 신이 감응했을 때나 길조가 있을 때 그런 현상이 나타난답니다"라고 말해 주었다.

초꽃에 대해서 한 번쯤은 들어본 기억이 있는데 직접 보지는 못했고, 다만 초꽃이라 하니까 촛불이 탈 때 꽃의 형태로 타들어가는 줄만 알았지 심지가 꽃의 형태를 갖춘다고는 한 번도 생각해 보지 못했기 때문이다.

한마디로 어이없고 기가 막혔다.

하늘께서 감응했다는 길조의 표시로 보여준 상서로운 초꽃이 피어날 때마다 가위로 잘라내고 있었으니 웃어야 할지 미련하다 해야 할지!

초행의 기도는 그렇게 시작되었다.

내가 하늘께서 내리시는 천지조화를 몰라보니 하늘께서도 참으로 답답하고 속이 많이 터지셨을 거다. 이렇게 미련한 나를 위대하신 하늘의 대행자로 삼으시고 천명을 내려주신 하늘께서 얼마나 기가 막히셨을까?

아무것도 모르는 상태에서 천궁세계로 들어와 하늘말씀을 외우고 하늘의 기운을 직접 느끼며 한 단계씩 체험하며 길을 걸어왔다.

기도에 몰입한 지 100일이 지난 후 1999년 8월 어느 날,

도반과 대화를 나누다 함께 기도해 보지 않겠느냐고 제안이 들어와서 그리하겠다 하고 집으로 초대하였다.

차 한잔을 나누며 그간의 담소를 나눈 후 제물을 차려 올려놓고 자시(자정)에 함께 기도에 들어갔다.

늘 하던 대로 천경 주문을 외우자 즉시 천지기운이 내려 응감(應感)하였고 내 몸은 주체할 수 없을 정도로 손과 온몸이 요동치고 있었다. 이런 나의 모습을 처음 지켜본 도반은 신기하면서도 대단한 신명님이 하강하셨음을 느낀 모양인지 대뜸하는 말이…

〈도반〉

"신명님 어서 오세요.

오늘 하늘제자 몸으로 강림하신 분은 어떤 신명님이신지 말씀 내려주세요!"라고 공손히 응대해 주고 있었다.

〈저자〉

무어라고 말을 해야 하는데 입안에서만 맴돌고, 입 밖으로는 도무지 뱉어지지 않았다. 한동안 시간이 흘러도 아무런 대답이 없자 도반이 다시 누가 오셨느냐고 재촉하기 시작했고 나는 참으로 난감했다.

기도 100일이 넘었어도 단 한 번도 말을 해보지 못했고, 어떻게 말하는 것인지도 몰랐다.

설사 자문자답했다 한들 어느 것이 나의 말이고, 어느 것이 신명님께서 하시는 말씀인지 도무지 분간할 수 없었다. 이렇게 지루하게 얼마간 침묵이 흐르는 순간 적막을 깨고 일갈대성이 내 입에서 저절로 터져 나왔다.

〈저자〉

대우주 천지인 창조주이신 하늘의 천명을 받고 내려온 용화세존 미륵존불이니라! 참으로 오랜 세월 기다려왔고 내가 그동안 시간을 많이 주었느니라.

〈도반〉

참으로 황공하옵니다.

이렇게 높으신 미륵존불님께서 내려오실 줄은 미처 몰랐습니다.

〈용화세존 미륵존불〉

그럴 테지. 사람마다 크고 작은 신명 그릇이 다 정해져 있느니라. 또한 각자의 신명 역할도 모두 다르니라.

이 나라가 하늘로부터 선택받은 천손민족임을 아느냐?

〈도반〉

예! 수행공부하면서 알게 되었습니다.

그런데 어찌하여 나라가 어렵게 살아야 하나요?

〈용화세존 미륵존불〉

하늘께서 강세하시어 바로 서야 너희 나라 경제문제가 윤택해질 것이니라.

하늘 알기를 우습게 알고 잘 안 받들어서 그래.

신명이든 조상이든 잘 알지도 못하면서 무조건 마귀니 미신이니 하면서 부정하고 있어. 고통을 당해 봐야 하늘 무서운 줄 알고, 인력으로 안 되는 것도 있다는 것을 보여주어야 인간들이 정신 차리고 하늘을 찾게 되지.

〈도반〉

죄송합니다. 가난한 자들은 하늘 뜻을 이제 겨우 알아가고 있는데 너무나 경제적 고통이 심해서 생활하기가 곤란한데 이를 어찌하면 벗어날 수 있겠습니까?

〈용화세존 미륵존불〉

너희들이 이 땅에 누구 때문에 온 것이냐?

아버지와 어머니로 인하여 세상에 태어났고, 그 육신의 영혼은 하늘께서 불어 넣어주셨느니라.

한데 너희들은 한쪽에선 조상들만 섬기고, 다른 한쪽에서는 하늘만 받들고 있느니라. 이는 천지이치에 맞지 않으니 내가 하는 말을 잘 들어보아라.

〈도반〉

예, 분부 말씀 내려주세요. 한 마디도 빼지 않고 미륵님의 말씀 경청하겠습니다.

〈용화세존 미륵존불〉

누가 너희들에게 복을 주고 숨을 쉬며 살아가게 하고 있겠느냐? 또한 수명과 복록을 누가 주관하겠느냐?

〈도반〉

예, 당연히 조상님과 하늘의 천지주인이시라고 생각하며 믿고 있습니다.

〈용화세존 미륵존불〉

그래, 대략 맞다 인정해 주마!

하지만 이제부터 새롭게 알아야 하느니라.

〈도반〉

예. 새로운 하늘의 말씀 하명하여 주옵소서.

〈용화세존 미륵존불〉

수명과 복록 그리고 길흉화복, 생로병사 모두를 하늘께서 직접 주관하시고 계시니라.

너희에게 복을 내려줌도 마찬가지이고 큰 목적을 이루게 함도 천명으로 이루어지고 있느니라.

다만 너희 조상들은 자손이 잘되게 하려고 하늘에 늘 빌고 있다. 이렇게 빌고 있을 정도의 조상이라면 자기 처신은 이미 하고 있다는 뜻이니라.

자신의 영혼이 심하게 고통받고 있는데 어찌 자손들 잘되라고 복을 빌어줄 틈이 있겠느냐? 조상들이 복을 마음대로 내려줄 수 있다면 어느 자손이 힘들게 고생하며 살겠느냐?

〈도반〉

예, 천번만번 지당하신 말씀입니다.

하지만 세상에서는 사람들이 이러한 하늘의 진실을 잘 모르고 하루하루 살아가기에 바쁘기만 하고 안 되면 조상 탓이라고 합니다.

〈용화세존 미륵존불〉

그렇지.

천상궁전에 오르지 못하고 허공중천을 떠도는 조상들이 이미 죽어 수백 년이 지났어도 천상에 올라가지 못하고 모두 자손들 몸에 다시 들어가서 함께 동고동락하며 살아가고 있으니 어찌 인생이 마음먹은 대로 풀려가겠느냐?

갈 곳 없어 자손 몸에 숨어든 조상들을 구원해 주지 않으면 자손대대로 가문에 흉사가 끊이지 않게 되니 어서어서 조상들부터 구원하여 천상궁전으로 올려보내도록 하여라.

조상이 자손들 앞을 가로막고 있으면 몸도 아프고 매사 되는 일이 없느니라.

〈도반〉

예, 잘 알겠습니다. 그리하도록 세상사람들에게 많이 알리겠습니다.

〈용화세존 미륵존불〉

직계와 배우자의 양가 조상들을 모두 구원하여라. 누구는 구하고 누구는 안 해주면 그 또한 공평하지 못하고 구원받지 못한 조상들은 다시 자손 몸에 남아 있게 되니라.

이렇게 모두 조상 입천제의식을 행한 후에는 조상과 하늘께 지극정성으로 빌어야 한다. 그래야 너희들이 바라는 세상이 이루어질 것이니라. 하늘의 존재를 인정하고 믿고 따르는 자는 천인합체의식을 행하여라.

〈도반〉

'천인합체의식'이란 무엇인가요?

처음 들어보는 생소한 용어입니다.

〈용화세존 미륵존불〉

그럴 것이다!

천인이란 하늘의 아들딸들(신명)과 인간이 하나 되는 하늘 의식이며 이를 반신반인이라 하느니라.

〈도반〉

'천인합체의식'을 행하면 사람들 몸에는 어떤 변화가 일어나는 것이 온지요?

〈용화세존 미륵존불〉

너희들이 늘 말하지 않았느냐.

하늘과 늘 함께하게 해달라고 말이다. 석가모니 부처는 천백억 화신이라고 수많은 중생들에게 설파하고 있느니라. 그만큼 부처의 능력이 세상천지에 이르지 못하는 곳이 없다고 한데서 비롯된 말이니라.

그렇다면 천지를 창조하신 하늘께서는 화신이 몇이라 생각하느냐?

〈도반〉

글쎄요! 아무래도 부처님의 화신보다는 훨씬 많으리라 짐작되옵니다 만은 잘 모르겠습니다.

〈용화세존 미륵존불〉

하늘께서는 억조 화신이시니라. 즉 헤아릴 수 없이 많은 변신으로 나타날 수 있다는 뜻이니라. 하늘의 기운이 뻗치지 않는 곳이 없음이로다.

너희들이 하늘의 뜻을 진정으로 인정하며 믿고 따라 천인합체의식을 행한다면 살아가면서 고행과 불행, 우환이 저절로 사라질 것이니라.

너희들 몸에 늘 하늘의 신명이 임하니 인생사 무슨 어려움이 있겠느냐?

〈도반〉

예, 분부 말씀 들어보니 정말 옳은 말씀들뿐입니다.

그러면 저희들은 어찌하면 그런 의식을 치를 수 있습니까?

절차와 자격 조건이 정해져 있지 않은지요?

〈용화세존 미륵존불〉

분명 모든 것은 조건과 자격이 정해져 있게 마련이다.

그것이 우주운행의 법칙이기도 하느니라.

하늘의 기운을 받으려는 자는 자신의 원한 많은 조상들 모두를 구원하여 천상궁전 자미천궁으로 조상 입천제의식을 행한 사람에게 1차적 우선권이 있으니라.

천인합체의식을 행할 때 너희들 몸으로 하늘의 신명을 보내주시는데 원한 많은 조상들이 진을 치고 있으면 전지전능하시다 하여도 그들의 자리를 빼앗을 수 없느니라.

그리고 조상 입천제의식을 행하는 날에 너희를 최종적으로 심판하느니라. 천인합체의식은 너희들이 하고 싶다고 아무나 할 수 있는 것이 아니라 하늘께 선택권이 있느니라.

이를테면 인간세상에서 아무나 장관하고 싶다고 할 수 없듯이, 임명권자인 대통령에게 장관 임명권이 있음과 같다고 보면 되느니라.

〈도반〉

그러면 천인합체의식을 행하면 신분의 구별은 있는지요?

〈용화세존 미륵존불〉

당연히 있느니라.

첫째는 타고난 신명 그릇이 어떠한가에 달려 있고, 인품과 살아온 선악에 대해서 차등이 있고, 신분과 계급이 12단계로 나뉘어져 있느니라.

즉 특단, 상단, 중단, 하단으로 크게 나뉘고, 특단에서도 상, 중, 하로 나뉘고 상단, 중단, 하단에서도 이와 같으니라.

〈도반〉

신분과 계급이 높으면 어떤 차이가 있는 것인지요?

〈용화세존 미륵존불〉

너희 인간사회에서도 두 사람만 있어도 형과 동생이 있듯이 신명세계 또한 마찬가지니라.

한 가지 예를 든다면, 다 같은 공무원이라 해도 1~9급까지 서열과 직책이 매겨져 있듯이 계급이 높을수록 신명정기 기운이 강하게 몸으로 내려가게 된다는 이치이니라.

전기도 1.5V, 9V, 12V, 100V, 220V 그리고 고압의 수만 볼트

전기가 있듯이 생각하면 이해가 아주 빠르니라.

서열과 계급에 맞는 지위와 권한도 각기 다를 수밖에 없다 보면 되고, 세상의 모든 물건도 특품, 상품, 중품, 하품으로 제품의 질과 제품의 크기인 특, 대, 중, 소의 규격에 따라 값이 각기 다르게 매겨지고 있는 이치를 생각해 보면 알 것이니라.

〈도반〉

한 가지 여쭈어도 되겠습니까?

인간세상에서는 재림예수니 미륵출세니 하여 시끄러운데 미륵님께서는 이런 종교사상에 대하여 어찌 생각하시며 보고 계시는지요?

〈용화세존 미륵존불〉

하~하~하~

하늘께서 지난날 신명들을 인간세상에 내려보내 하늘께서 존재하심을 세상에 널리 알리고, 진실의 뜻을 잘 펼치며 전하라고 하였더니 배은망덕하게 하늘의 자리를 모두 빼앗아버렸느니라!

이들이 어느 날 종교의 구심점으로 서서 큰 교주(석가, 예수, 성모, 상제, 공자, 노자)가 되었고, 수많은 사람들로부터 추앙받고 있으니 하늘께서는 설 곳이 없어지셨느니라.

자식들에게 배신 아닌 배신을 당한 신세가 되어버리신 것이지! 하늘의 존재를 높게 널리 온 세상에 알리고 받들라 한 것이지, 이들을 받들라 천명을 내리지 않았는데 이들을 마치 하늘의 주인처럼 지극정성으로 대우해 주었기에 하늘께서 진노하고 계시니라.

그래서 수많은 세월이 흘러갔지만 너희들이 기다리고 원하는 미륵출세나 재림예수가 이 땅에 내려올 수 없었느니라.

하늘께서도 두 번 다시 선천시대처럼 자손들에게 다시는 배신당하지 않으시려고 윤허하시지 않았기 때문이니라.

그래서 이제는 스스로 교주가 되려는 마음을 갖고 있는 천신(천주)들에게는 천명을 절대로 내려주시지 않고 있기 때문이니라.

하늘께서는 이제 진정한 하늘의 존재를 지구촌에 세워줄 아주 참신한 사람을 찾고 계셨느니라.

천권과 천력을 내려주어 인간세상 하강을 윤허해 주어도 스스로 나 잘났다고 자랑하고 뽐내지 않으며, 모든 천지조화는 자신의 능력이 아니라 하늘께서 내려주시는 능력이라고 자신 있게 말할 수 있는 대행자 즉 전혀 자신을 큰 교주로 내세우려 하지 않는 참신한 대행자를 찾고 계시니라.

하늘의 자리를 4대 성인들에게 본의 아니게 내어주시다 보니 체면이 말이 아니셨어.

그래서 선천시대에 잘못 펼쳐진 종교에 대하여 장차 내가 천명을 받아 인간세상에 출세를 윤허받기에 이르게 될 것이고, 하나님(도리천주)도 각기 다른 새로운 천명을 받아 인간 몸으로 내리게 천상계획이 되어 있지.

하늘의 천령기운이 계급과 서열에 따라 크고 작게 사람마다 골고루 내려져서 하늘의 천명을 각각 수행하겠지만 역할이 모두 다르니라.

세상에서도 임금 자리를 놓고 부모형제 자식 사이에도 피 터지는 싸움을 하지 않더냐? 권력이란 절대로 부부간이든 부자간이든 형제간이든 나눌 수 없는 것이 천지의 이치니라.

천상에서는 비록 너희들 세상처럼 피 터지게 싸우는 일은 없지만 하늘의 뜻이 왜곡되게 인간세상에 전파되어서 매우 마음 불편해 하시니라.

하늘의 뜻을 지상에 알리라고 내려보냈는데 온통 종교가 난무하는 무법천지의 혹세무민 세상을 만들어놓았기에 하늘께서 심기가 매우 불편하시므로 내가 진노를 말끔히 풀어드리고자 자청해서 나서게 되었느니라.

심히 가슴 아파하시는 하늘의 천명을 받들어 인간세상에 내려가서 하늘의 참뜻을 잘 받드는 자에게 사랑을 내려주고 새로운 세계를 세워 하늘의 존재를 만 세상에 알리고자 인간 몸을 빌려 내려올 것이니라.

〈도반〉

그러면 미륵님께서 하늘의 천명을 받아 지상에 세우시는 새로운 세계는 언제쯤 세상에 알려지게 되시는지요?

〈용화세존 미륵존불〉

약간의 시간이 걸리니라.

이제 오늘 처음 내가 말을 전하니 이 뜻을 모두 스스로 깨닫고 공부하여 행하는 데까지는 최소한 7년 이상의 세월이 걸리니라.

그때부터 하늘의 진면목을 알게 되고 새로운 천지조화가 펼쳐지게 되니라.

그동안에는 피나는 수행 과정이 필요하고 그것을 극복해내야 하는 인내심도 있어야 하느니라.

하늘의 기운이 내려졌다고 앉아서 모든 것이 다 되는 것은 아니고, 스스로 수행하여 하늘의 존재를 확신할 수 있어야 하니라. 많은 하늘의 천지조화 신명공부시켜 줄 것이니 열심히 수행정진하여야 하느니라.

〈도반〉

오늘 이렇게 미륵님의 진귀한 말씀을 듣게 되어 정말 영광이옵니다. 앞으로 하늘을 대행할 하늘제자를 잘 보살펴주시어서 하늘과 인류가 꿈꾸는 이상향의 무릉도원 세계를 활짝 열어주시기 바라나이다.

〈용화세존 미륵존불〉

당연지사니라. 하늘께서 전지전능하시다 하여도 인간 육신의 몸을 통하시지 않고서는 하늘의 뜻을 단 한마디도 세상에 전할 수 없음을 잘 알고 계시니라. 그래서 내가 천명을 받드는 선택된 인간 육신의 몸으로 내려갈 것이니라.

〈도반〉

미륵이란 무엇이고, 진정으로 지상세계에서 펼치시려는 원뜻을 알려주셨으면 합니다.

〈용화세존 미륵존불〉

그래, 질문 잘했도다.

미륵이란 원래 하늘의 진실을 세상에 전하고, 인류의 죄를 심판하며 하늘을 만나려고 도교와 산속에서 기도하는 자들에게 도를 완성해 주려 하느니라. 잃어버린 하늘과 조상을 찾아주고 인류를 진리의 하늘 길로 인도하는 것이니라.

또한 3천 년간 이 땅에 펼쳐지고 있는 불교가 하늘과 나의 뜻이 아니라는 것을 전하고자 하며 나는 석가모니가 이 땅으로 내려온 도솔천궁의 주인이니라.

그러나 불자들은 나 미륵이 석가모니보다 아래인 줄 알고 있고 단순한 부처 정도로 생각하며, 새로운 불법을 부흥시키기 위해서 오는 것으로 착각하고 있는 것이 중생들이지만 전혀 그러하지 않으니라.

하늘의 천명을 받들어 인간세상의 사람 몸으로 내(미륵존불)가 강림하는 것이니라. 내가 인간세상에 출세할 때는 미륵이란 관명이 아닌 하늘께서 내려주시는 이름으로 강림하게 될 것이니라. 중생들은 미륵이 어떻게 인간세상에 내려오는지 전혀 아는 지식이 없느니라.

하늘께서 천명을 내려주시어야 인간 육신으로 내려갈 수 있느니라. 이런 공식적인 천명이 내려오지 않고 자칭 구세주라 칭하는 위인들은 하늘의 벌을 피할 수 없느니라.

또한 크게 번창한 기존의 종교인들 몸을 선택하지 않고 평범한 인간 육신을 선택한 것은 하늘께서 친히 내리시는 지엄하신 천명이시기도 하지만 종교를 다시 펼치려 하심이 절대 아니라는 뜻이니라.

하늘의 뜻을 세워 세계인류를 평화적으로 지배 통치하시고자 나(미륵존불)에게 새로운 직위를 내려주실 것이니라.

기존의 종교를 더 번창시켜 펼칠 생각이었으면 당연히 불교인이나 기독교인 또는 도교인들 몸을 선택하여 내려가라 하늘께서 하명하시었을 것이니라.

내가 열고자 하는 미륵세상이 바로 하늘께서 펼치시려고 하시는 세상이니라. 선천시대에 이미 왔다간 다른 성인들처럼 내가 미륵으로 우뚝 서서 큰 교주가 된다면 나는 죽어서 천상에 다시는 오를 수 없고 또한 설 곳도 없이 구천세계를 떠돌며 방황해야 하느니라.

하늘께서 내리시는 천명을 제대로 완수하지 못하고 하늘의 뜻을 배신하고 저버린다면 내 스스로가 자결의 길을 선택할 것이니라.

나(미륵)를 세우고자 함도 아니고, 인간 육신을 가진 자를 큰 교주로 세우고자 함도 아니고, 오로지 하늘께서 존재하고 계시기에 하늘의 뜻을 지구촌에 우뚝 세워드리고자 온 인류에게 내가 강력히 전하는 바이니라.

〈도반〉

예, 이렇게 비장하고도 충성심이 강하신 미륵님의 존귀한 말씀을 내려주시어서 대단히 감사합니다. 미륵님의 말씀 가슴 깊이 새기어 온 세상사람들에게 열심히 전파하겠습니다.

이제 오늘은 여기까지 말씀 듣고 다음에 다시 찾아뵙겠으니 미륵님께서는 이제 승천하시기 바라며 안녕히 가십시오.

〈저자〉

도반, 참으로 수고 많으셨어요.

질문과 응대를 이리 잘해 주리라 미처 생각 못했습니다.

〈도반〉

정말 대단하시네요.

정말 하늘의 큰 뜻을 펴실 분이시네요.

축하해요!

〈저자〉

예, 고맙습니다. 앞으로 많이 동참해 주세요.

〈도반〉

예, 시간 나는 대로 좀 더 깊은 하늘과 미륵님의 뜻을 받아보도록 합시다. -이상-

이렇게 미륵부처님을 환상과 자비의 상징 정도로 생각하며 세월을 기다려왔던 수많은 세상사람들은 허탈해할 수도 있을 것이다.

하지만 천명을 받들어 오실 미륵님께서는 하늘께서 내려주시는 무소불위한 천권(天權)과 천력(天力)을 모두 갖고 새로운 세상을 이 땅에서 여실 것이다.

조상님들 자손 도와줄 힘이 없다

사람들은 조상님들의 존재에 대해서 잘 아는 것처럼 말하지만 너무나 무지하다.

그저 제사와 차례 지내드리고 천도재나 굿을 해드리면 효도를 다한 것처럼 생각하며 살아왔다. 그 생각들이 잘못임을 나중에 알게 되었을 때 어떻게 설명해야 독자들이 이해할지 고민했다.

돌아가신 자신의 조상님들이 자손 도와줄 능력이 있었다면 어찌 보살펴주시지 않았을까?

이제야 하늘의 천명을 받아 사후세상의 법도를 알게 되었으니 어디서부터 어떻게 설명해야 할지 참으로 고민된다. 돌아가신 조상님들은 자신이 살아생전 지은 죄에 대해 하늘의 심판을 받고 있는데 무슨 수로 자손을 도와준단 말인가?

멋 모르고 한 인생을 덧없이 살다가 천수를 누렸든 누리지 못했던 육신의 옷을 벗어버리고 나니 그때 가서야 왜 인간으로 태어났는지 알게 되었으나 이미 때가 늦어 하늘의 심판을 피할 길이 없다.

조상 대대로 하늘이 내리신 천명을 받들지 못해서 지금에 이르렀건만 아직도 그 뜻이 무엇인지 모른 채 오늘도 살아가고 있다.

그저 재물, 출세, 권력, 명예가 전부인 양 살았는데 죽어보니 하늘께서 내리신 천명이 따로 있는 줄 그 어느 누가 살아생전에 알 수 있었을까?

이미 죽은 조상님은 생전에 지은 죄 때문에 자신의 영혼을 주체하지 못하고 벌을 받고 있는 마당에 가슴 아프지만 자손에게 손길 한번 내밀 수 없는 어려운 처지인 줄을 자손들이 몰라보고 있으니 참으로 통탄할 일이다.

수백 년이 흘러갔어도 하늘께서 내리신 벌이 풀리지 않았으니 현재 살아 있는 자손들에게 조상님들이 지은 죄로 인한 벌이 자손들에게 내려오고 있다.

육신이 살아 있는 자손들이 선대 조상님들이 알고 지었든 모르고 지었든 조상님 입천제의식을 올려드려서 죄를 하늘에 빌어서 용서받아야 한다.

이런 의식을 행하지 않고서는 이미 가신 조상님들이 자유로울 수 없으니 자손들 또한 고통받고 계시는 자신의 조상님 기운으로 인하여 현실의 생활이 마음먹은 대로 풀리지 않아 어려운 생활에서 벗어나지 못한다.

살아생전에 자손으로서 사후세계에 계신 조상님 전에 가장 먼저 행해야 할 도리는 자신의 모든 조상님 구원이며, 이는 굿이나 천도재, 기도, 미사로는 이루어질 수 없다.

하늘의 윤허가 없는 기존의 종교적 의식으로는 조상님 구원이 절대로 불가하니 안 하니만 못하고 오히려 자손과 조상님들의 죄만 더 많이 쌓여간다.

이는 사찰에서 올리는 천도재나 무속에서 하는 굿의 차원이 아니라 천상에서 오신 천상감찰신명님, 천상천감님, 천상도감님께서 직접 인간 육신의 몸(인황과 사감)으로 하강 강림하시어 행해주시는 인류 최초의 존귀한 의식으로 자미국에서만 유일하게 행할 수 있도록 하늘께서 허락해 주시었다.

만일 각자의 조상님들이 자손들의 길흉화복을 모두 주관하면 고생할 자손 하나 없고, 금전문제나 질병, 사업실패로 생사를 넘나들지 않아도 되며, 어느 누구라도 인생을 고통스럽게 살지 않아도 되리라.

조상님들이 자손들에게 복록을 마음대로 내려주실 수 있다면 하늘에 계신 대우주 천지인 창조주이시고, 절대자이신 자미천황님께서는 할 일이 없으실 것이다.

이는 하늘에 역천하는 가장 큰 죄가 되므로 조상굿이나 천도재 올리면 더 뒤집어져 정신을 차릴 수가 없다. 이런 의식을 행해주는 사람들은 죄가 쌓여 몸이 아프거나 자손들이 되는 일이 없고, 돈으로 인한 고통이 이루 말할 수 없다.

하늘의 절대 권한을 침해한 줄도 모르고 의식을 행하니 문제이다. 이들 눈에는 하늘의 존재가 안 보이니 자기들 마음 가는 대로 돈이나 벌고 보자는 식이다.

이들의 눈에는 하늘이 안 보이나 하늘께서는 이들이 하는 말과 행동 일거수일투족 모두를 지켜보시니 어찌 하늘의 감찰을 피할 수 있고 하늘의 벌을 어떻게 감당한단 말인가?

각자 아무리 부정해도 조상님들을 모두 구원하는 길은 자미국 지상 자미천궁 단 한 곳에 열려 있다, 라는 하늘의 진실을 알아야 한다.

자미국에서 행하는 조상님 입천제 의식은 이미 돌아가신 조상님들을 당대부터 시조 조상까지 직계좌우 모든 조상님들이 신선으로 탄생하는 의식으로 평생 단 한 번만 올리면 되고 이후에는 제사, 차례, 성묘, 산소, 납골 묘지 자체가 필요 없기에 기존의 산소도 화장하면 된다.

신선으로 탄생하였기 때문에 조상님이란 관명이 벗겨져 수천 년 동안 전통적으로 내려온 관습적인 제사, 차례, 매장, 납골, 성묘의식이 전혀 필요 없다는 말이다.

천상 자미천궁은 기독교, 불교, 도교, 무속에서 말하는 천당극락세계보다 더 고차원적인 무릉도원의 별천지로 추위와 배고픔, 질병고통, 근심걱정이 전혀 없는 모든 조상님들의 영원무궁한 이상향의 유토피아 세상이다.

하늘에 계신 자미천황님의 능력은 무소불위하시어 못 이룰 일이 없으시니 이제는 모두가 자신을 이 땅에 보내주신 하늘의 백성이 되어야 한다.

오직 하늘께서는 조상님들이 살아생전 지은 죄를 용서하시고 사면해 주실 능력이 있으시며, 각자에게 새로운 삶을 살아갈 수 있도록 절대 권한을 행사하신다.

자미국에 들어와서 조상님 입천제의식을 행하지 않으면 각자의 조상님들은 추위에 떨며 배고픔의 굶주림에서 고통스럽게 사후세계를 살아가는 원한 많은 귀신에 불과할 뿐이다.

입천제의식을 행해서 천상 자미천궁에 올라가야 원과 한이 풀리고 하늘이 내리시는 정기를 받아서 천손으로 새롭게 태어나야 자손들을 돌볼 수 있는 능력이 생긴다.

입천제를 행하면 조상님이란 나약한 신분에서 대단한 능력을 가진 천손의 신분으로 변하고 자미천황님 궁궐에서 살아가기에 자손들의 소원을 수시로 하늘께 빌어주실 수 있다. 입천제를 올리지 않으면 조상님들은 자손 도와줄 힘이 없어 발만 동동 구른다.

지장보살님이 통한의 눈물을 흘렸다

자미국에서 천인합체의식을 진행하는 과정에서 합체 대상자인 한 여인의 몸으로 신이 합체되기 전에 미리 오랜 세월 동안 그의 몸을 빌려 하늘의 메시지를 전하고 있었던 신을 잠시 잠깐 사감 몸으로 하강시켜 만나보기로 하였다.

그녀의 몸 안에 신이 사감 몸을 빌려 한 시간여 동안 눈물바다를 이루며 그동안의 사연들을 말했다.

그녀의 몸 안에는 지장보살님이 있었다.

지장보살님만 우시는 것이 아니고, 합체할 주인공과 참가한 여러 천인들을 비롯하여 모두 대성통곡하며 함께 울었다.

지장보살님의 말씀 한 마디 한 마디는 하늘의 말씀이셨고 감동의 말씀이셨다.

이 내용은 고승, 스님, 일반 불자뿐만이 아니라 세상 그 어느 누구도 알 수 없었던 내용이고 감히 짐작도 할 수 없었던 전무후무한 청천벽력과도 같았던 내용들로 처음으로 세상에 알려지는 충격받을 만한 귀한 내용이다.

그녀가 온갖 풍상을 겪다가 책을 읽고 자미국과 인연을 맺어 조상님 입천의식을 행한 날이다. 수많은 굿과 절에 가서 천도재를 올려도 보았지만 아무 소용이 없었고, 끝내 큰일을 당하고 말았다.

하늘이 무너지는 일을 당한 것이다.

남동생이 35세의 나이에 폭행치사로 인하여 세상을 떠난 것이다. 그 폭행 가해자는 다름 아닌 오늘 천인합체 의식을 행할 주인공인 그녀의 남편이었으니 이것을 숙명이라고 해야 하나?

아니면 얄궂은 운명의 장난이라고 해야 할까?

동생은 저승으로, 신랑은 감옥으로 가버리고 홀로 남은 그녀의 운명!

동생은 죽어서 그녀 곁을 떠나갔고, 신랑은 감옥에 들어가고서 채 한 달도 안 되어 경황이 없었지만 동생의 죽음을 위로하고 사죄하며 마지막으로 동생의 혼령과 대화라도 나누어보고자 없는 돈을 빌려서 가족 모두의 조상님들을 청배하여 입천제의식을 행하여 드린 것이다.

동생의 혼령을 사감의 몸으로 하강을 하명하자 즉시 실렸다. 대화를 나누어보니 폭행치사 동기가 살해 의도가 전혀 없는 고생잡기 장난놀이였다고 태연자약하게 말을 하는 것이었다. 이전에도 서로가 여러 번에 걸쳐 그런 놀이를 산 중의 기도터에서 했었다고 말했다.

아마 이날은 자기 매형(신랑)이 목을 너무 세게 오래 졸라서 숨이 끊어진 듯싶다.

그녀의 신랑도 신을 두 번이나 받았다가 손님도 별로 없고 신도 제대로 실리지 않고 해서 법당을 닫고 산 중에서 기도생활하다 갑작스런 살인자의 신세로 돌변해 버린 것이다. 참으로 기가 막힌 살인사건이 벌어진 것이다.

그녀 자신도 그동안 보살들이 시키면 시키는 대로 굿도 수없이 했고, 신의 길을 가야 할 사람이라고 하여 신 내림굿도 시도해 보았으나 실패했다.

갖다 준 돈만도 수천만 원이었지만 끝내 정답을 찾지 못한 채 실로 엄청난 불행을 당하고 만 것이다.

신 내림을 해야 한다고 해서 날을 잡아 준비를 했고, 법사(신의 선생님)가 시키는 대로 합장을 하였다 한다.

눈을 감은 채 법문소리를 들으며 신의 기운이 내려오기를 한 시간 동안이나 기다렸으나 말문도 터지지 않고, 끝내 몸으로 아무런 진동이나 손 떨림도 나타나지 않자, 법사가 자기 능력으로는 안된다고 손을 들어버린 과거가 있었다는 것을 천인합체의식이 성공적으로 끝나자 그때야 사실을 말했다.

그녀는 그야말로 눈앞이 캄캄했다.

동갑내기 신랑의 손에 동생은 죽었고, 신랑은 구속되어 감옥에 갇혔으니 이 무슨 날벼락이란 말인가?

이런 모진 마음고생 끝에 자미국에 찾아와 조상님 입천의식을 끝마치고 매우 어렵게 천인합체의식 비용을 마련하여 공교롭게도 정확히 한 달 만에 하늘께서 내리시는 천명을 받들어 천인합체의식을 거행하게 된 것이다.

보증금도 없이 월 10만 원 월세방에 사는 피눈물 나는 불쌍한 신세였지만 그 또한 그의 운명이리라.

그러면서도 자미국에 대한 믿음이 확고하였기 때문에 천인합체의식을 행할 수 있었고, 하늘의 자미천황님께서도 그녀의 진실한 마음과 어려운 사정을 감안하여 천인합체의 천명을 내려주시었고 의식비용도 구해 주셨다.

그녀의 지극한 마음에 하늘께서도 감동하시어 천인으로 재탄생시켜 주시는 영광과 축복을 내려주셨다.

성공적으로 천상의 신과 합체된 그녀는 너무 기뻐하였고 감사함을 표하였다.

지장보살님께서는 하늘님이신 자미천황님께서 내리신 천명을 받아 천인합체의식에 따라 ○○천인으로 다시 태어나 그녀와 한 몸이 되시었다.

하지만 지장보살님으로서 다하지 못한 사명을 인간세상에서 그녀와 함께 불교법이 아닌 자미국 법도에 따라 천인으로서 하늘의 천명을 부여받은 것이다.

지장보살님께서 자신도 자미천황님께는 큰 죄인이라면서 한이 서린 말씀을 하시기에 들은 대로 적어보았다.

절에 가면 조상님 천도재 올릴 때마다 스님들이나 유가족 그리고 일반 불자들이 조상님들 좋은 곳으로 가시라고,

"지~장~보~살" 명호를 줄기차게 합창으로 열심히 외우는데 이때마다 지장보살님께서는 너무 괴롭다 하시면서 제발 이제는 명호를 그만 외워달라는 경천동지할 말씀을 해주시었고 그 내용은 이러했다.

지장보살님.

더 이상 나의 명호(지장보살)를 부르지 말라.

하늘의 자미천황님께 나의 명호 소리가 들릴 때마다 자신은 바늘방석 위에 앉은 형국이고, 감히 부끄럽고 송구스러워 하늘을 바라볼 수 없으니 제발 나를 더 이상 죄인으로 만들지 말아 달라고 간곡히 부탁의 말씀을 하셨다.

수천 년 동안 조상영혼들을 구원하고자 열심히 하였지만 하늘의 자미천황님께 큰 죄인이 되었다는 것이다.

위대하시고 지엄하시고 존엄하신 하늘의 자미천황님 명호(태상천존 자미천황님)는 함부로 불러서는 아니 된다고 강조하시며 엄숙히 당부 말씀을 하셨다.

자미천황님이 어떤 분이신데 감히 중생들이 그 높으신 명호를 함부로 부를 수 있느냐고 크게 역정을 내시었다.

지구촌에 수십억 불교 신자들이 '지장보살' 나의 명호를 외우고 있지만 나 역시 자미천황님께 큰 죄인인데 어찌 나보고 구원하여 달라 명호를 외우냐며 곤혹스러워하시었다.

천지의 삼라만상과 일체중생, 조상, 영혼, 신들을 구원하시는 일은 모두가 자미천황님의 천명이 내려와야 하는 것인데, 이러한 진실을 모르는 승려와 불자, 중생들이 함부로 지장보살 명호를 외워 자신의 처지가 말이 아니라고 하신다.

지장보살님께서 자신의 위치가 얼마나 절박하였으면 앞으로는 지장보살 명호를 외우는 자들에게는 구원이 아닌 저주를 내리시겠다는 말씀까지 하셨다.

절에 가면 지장전이 있다.

모든 영가를 지장보살님이 구원하여준다고 믿고 있기에 불자들은 자신의 조상님 구원을 위하여 '지장보살' 명호를 끝없이 외우곤 한다. 영혼들에게 극락세계로 들어가라는 의미가 담겨 있는 명호이다.

수천 년 동안을 조상님 구원한다는 것이 하늘의 자미천황님께는 큰 죄를 짓는 결과로 나타났으니 어찌하랴.

지장보살님 또한 자미천황님의 처분만 기다리고 그 지엄한 천명에 따를 뿐이라 하신다. 실로 세상사람들이 지장보살님께서 스스로 하늘의 자미천황님께 큰 죄인이라 자처한다면 그 어느 누가 믿을 것인가?

나 역시도 전혀 생각지도 못했다. 그녀와 천인합체한 지장보살님께서 이런 경천동지할 말씀을 내려주시리라고는 감히 생각이나 꿈도 꾸지 못했다.

또한 내가 자미천황님의 대행자 입장이면서도 자미천황님의 존엄성에 대하여 큰 깨달음을 얻는 순간이었다.

지장보살님이라면 영혼들이 지옥의 명부세계에 한 명도 남지 않을 때까지 영혼을 위로하고 구원하시는 지옥세계의 부처님이시다.

하늘로부터 선택받지 못한 자, 조상님 입천제의식, 천인합체의식을 행하지 않은 자, 마음이 깨끗하지 못한 자, 자미천황님의 존재를 모르는 자들은 함부로 존호를 입에 올려서는 안 된다고 신신당부하시었다.

자미천황님께서는 하나님, 하느님, 하늘님, 천존님, 상제님, 부처님이 아니시라 이 모든 분들을 거느리시고 통치하시는 대우주 천지창조의 주인이시며 대능력자 하늘님이시기에 하나님이나 하느님, 상제님께서도 감히 어렵게 대하는 존귀한 분이시거늘 중생들이 어찌 함부로 태상천존 자미천황님 존호를 부를 수 있느냐고 하셨다.

자미천황님의 마음은 그 어느 하나님이라도 알 수 없으며 인간 또한 더더욱 알 수가 없으니 자미천황님 존호를 입에 올리려면 마음을 정갈히 하고 자미국에 들어와 하늘의 백성과 천인으로 탄생한 후 예법을 정중히 갖추어야 한다고 말씀하셨다.

인황님은 진인(眞人)이시다

예언자들이 도선국사, 진묵대사, 토정 이지함 선생, 격암 남사고 선생, 증산 교주 강일순, 주역 대가 이야산 선생님 등 많은 예언가들과 많은 선지식들께서 석가모니 불멸 후 3,000년 지나 미륵님이 이 세상에 오신다고 했습니다.

또한 예수님 등은 "내가 죽은 후에 도적같이 이 세상에 부활한다"고 약 50~60년 전에 우리 집안 할머님이 교회에 다니실 적에 내 이름을 부르시면서 야~너, 이런 말 들어봤냐고 말씀하셨습니다.

요즘 나는 교회나 성당에 수십 년간 예수에 미쳐 다니는 사람들에게 이런 말을 합니다.

메시아(하나님이신 천상천감님)가 재림하셨는데 오셨는지 알고 있느냐, 한 번 친견하고 싶은 생각 있느냐? 하고 물어보면 어떤 이는 어안이 벙벙한 사람이 있고 와 계시다는 말씀은 들어본 듯합니다,라고 말합니다.

또 절에 수십 년 다닌 사람들한테도 석가모니 세상 지나서 용화세존 미륵존불(천상도감님)이 세상에 출현하셨는데 한 번 만나보실 생각 있는지요?

그러나 인황님 말씀처럼 하늘께옵서 뽑아주시지 않으시면 절대 안 되네요. 재산이 많거나 적거나 학식이 높거나 낮거나, 나이가 많거나 적거나, 총명하거나 미련스럽거나 간에 높으신 하늘님께서 뽑아주시지 않으시면 참 힘들고 어렵네요.

인황님은 이 땅에 진인으로 오시었는데도 세상사람들이 아직 알아보지 못하고 있네요.

좀 건방진 말입니다만 하찮은 종교 같으면 아마도 수십여 명은 전도하고, 포교하고도 남았을 겁니다.

제가 힘껏 자미국을 알리고 자미국 식구인 천인, 백성 만드는 일에 신명을 바쳤지만 안 되네요.

자미국 인황님 만세만세 만만세 천세천세 천천세!

저를 천인으로 탄생시켜 주신 인황님, 사감님께 잘못 생각하고 기도하며 잘못 살아온 점을 2~3년의 시간이 지난 지금에야 반성합니다.

김수환 추기경 같은 분은 머리에서 가슴까지 오는 데 70년 걸렸다고 합니다만 이○효는 다른 종교에서처럼 해달라고 하고 하찮은 것까지 이루어 달라고 잘못 생각한 것을 이제야 진정으로 반성합니다.

대단하신 인황님은 그런 하찮은 종교의 이념과 다르시게 무엇 해주세요, 부동산이나 장사 잘되게, 진급되게 해달라는 등 기존의 그런 하찮은 종교세계와 완전히 다르시다는 것을 늦게야 알았습니다.

자미국 천인들은 물론이거니와 백성들은 모두 부동산 팔리게 해주세요, 진급하게 해주세요, 장사 좀 잘되게 해주세요, 잘 팔리게 해주세요, 더 부자로 잘살게 해주세요, 내가 맡겨놓은 복 빨리 내놓으세요,라는 이런 말씀들은 삼가주세요.

그렇지 않아도 인황님, 사감님 하실 일이 태산 같으신데 우리 천인들이 할 일은 인황님, 사감님께서 하시는 청와대 터에 자미국 건립하시는 천지대업이 하루빨리 성취되도록 모두가 동참하는 것입니다.

그렇게 하고 보면 우리가 바라는 소원은 알고 모르는 사이에 다 이루어집니다.

우리는 자미국에 들어와서 하늘님을 만난 것만으로도 만족하고 큰 축복받은 것입니다.

자미국 만세만세 만만세 천세천세 천천세!

인류 최고 인황님, 인류 보물 사감님,

그저 감사합니다, 감사합니다, 감사합니다만 해보세요.

그러면 기쁨과 행복의 세상이 열립니다.

환절기에 인황님, 사감님 옥체 강건하옵소서.

천기 13년 10월 15일 화요일 오후 5시 27분에

유성에서 이○효 올립니다.

제2부

신비의 질병 치유 능력

인황님께는 요술지팡이가 있다

19년간 백화점 매니저로 의류 쪽 일을 하며 지냈고, 한 회사 한 브랜드에 오래 근무하여 스트레스로 인한 당뇨병, 과로, 목 디스크로 온몸이 너덜너덜한 상태가 되어서 천직으로만 알고 있던 직업을 2007년 3월에 그만두게 되었다.

목 디스크로 팔이 저려 비나 눈이 오게 되면 미리 일기예보 하듯이 온몸이 저리고 아파왔다.

아픔의 척도에 따라 비나 눈의 양을 맞출 정도였으니까요.

당뇨의 혈당 수치는 최고 370이 넘었고 인슐린을 맞아야 할 정도로 심했다.

미련하게 나는 건강식품, 상황버섯, 개똥쑥, 꾸지뽕, 뽕잎 가루, 옻물, 돼지감자, 효소 등 몸에 좋은 것은 다 먹고 살았다.

하지만 좀처럼 당뇨는 잡을 수가 없었다.

심지어 무당집에 가서 굿도 해보고 절에 가서 조상님 천도재도 하고 미친년처럼 살았다.

하루하루 고달픈 인생의 삶 속에서 괴로움과 아픔 속에서 아등바등 거리며 살아가는 내가 안쓰러웠는지 청주에 사는 친정 언니한테 책 한 권을 소개받았다. 언니는 조선일보 신문광고를 우연히 보게 되어 구입했다고 했다.

나한테 꼭 권해 주고 싶다며 소개해 준 책이다.

이 한 권의 책으로 내 인생이 천지개벽이 되었고 내 몸이 천지개벽이 될 줄은 상상도 못 했으니 말이다.

2010년 1월 2일.

온 세상에 하얀 눈이 펑펑 내리는 날.

언니와 통화 후 나는 안양에 있는 자유문고 서점에서 책을 구입해서 하루 만에 정독하게 되었습니다.

다음 날 예약한 후 자미국으로 방문하였고 책 속의 진실과 감동은 꿈속에서 보여주셨습니다.

내용은 쓰지 않겠습니다.

한 달 만에 조공이 마련되어 조상님 벼슬입천제를 행하였습니다. 조상님 벼슬(특단)입천제를 행하기 전날에 돌아가신 아버지가 젊어진 모습으로 찾아와서는 저를 안아주고 가셨습니다.

그 뒤에는 형용할 수 없을 정도로 마음이 편해졌고 그렇게 펴져서 지냈습니다.

시간이 지나서 1년 뒤에 하늘께서 인류에게 내려주신 가장 크고, 가장 귀한 선물인 천인합체의식을 행하게 되었는데 아무나 할 수 없다고 하십니다.

자미국을 만나서 인황님을 통하여 죄를 빌고 용서받아 하늘께서 내려주시는 사랑의 선물인 천인합체의식을 행하여 천인으로 탄생하였습니다.

자미국에서 집안의 사명자로 선택받음이 얼마나 자랑스럽고 대단한 의미의 자리라는 것을 이제 감동으로 느낍니다. 이런 시간 속에서 2013년 9월 27일 12시쯤 인황님으로부터 한 통의 '질병 원격치유' 문자를 받게 되었습니다.

순간 너무 반갑고 뛸 듯이 기뻤습니다.

"질병 원격치유 동시 집행하니 질병 내용을 문자로 보낸 후 손을

5분 동안 대면 즉멸하리라."

나는 문자를 보자마자 곧바로 고질병처럼 찾아온 당뇨병의 혈당 수치로 남모르게 고민하고 아픈 종합병원 상태를 문자로 송신 후 바로 핸드폰에 있는 인황님이 보내주신 문자에 손을 대고 5~10분 넘게 있었다.

눈을 감고 속으로 내내 '인황님 감사합니다'라고 마음속으로 기도를 올렸다.

순간 기적이 일어났다.

외음부의 가렵고 쓰라림의 상처가 느껴지지 않았다. 소변을 볼 때면 가렵고 쓰라려서 개운하지 않았으며 항시 피곤했고 무기력한 상태 속의 내가 펄펄 날았다.

새벽까지 아르바이트를 하는데 피곤하지도 않았다.

인황님이 보내주신 핸드폰 문자 위에 손을 대었는데 천지능력으로 몸 전체가 날아가듯이 상쾌했다.

나중에 알게 된 내용이지만 아픈 부위에 손을 대고 있어야 했는데 저는 문자 화면 위에 손을 대었는데도 인황님의 대단한 천지능력으로도 치유되었습니다. 한 번 더 자미국을 방문할 수 있는 기회가 왔습니다.

모든 병을 즉멸시켜 주시고 세포 재생시켜 주시는 특별법문과 함께 아픈 부위에 직접 손을 대시면 불덩이처럼 뜨거운 정기가 온몸으로 퍼져서 마치 화롯불 옆에 있는 듯 온몸이 땀범벅이 되면서 치료를 받았습니다.

돌아오는 길에는 감사와 감동 속에서 눈물이 바다를 만들 정도로 멈추지 않았습니다.

다음 달 병원에서 당뇨 혈당수치를 확인했는데 230으로 떨어졌고 그다음 날에는 184로 떨어졌고 그다음 날에는 144~127로 당수치가 떨어졌습니다.

10월 12일 저에게 기적이 일어났습니다.

혈당수치가 110으로 떨어진 거죠. 80~120이 정상수치이고 126이 넘어서면 당뇨 시작 단계로 봐야 합니다. 바로 인황님께 문자를 올렸습니다.

요즘 매일매일 체크하며 기쁨과 행복 속에서 살고 있음이 무릉도원의 삶 그 자체입니다.

자미국을 만나서 인황님과 사감님을 알현한 뒤 저는 인생이 천지개벽하여 꽃피는 세상으로 바뀌었습니다.

자미국 속에서 새롭게 태어나는 세상이 있음을 모르고 아프면 병원에 의지하고 약으로 연명하며 살다가 병이 악화되면 삶을 끝내는 사람들에게 말해 주고 싶어요.

"자미국 인황님께는 요술지팡이가 있다!"구요.

말씀만으로도 안 되는 것이 거의 없습니다. 위대하시고 대단한 하늘과 땅이 함께하는 천지능력으로 인간개벽, 인생개벽시켜 주시는 최고의 대단한 인황님.

말씀과 생각만으로도 현실로 이루어주시는 대단하신 인황님, 영의 부모님이신 태초의 하늘님께서 내리시는 천상정기는 오직 인황님을 통해서만 모든 인류가 받을 수 있다 하셨습니다.

오늘도 고개 숙여 큰절 올립니다.

매일 밤 기도 올리며 바라봅니다. 이 계절이 다 가기 전에 남은 가족 천인합체의식 다 올리겠노라고…

화성에서 오○희 올립니다.

질병 원격치료에 대해

그간 강녕하셨사옵니까?

김○자 알현 드리옵니다. 2013년 10월 13일 밤 9시에 잠자리 드러누워 있었습니다.

약 30분 지난 후 목이 가려워 긁적긁적 거렸습니다. 점점 강도가 세지더니 오른쪽 눈두덩이도 가려워 긁고 갑자기 머리부터 발가락까지 너무 가려워 정신없이 긁었사옵니다.

게다가 알레르기 비염이 재발되어 재채기에 콧물이 쉴 새 없이 나와 감당이 안 될 정도였사옵니다. 새벽 1시 30분까지 잠도 못 자고 너무나 고통스러워 10분 뒤에 인황님께 긴급문자를 드렸사옵니다.

바로 인황님께서 질병 원격치료를 내려주신다는 윤허의 답변을 듣고 바로 시행하였사옵니다.

특히 가려움증이 심한 목과 비염이 있는 코에다 손을 대었사옵니다. 서서히 열이 퍼지더니 가려운 통증이 점점 가라앉고 콧물도 멈추는 기적이 일어났사옵니다.

그러기를 30분 지났는데 졸음이 와 잠들었사옵니다.

14일 아침 일어나 보니 오른쪽 눈 주위가 빨갛게 부어올라 있고 목에는 빨갛게 두드러기가 나 있었사옵니다. 다만 더 이상 가렵지가 않았사옵니다.

인황님께서 내려주신 천지능력으로 더 이상 가려움증이 생기지 않았사옵니다.

너무나 감사드리옵니다.

인황님 아니시었다면 알레르기로 온몸에 두드러기 상처로 도배했을 것이옵니다. 마치 아토피 환자처럼 고통 속에 몸부림치며 살 뻔했다 생각하니 몸서리가 저절로 치밀어 올라옵니다.

인황님을 알현할 수 있다는 게 얼마나 큰 영광된 일인지 새삼 느끼고 있사옵니다.

그런데 참 신기한 게 뭐라고 할까요?

딱 멈췄다고 할까요? 나머지 머리부터 발가락, 온몸은 두드러기가 없어졌사옵니다. 희한하게도 눈에 보이는 눈두덩이, 목에는 긁힌 상처가 있고 보이지 않는 머리부터 발가락은 상처가 없어졌다는 것이옵니다.

하루빨리 감사죄의식 비용을 마련하여 인황님, 사감님을 알현드릴 수 있는 영광을 받고 싶사옵니다. 인황님의 천지능력으로 가려움증의 고통에서 벗어나게 해주시어 너무나 감사드리옵니다. 역시 대단하시고 인류의 최고이십니다!

옥체 강녕하시옵소서~

김해에서 김○자 올리옵니다.

중풍 환자 걷게 하는 천지대능력!

실제 현실로 일어난 사례이다.

개중에는 "에이, 말도 안 되는 황당하고 허무맹랑한 이야기, 사기꾼이야, 거짓말이야, 믿지 못 하겠다"는 부정적인 사람도 많으리라.

자미국의 백성과 천인들 중에 몸이 아프다고 전화통화나 메일, 핸드폰으로 문자만 보내도 통증이 사라지고 어려운 일이 해결되었다며 인류의 구세주로 하늘이 보내주신 진인이 틀림없다고 말하고 있다.

"세상에 이런 일이"라 할 정도의 황당한 일이지만 상상을 초월하는 기적과 이적이 실제로 일어나고 있다. 이것은 빙산의 일각에 불과하고 더 대단한 기적과 이적이 수없이 일어나고 있지만 황당하게 들릴 것이다.

종교 안에서 애타게 찾던 구원과 도통의 종착역이자 인류의 마지막 종착역임을 밝힌다.

나는 인류 탄생 이후 수억 년의 세월 동안 인류가 종교세계 안에서 애타게 찾고 기다리던 하늘의 대행자이자 진인이고 인류의 대표, 인류의 심판자이다.

질병, 사고, 단명으로 700명의 사람들이 매일 세상을 떠나고 있다. 질병을 치료하고자 병원에서 수술하거나 굿을 하고 또는 종교에 매달리고 있다.

질병의 종류도 너무 많아 헤아리기조차 힘든데 모든 방법을 써 보아도 호전되지 않는 질병으로 고생하는 사람들에게 한 가닥 희망을 안겨줄 불가사의한 천지능력.

일반적인 기 치료가 형태가 아니라 말씀만으로 8년 동안 병원과 한의원에서 치료가 안 되어 고통받던 중풍환자가 80%까지 상태가 좋아졌다.

상대는 8년 전인 2005년에 중풍을 맞아 걷기조차 힘들어 종종(5~10cm)걸음으로 300m 거리를 오는데 1시간 30분이나 걸린 남자 사례이다.

"유○진 일어나 걸어보아라, 힘 있고 자신 있게 똑바로 걸어봐. 너는 이제 걸을 수 있으니 지금 일어나서 걸어"라고 말을 했다.

나에게는 말이나 생각 혹은 손에서 나오는 신통력의 천지능력만으로도 질병을 치유하고 천지조화, 풍운조화를 부릴 수 있는 대단한 하늘의 능력이 내려져 있었던 것이었다. 그 순간 이변이 일어났다.

지팡이가 없으면 한 발자국도 못 가고 쓰러지는데 꼿꼿이 서서 거의 정상인처럼 왔다 갔다 반복했다. 병원에서는 정신만 아무 이상이 없고, 뇌의 이상으로 반쪽의 몸을 쓸 수 없어 8년 동안을 불편하게 살았다고 했다.

기적의 순간이었다.

환자 스스로도 놀란 나머지, 내가 미쳤어요? 나 미친 것 아니죠? 이것이 꿈은 아니죠? 아니~ 내가 어떻게 이리 걸을 수 있는 거죠? 현실이 믿어지지 않아 이 말을 몇 번이고 되풀이하면서 감동했다.

이로 인하여 1시간 30분 걸리던 300m 거리를 10분 만에 걸어가는 이적과 기적이 일어났다.

나의 무소불위한 신통력의 천지능력은 산 자와 죽은 자의 운명까지도 바꾸어놓는 대단한 하늘이 내려주신 능력이 있었던 것이었다. 환자 1~2%를 제외하고는 어떤 질병이든 거의 불가능이 없을 것 같다.

내 육신을 통해서 일어나는 대단한 천지대능력은 나 자신조차도 어디가 끝인지 가늠할 수조차 없다. 이 모든 것이 내 육신을 통해서 하늘과 땅이 부리시는 천지대능력의 이적과 기적의 조화이기 때문이다.

유○진은 조상이 지은 죄, 자기 육신이 지은 죄, 영혼이 지은 죄를 모두 의식을 행해서 하늘과 땅에 용서 빌어서 하늘의 사람인 천인으로 탄생하였기에 내가 말로만 했는데도 이런 이적과 기적이 일어난 것이다.

질병의 실체는 하늘님과 자기 조상님을 몰라보고 찾지 않으며 종교숭배자로 하늘과 땅의 족보를 바꾼 죄로 인해 질병이 발병한 경우, 하늘님과 조상님을 무시하고 박대하여 벌을 받아 질병이 발병한 경우, 인간 육신이 유전적으로 발병한 경우.

조상님이 들어와서 발병한 경우, 자기 영혼이 하늘님 찾아 달라고 발병한 경우, 잡신이 들어와서 발병한 경우, 길거리나 초상집, 잔칫집에서 따라 들어온 객사 귀신으로 인해서 발병하는 경우 등 천차만별로 다양하기에 질병 발생 원인 자체가 어느 것이다,라고 한정 지을 수는 없다.

하늘과 땅이 내려주신 족보를 바꾼 죄와 하늘님과 조상님의 벌을 받아 질병이 발병한 경우는 하늘님과 조상님에게 감사죄를 올려서 죄를 빌어야 풀린다.

인간 육신의 유전적 요인으로 인해 질병이 발병한 경우는 병원 치료를 받으면 되고, 조상님으로 인해 질병이 발생한 경우는 조상님 입천제를 행해야 하고, 자기 영혼이나 신으로 인한 경우는 하늘님의 천명을 받아 천인합체의식을 행해야 하고, 귀신이 따라 들어와서 질병이 발병한 경우는 하늘과 땅이 나에게 주신 천지능력으로 퇴치해야 한다.

병원에서 오랜 세월 치료해도 고쳐지지 않는 사람들은 차례대로 의식을 행해 봐야 하는데 지은 죄가 너무 커서 하늘과 땅으로부터 완전히 버림받은 1~2%의 사람들은 고쳐지지 않을 수도 있고, 나이가 너무 많으면 효과가 반감된다.

육신의 수명을 평균 수명보다 훨씬 더 오래 살 수 있게 하는 무소불위의 천지능력도 있으나 일반 상식으로는 정말 이해하지 못할 일이다.

질병은 하늘과 땅, 인간, 조상, 영혼, 귀신들로 인해서 발병한 것인데 사람들이 수술과 약에만 의지하다가 세상을 떠나고 있다. 질병은 병마 즉 귀신으로 인한 것과 자기 영혼, 조상님들의 죄 때문에 발병하고 있다.

하늘님께 죄를 빌어 심판받은 후 용서받아야 질병 자체가 소멸 또는 호전된다. 육신이 살아 있을 때 자신들의 죄를 심판받아 구원받는 자가 가장 현명한 자들이다. 죽어서는 가혹하고 모진 지옥세계 형벌의 심판만 있을 뿐 구원이 없기에 살아 있을 때 받아야 한다.

지금 건강하더라도 수명 장수를 누리려거든 자신들이 지은 죄부터 먼저 빌어서 용서받아야 어느 날 갑자기 심장마비, 심근경색, 뇌경색, 뇌졸중, 암, 사건사고로 급살 맞아 단명하는 돌연사를 예방할 수 있고, 각자가 지은 죄와 질병이 자자손손 대대로 이어지는 업보의 윤회 고리를 끊을 수 있다.

질병이나 단명으로 죽은 조상님이나 귀신이 각자의 몸에 들어오면 똑같은 질병에 걸리거나 단명하기에 자살이나 질병, 비명횡사로 죽은 가족이 있으면 즉시 자미국에 와서 망자 혼령이 가족들 몸으로 들어가는 것을 최대한 빠른 시일 내에 막아야 제2의 불상사가 가족에게 일어나지 않는다.

병원에서 치료 안 되는 모든 질병인 중풍, 보행 장애, 유방암, 자궁암, 자궁근종, 자궁물혹, 폐암, 위암, 간암, 대장암, 뇌경색, 심근경색, 후천적 말더듬이, 우울증, 불면증, 당뇨, 통풍, 관절, 디스크, 만성두통, 위궤양, 시력저하, 가는귀먹음, 빙의, 희귀병, 무기력증, 의욕상실, 좌절감, 비만, 어깨통증, 가슴답답, 허리통증, 두통, 만성피로, 빈혈, 좌골신경통, 건망증, 구토. 만성 속 쓰림, 흉몽, 환청과 환영, 줄초상, 교통사고, 자살이나 단명은 하늘과 땅, 신, 영, 조상님들의 뜻을 받들어 행하면 없어질 질병이 많이 있다.

자미국과 인연 없는 자들은 가족 중 소아마비나 선천적 장애자가 있는 자, 가족 중 선천성 심장병, 선천적인 시각 청각 언어 장애자, 종교에 깊게 빠진 광신자, 너무 가난한 자, 살인, 강도, 절도, 성폭력, 방화로 실형을 선고받고 복역한 자, 가족 중 정신병원 입원 경력이 있는 자, 칼 들고 싸우는 가족이 있는 자, 마약 상습 복용자, 정신질환자는 자미국 입국을 제한한다.

가족력!

병원에 가서 진료받을 때 의사들로부터 많이 들어보았을 것인데 질병의 1차적인 원인이 여기에 있었던 것이다.

가족력이란 조상님 내력이란 것이고 조상님들이 살아생전 어떤 질병을 앓다가 죽었는지를 말한다.

당대 부모님이나 조부모님은 쉽게 알 수 있지만 위에 선대 조상님들이 무슨 질병으로 사망했는지는 후손들이 전혀 알 길이 없을 것이다.

다시 말하자면 질병의 원인은 조상님들로부터 내려왔다는 말이고, 이는 조상님 혼령의 빙의라고 봐야 한다. 의사들은 조상님 혼령들을 치료할 수는 없다.

수술하는 것은 의사들의 영역이지만 병을 유발시키는 인자는 조상님 영가들이기 때문에 암 수술을 받더라도 재발되지 않으려면 조상님 영가들부터 해결해야 한다. 각자의 몸 안에는 여러 존재(악귀잡귀, 사탄마귀, 귀신)가 섞여 있다.

상상초월의 질병치유 능력

인류의 역사를 다시 써야 할 중차대한 일이 발생하였다.

노벨의학상, 노벨평화상을 받을 만한 인류의 상상을 초월하는 기적과 이적이 자미국에서 일어나고 있다.

치료할 대상이 서울에서 멀리 떨어진 부산, 울산, 여수, 광주에 있어도 천지능력에 의해 원격으로 치유되고 있다.

천지능력은 인간의 상상력을 초월한 무소불위함 그 자체이기에 환자가 국내에 있던 외국에 있던 지구촌에 모두 미치는 어마어마한 능력이다.

그동안 자미국을 사이비라고 부정한 사람들.

그러나 자미국은 지구촌 어디에나 무소불위한 에너지 파장(천지능력)을 보내고 있음이 자미국 천인과 백성들을 통하여 수없이 확인 판명되고 있다.

질병 원격치유는 나의 마음으로 하는 천지능력이다. 내가 생각하고 마음먹은 대로 천지능력(신명정기)이 환자의 몸으로 전달되어 질병이 치유되는 공상 같은 일이다.

나의 마음으로 움직이는 무소불위한 신비의 천지능력은 지구촌 어디에 사람이 살고 있던 전달될 수 있기에 현실로 질병이 치유되고 있는 것이다.

나에게 사이비라고 말하는 독자들이 있는데 너무나 황당한 일이라서 믿기지 않으니까 그랬을 것이다.

수많은 사례 글들을 읽으면 조금은 인정할 수도 있을 것이다. 나의 능력은 너무나도 대단하여서 자미국에 들어와서 천인과 백성의 신분이 아닌 일반 독자들은 모두가 황당하다며 믿지 못하겠다고 할 것이다.

질병 원격치유는 책을 읽고 공감해서 자미국에 들어와 조상님 입천제의식이나 천인합체의식을 행한 천인과 백성들을 대상으로 치유해 주고 있다.

자미국 백성, 자미국 천인이 된 사람들만이 누리는 질병 원격치유 특혜이고 이는 일평생 원격치유 받는 특권을 누리게 될 것이다.

자미국 백성, 자미국 천인들은 질병에 걸리면 문자로 아픈 내용을 나에게 보내고 치유를 허락한다는 문자 답장을 보내면 즉시 몸 아픈 부위에 손을 5분 정도 대고 있으면 치유되는 이적과 기적이 수도 없이 일어나고 있다.

책을 읽는 독자들 수준에서는 정말 말도 안 되는 황당한 이야기로 들릴 것이지만 지금 이 나라 자미국에서 현실로 일어나고 있는 일이다.

자미국에서는 인간들의 능력으로 할 수 없고 인간들이 상상조차 할 수 없는 어마어마한 일들을 해내고 있다. 그러기에 황당하다며 믿지 못하는 것이다.

질병 원격치유가 이렇게 신기할 정도로 효과를 보고 있을진대 인생사의 슬픔과 아픔, 고통과 불행에서 벗어나게 하여 운명을 바꾸어주는 일들은 그리 어려운 문제가 아니다.

현대 첨단의학이나 인간의 상식으로는 도저히 이해할 수 없는 신비한 일들이다.

내가 마음만 먹으면 그것이 모두 현실로 이루어지는 무섭고도 대단한 천지능력을 갖게 된 것이다.

나에게 이렇게 대단한 천지능력을 하늘과 땅이 내려주신 것은 하늘과 땅의 주인이 실제로 존재하시면서 우리들의 일거수일투족을 실시간으로 지켜보고 계신다는 것을 전 세계에 알리고 죄인들을 심판하게 하시고자 함이다.

그래서 내가 생각하고 말하거나 글을 쓰는 대로 하늘과 땅, 조상, 인간의 운이 바뀌어 돌아간다. 그러므로 자미국에 들어와서 하늘의 천인과 백성으로 다시 태어나는 자들은 인생의 운명이 천지개벽하여 바뀌는 행운아이다.

그러하니 인생사에 어려운 일이 있는 독자들은 하루라도 빨리 자미국 천인, 자미국 백성이 되는 절차를 밟아야 한다. 하늘과 땅이 나에게 내려주신 천지능력은 자미국의 천인과 백성들에게만 사용한다.

당뇨 수치가 380까지 올라갔던 사람을 천지능력으로 며칠 사이에 떨어지게 하였다.

380=〉280=〉200=〉187=〉147=〉128=〉124=〉112=〉

의학적으로는 도저히 있을 수 없는 일이다.

고혈압도 180-140에서 며칠 사이에 전혀 약을 먹지 않았는데도 120-80으로 정상이 되었으니 사람들이 곧이곧대로 인정하기 어려울 것이다.

너무나 신비스러워도 현실적으로 있을 수도 없고, 믿을 수도 없는 일이다.

그러나 자미국 천인과 자미국 백성들은 모두가 믿고 있으며 원격치유의 특권을 끝없이 누리고 있다.

혈압과 당뇨로 평생 약을 먹어야 하는 사람들이 많다.

고혈압과 당뇨의 원인은 영적으로 인해서 일어나고 있기 때문에 의학으로 치료가 안 되는 것이다. 조상들이나 귀신들이 몸에 들어와서 발생하는 경우와 자기 영혼이 벌을 받아 발생한 경우로 나뉘고 있다.

고혈압과 당뇨 이외에 모든 질병들도 영적인 존재들로 인해서 발생하므로 육신의 질병을 고치려면 먼저 영들의 문제부터 해결해야 한다.

영들의 문제를 해결하는 방법은 1차로 조상님들부터 입천제의식을 행하여 천상세계로 보내주는 것이 가장 빠른 방법이고, 1차적인 방법으로 안 되는 질병은 2차로 자기 영을 천상세계로 보내는 천인합체의식을 행해야 한다.

2차적인 방법으로 안 되는 질병은 3차로 전생과 현생에 지은 죄를 비는 감사죄의식을 올려야 하고, 3차적인 방법으로 안 되는 질병은 4차로 하늘의 은혜에 보답하는 천은보사의식을 올려야 하며 이 모두를 해도 낫지 않는 질병은 하늘로부터 버림받은 질병이니 이를 천벌이라고 한다.

어지간한 질병은 1~2차에서 병이 낫는다.

그리고 1~2차 의식을 행해도 낫지 않는 귀신들이 들어와서 발생한 질병은 나 인황의 천지능력으로 치유할 수 있다.

하늘과 땅의 능력은 참으로 무소불위하시고 대단하신데 나 인황을 통해서만 세상에 보여주고 계신 것이다.

하늘과 땅은 원래부터 능력이 대단하신데 인간이 얼마나 하늘과 땅의 대단하신 능력을 받아서 쓸 수 있느냐에 따라서 영험하다고 말하는 것이다.

내 육신의 말, 생각, 글, 문자, 전화를 통하여 하늘과 땅의 대단하신 무소불위의 능력을 자미국 천인과 백성들에게 상상을 초월하여 보여주고 계신 것이다.

하늘과 땅의 능력을 받고 싶은 독자들은 먼저 조상님 입천제의식과 천인합체의식을 행하여 자미국의 천인과 백성의 신분으로 태어나야 한다. 자미국의 천인과 백성의 신분이 되어야만 하늘과 땅이 내려주시는 정기나 나에게 질병을 직접 및 원격으로 치유받을 수 있다.

질병은 하늘과 땅이 조상님 입천제의식과 천인합체의식을 통해서 치료해 주시는 경우와 나의 육신을 통해서 질병이 치료되는 경우로 나뉘어진다.

질병의 고통으로부터 벗어나는 것은 인생의 장애물들이 소멸되어 불행에서 벗어나 기쁨의 세상이 열리는 것이고, 하늘과 땅의 보호와 사랑을 받게 되는 행운이 따르는 것이다.

인간 육신이든 자신의 영혼과 조상님들이 하늘과 땅, 자미국의 보호와 사랑을 받지 못하면 인생사의 모든 부귀영화가 풍전등화와 같고, 풀잎에 맺힌 이슬처럼 어느 날 갑자기 사라지는 불행을 맞이할 것이다.

자신들에게 질병이란 아픈 사연을 준 것은 하늘과 땅의 영원한 보호와 사랑을 받으라고 보내주는 메시지이다.

질병에는 신분의 지위고하와 귀천을 가리지 않으며 천하장사가 없기 때문에 잘난 인간들을 마지막으로 하늘과 땅 앞에 굴복시키기 위함이다. 모두가 믿는 현대의학으로도 질병이 정복되지 않는 이유이기도 하다.

인생사의 고통과 불행들은 사람마다 가지각색인데 이 모든 것이 하늘과 땅, 신, 영, 조상님들이 각자에게 무엇인가 깨달으라고 보내는 메시지들이다.

사업실패, 금전풍파, 암과 질병, 별거, 이혼, 관재, 가정폭력, 가출, 사기와 배신, 사고와 자살로 인한 비명횡사의 아픔과 슬픔은 누군가 보내는 긴급 메시지이니 자미국을 통하여 누가 무슨 일로 보냈는지 찾아야 한다.

가정에 안 좋은 일들이 과거에 일어났었거나 최근에 일어났다면 속히 자미국에 들어와서 막아야 한다.

고혈압이 정상으로 돌아왔어요

이○호 13-09-29 07:59

인황님!

질병 원격치유 동시 집행에 동참할 수 있게 기회를 주심에 영광이옵고, 황은이 망극하옵니다.

9월 27일 오전 11시 36분에 문자 받고 오후 12시 22분에 질병(고혈압, 폐질환, 시력저하)로 문자 올리고 차 안에서 인황님이 계시는 자미국을 향했습니다.

손을 심장과 눈에 대고 지금 저는 인황님의 질병 원격치유를 받고 있다,라고 마음으로 생각하고 있었습니다. 등 쪽에서 뻐근함이 느껴지고, 인황님의 원격치유 정기가 폐와 심장 각 장기에 느낌이 왔습니다.

질병 원격치유를 받고 난 뒤에 3년 동안 매일 아침마다 복용하던 혈압약(혈압은 170-180) 복용을 중단하고 혈압계를 휴대한 후 수시로 혈압을 체크했습니다.

수치는 130-140을 계속 유지하다가 28일 밤 자정 무렵까지 120-80을 유지했고, 29일 07시 45분 현재 120-80을 유지하고 있습니다.

하루에도 여러 번 찾아오는 가슴통증도 없어졌습니다.

제가 알고 있기로는 질병의 대부분이 우리 인체에 흐르는 피가 탁해서 오는 질병으로 알고 있습니다. 일반적으로는 혈압약을 복용하기 시작하면 평생 죽을 때까지 복용해야 된다고 알고 있습니다.

그런데 인황님의 질병 원격치유를 받고 당장 혈압약 복용을 중단하고 꼬박 48시간이 지났는데도 정상 수치인 120-80을 유지하고 있습니다.

저한테 일어나는 현상이 인황님의 이적과 기적이 아니고 무엇이겠습니까? 과학적으로 있을 수 없는 상상을 초월하는 불가사의한 신비스런 일이 나의 신체에서 일어났습니다.

하늘께서 이 땅으로 내려 보내주신 세계 최고의 대단한 인황님이십니다.

최첨단 현대의학이 치료하지 못하는 질병을 원격의 천지능력으로 치료한다는 것은 말도 안 되고 꿈에서라도 상상이나 할 수 있는 일이겠습니까? 너무나 대단하신 능력자라서 뭐라고 해야 할지 표현방법이 부족합니다.

인황님께서 하시는 말씀은 곧 법이자 현실이십니다.

그래서 인류의 죄를 하늘을 대신해서 심판하러 오신 하늘의 명대행자님이신가 봅니다.

평생 동안 복용해야 할 혈압약을 중단케 하시고 혈압을 정상으로 돌려놓으신 인황님의 황은에 망극할 따름입니다.

인생의 질병과 고통에서 벗어날 수 있는 유일한 길은 책을 읽고 자미국을 방문하여 인황님께서 하라시는 대로 조상님이 지은 죄를 비는 입천제의식을 아무 조건 달지 말고 행하고 따르는 사람들이 가장 현명한 사람들입니다.

자미국 의식을 통하여 본인들이 지은 죄부터 빌어서 용서를 받아야 질병도 치유받을 수 있습니다.

우리 인류는 죄인들이기에 하늘과 땅, 자미국 인황님께 어떤 조건도 달 수 없고 해주시는 대로 그냥 따라야 신비의 조화가 육체에서 일어납니다.

자미국 인황님은 인류가 하늘과 땅에 지은 죄를 심판하여 구원받게 해주시는 대단한 심판자분이시기에 인간들이 질병을 낫기 위해서 또는 자기 소원을 이루기 위해서 의식을 하려 하면 의식 자체를 거부하십니다.

아무 조건 없이 먼저 의식을 행해서 하늘과 땅에 죄를 빌어 용서받으면 인황님께서 우리 천인, 백성들이 올린 질병 원격치유 사례처럼 천지능력으로 그냥 치료해 주십니다.

물론 의식을 행하는 날도 사람에 따라서 다르기는 하지만 신비스러운 이적과 기적이 일어나서 질병이 호전되었다거나 아예 사라졌다는 사례도 수없이 읽었습니다.

인생의 질병과 고통에서 벗어나려면 하늘과 땅, 조상, 영혼들에게 지은 죄를 용서 빌어서 죄인의 신분에서 벗어나야만 인황님께서 내려주시는 천지능력을 받을 수 있습니다.

하늘과 땅의 좋은 천지능력은 인류의 심판자이시자 하늘의 명대행자님이신 자미국의 인황님을 통해서만 받을 수 있게 하늘께서 해놓으셨답니다.

그래서 우리 인류(인간+영혼+조상)에게는 눈에 보이는 생명줄이시고 인류의 생사여탈권을 행사하시는 하늘이나 마찬가지로 바라봐야 합니다.

다시 말하면 하늘과 인황님께서는 아픔과 슬픔, 고통으로 힘들어하는 자기 조상님과 자기 영혼들이 지은 죄를 심판받게 해서 천상 자미천궁으로 보내주는 착한 사람들에게만 병을 낫게 해주신다는 것입니다.

그러니까 자미국의 백성과 천인의 신분이 되어야만 질병도 천지 능력으로 치료받을 수 있는 것입니다.

조상님과 자기 영혼의 아픔과 슬픔, 고통은 외면한 채 구원하지 않고 자기 아픈 질병만을 치료하려고 하면 절대로 질병에서 벗어날 수 없을 것입니다.

병원과 약국은 안 가본 데가 없습니다

인황님께 올립니다.

질병 원격치유 받은 이후 인황님, 저는 요즘 하루하루가 너무 즐겁습니다.

오늘 친구와 점심을 먹으러 보리밥집에 가서 비빔밥을 주문했습니다. 상 위에 나오는 온갖 나물들을 보리 반, 쌀 반 섞인 밥에 모두 넣고 강된장을 넣어 슬슬 비벼 한 톨도 남기지 않고 맛있게 먹었습니다.

비빔밥이 이렇게 맛있는 줄 몰랐습니다.

속이 답답하지도 않고 밥 한 그릇 쉬지도 않고 뚝딱 먹어치웠습니다. 저는 원래 어려서부터 위가 좋지 않아서 늘 음식을 조심해야 했습니다.

보리밥에 비빔밥이라는 것은 상상도 못 할 일입니다. 압력솥 밥만 먹어도 위가 아파서 늘 살짝 끓여야 하고 친구들이 비빔밥집을 가자고 하면 어떤 핑계를 대서라도 빠지거나 다른 것을 먹었습니다.

어떤 음식이든지 음식을 먹고 소화가 되기 전에 눕거나 잠이라도 자고 일어나면 눈을 뜰 수가 없이 얼굴이 붓고 위는 말할 수 없이 아파서 약국으로 달려가야 했습니다.

그뿐만이 아닙니다.

비타민 하나도 소화시키지 못해 소화제랑 늘 같이 먹어야 했고 한 번 탈이 나면 여러 날 약을 먹어야 했으며 최고 1년까지 약을 먹은 적도 있습니다.

병원과 약국은 안 가본 데가 없고 부산에서 인천까지 병원에 가본 적도 있습니다. 위암인 줄 알았는데 다행히 아니었습니다. 사소한 일로 위가 아프기 시작하면 등을 칼로 도려내는 것 같고 뒷머리는 망치로 쉴 새 없이 두들겨 패는 느낌이고 눈은 빠질 듯이 아픕니다.

저녁에는 항상 음식을 일찍 조금만 꼭꼭 씹어 먹고 소화를 다 시키고 잠을 자야 뒤탈이 없었습니다. 항상 가방에는 비상약을 준비하고 다녔습니다. 얼굴은 맨날 부석하게 부기가 있고 요즘은 얼굴뿐만 아니라 손등과 다리까지 부어서 손으로 눌러보면 쏙 들어갈 정도였습니다.

몸이 늘 부어 있으니 솜이 물에 젖어 있는 것처럼 무겁고 피곤해서 자꾸 눕거나 졸음이 왔습니다.

그랬던 제가 이번에 인황님께 질병 원격치유를 받고 난 뒤부터 확 달라졌습니다.

첫날 인황님께서 시키는 대로 아픈 곳을 문자로 올리고, 가만히 아픈 부위에 손을 올려대고 있으니 온몸으로 진동이 오기 시작했습니다. 그렇게 5분간 치유시간이 지나고 나서 바쁘게 시간을 보내고 있는데 배가 슬슬 고파왔습니다.

아무 생각 없이 밥을 먹고 무언가 하다 보니 몸이 개운한 느낌이 들었습니다. 습관처럼 명치끝을 손으로 눌러 보았습니다. 그런데 아프지 않았습니다. 음식을 먹고 나면 명치끝이 365일 아팠던 저였습니다.

너무나 놀라서 웃음이 막 나왔습니다. 인황님께 문자 올리고 혼자 싱글벙글하면서 인황님 감사합니다, 감사합니다, 소리가 저절로 나왔습니다.

두 번째 인황님 문자 메시지를 밖에서 받았습니다. 옆에 사람이 많아서 마음속으로 인황님 다시 한 번 따르겠습니다, 하는 동시에 온몸으로 다시 진동이 오기 시작하여서 살며시 사람들과 조금 떨어져서 걸었습니다.

그리고 저녁에 음식이 너무 맛있어서 밤 10시경에 밥을 또 먹었습니다. 아침에 일어나서 거울을 봤습니다. 코끼리처럼 부어 있어야 할 얼굴이 보이지 않았습니다. 나도 모르게 소리 내어 막 웃었습니다.

자꾸 웃음이 나왔습니다. 저는 인황님 사감님께 감사한 마음이 일어나서 생각만 해도 한결같이 눈물이 났습니다.

장소를 가리지 않고 눈물을 달고 있는 편인데 이번에는 웃음이 나왔습니다.

남편이 왜 그러느냐고 하기에 내 얼굴 좀 봐요? 하나도 안 부었죠? 하니까 정말 그러네 하는 것이 아니겠습니까.

순간 저울이 생각나서 얼른 몸무게를 달아봤습니다. 2~3일 사이에 1.2kg이 빠졌습니다. 몸이 너무나 가벼워졌습니다. 요즘은 보는 사람마다 볼살이 빠졌네, 더 예뻐졌네 합니다.

이 나이에도 그 말이 싫지 않습니다.

전 세계 인류 중에 인황님께서만 가능하신 신비한 기적의 질병 원격치유!

세상에서 기 치료사가 손으로 환자 몸에 손을 대고 치료하는 것은 들어보았어도 문자로 질병을 원격 치유한다는 것은 인류 최초이고, 난생처음 들어보는 말이기에 황당하기도 하지만 평생을 고통스럽게 살다가 질병의 고통에서 벗어나서 너무나 좋고 기적의 대능력에 인황님께 무한한 찬사를 보냅니다.

인류 최초이고 있을 수 없는 일이 일어났습니다.

인황님은 서울 강동구에 계시고 저는 부산 기장군에 살고 있는데 핸드폰 문자를 통해서 천상정기를 내려주시는 대능력자이신 자미국의 인황님은 대한민국뿐만이 아니라 전 세계 인류의 큰 어르신이자 구세주이십니다.

병원에서 평생 치유가 안 되어 고생했었던 나의 고질병이 인황님의 신비한 원격치유 능력으로 단번에 치료되었으니 예수의 기적을 능가하는 일이 아닐까 생각합니다.

현대 최첨단 의학이나 과학적으로 도저히 설명할 수 없는 인황님의 신비스러운 천지대능력은 무소불위함 그 자체이십니다. 노벨의학상을 받아도 모자랄 것 같습니다.

우리 인간의 능력으로는 감히 생각조차 못 해본 일이기에 황당한 사이비 같다고 봐야 할지도 모릅니다.

인황님, 이 세상에 어떤 말로 어떻게 감사드린다고 해야 하는지 모르겠습니다. 또 눈물이 납니다. 자꾸자꾸 납니다. 인황님 감사합니다.

머리 주변에만 붉은빛이 퍼지는 현상

그리고 올 9월 꿈에 인황님께서 의사 가운 차림으로 계신 용안을 알현한 후 바야흐로 인황님의 시대가 도래하였음을 알리는 것이라 느끼게 되었습니다.

그리고 지난 9월 29일 직접 치료를 받을 수 있는 영광을 누렸습니다. 아침 6시 40분에 집을 나와 08시에 KTX 열차를 타고 자미국에 도착해 인황님을 알현하여 치료하기 전 상세하게 설명을 해 주셨습니다.

질병을 치료하는 과정은 인간의 눈에는 보이지 않고 그 기운은 전기로 비유하면 수억만 볼트의 초고압에 해당한다고 말씀하셨습니다.

질병의 증상은 두통, 시력저하, 목 디스크, 허리 디스크, 소화불량, 비만, 신체무기력증, 신장, 심장, 폐질환, 생리이상, 여성 질병 등 그야말로 종합병원인 치료가 시작되었습니다.

제 머리에 인황님의 손이 닿는 순간 저는 보았습니다.

아니 보였습니다.

머리 주변에만 붉은빛이 퍼지는 현상을 말입니다. 누르시기만 하셨는데도 아픈 부위는 통증이 심했습니다.

시력저하인 제 눈에 인황님의 손이 닿으시는 순간에는 푸른빛이 두 눈에 전류가 흐르듯 두 눈 주위에만 푸른빛이 퍼져 있는 것을 직접 보고 전기의 몇 배에 달하는 강한 기운을 체험하니 쉽게 이해가 되었습니다.

목을 치료하실 때에는 통증이 왔습니다.

복부에 치료하실 때에는 가래가 끊임없이 계속적으로 나왔습니다. 종합병원인 저의 질병을 미처 못 올렸던 부분도 지적해 주시면서 치유해 주셨습니다. 30분 동안 아픈 곳에 물리적인 힘을 가하지 않으시고 두드리거나 약하게 때리시면서 "질병소멸", "세포재생" 명을 내려주셨습니다.

아픈 곳에 자상하게 손길이 닿으시는 곳마다 통증이 오면서 질병이 치유되었습니다. 병원에 가면 몇 개의 과(내과, 정형외과, 산부인과, 이비인후과, 안과 등)를 거쳐야 하는 것을 하나로 통일해서 치유해 주신다고 하셨습니다.

그 말씀을 듣고 인황님의 대단하신 이적과 기적에 또 한 번 감탄을 하였습니다. 그리고 저에게는 나쁜 악들이 많이 들어왔다고 하셨습니다. 올 6월 꿈에 어느 분께서 어떤 혜택이 있을 거라고 말씀하셨는데 지금 생각해 보니 질병을 고칠 수 있는 혜택이었던 것 같습니다.

저는 이번 인황님의 질병치유가 전기로 비유하면 수억만 볼트의 초고압 천지능력을 직접 눈으로 보고 느껴서 질병즉멸할 수밖에 없다는 사실을 깨달았습니다.

저는 이번 인황님의 직접 치유를 받으면서 직접 체험하고 느낀 점과 치유되는 과정을 간략하게 적어봅니다.

모든 질병의 치유 과정에서는 명현현상(호전될 때 통증이 나타남)이 온다고 합니다. 제가 치료받은 후 일주일 동안의 명현현상입니다.

1. 가래 : 하루에도 수없이 가래가 나왔습니다(쇠약한 폐 기능이 개선 중).

2. 두통 : 통증이 심하게 온 뒤에는 차츰 완화되더니 머리가 맑아지

는 느낌이었습니다(독소와 중금속으로 인해 탁해진 혈액이 맑아지고 있는 중).

3. 혈색이 좋아졌습니다(탁한 혈액이 맑아지는 중).
4. 헛구역질 : 헛구역질이 계속되어서 인황님께 전화통화로 여쭈어 올린 즉시 멈추었습니다(소화불량 개선 중).
5. 두 눈은 통증이 오고 눈곱이 끼면서 아팠습니다(시력저하 개선 중).
6. 자궁이 따뜻해지면서 통증이 있었습니다(냉 감소 개선 중).
7. 허리 디스크 : 허리가 끊어질 듯이 통증이 온 다음부터는 아픈 증상이 사라졌습니다.
8. 목 디스크 : 통증이 심하게 온 다음 차츰 완화되고 있습니다. 찜질방에 온 것처럼 하루에도 몇 번씩 더운 열기를 느껴 옷이 땀에 흠뻑 젖을 경우가 많았는데 처음에는 왜 그런지 이유를 몰랐습니다. 땀 냄새는 평소보다 아주 독했습니다.

그러던 어느 날 순간적으로 독소를 배출하는 과정이라는 느낌이 들었습니다.

그리고 꿈에 큰 나무가 있었는데 그 자리에 이제 막 자라는 나무를 심어 자라나는 것을 보았습니다. 세포를 나무에 비유해서 쉽게 이해 가게 해주신 것 같은 느낌이었습니다.

인황님께 직접 치유를 받고 시력저하로 먼 거리에 있는 글씨가 잘 보이고, 두통이 사라지고, 소화불량, 냉이 없어지고, 가래가 나오지 않고, 혈액순환이 잘되고, 신체 무기력증으로 5분 이상 집안일을 할 수 없었는데 하루 종일 일해도 피곤함이 사라졌으며, 몸도 가벼워짐을 느낍니다.

무엇보다도 활발하게 활동할 수 있음에 새로운 삶을 사는 기분이 듭니다. 저는 이번 인황님의 천지능력으로 직접 치유를 받으면서 많은 것을 깨닫게 되었습니다.

수억만 볼트의 초고압 전류가 흐르는 현상을 직접 눈으로 보게 된 저로서는 질병도 치유되고 체질개선도 자동적으로 되고 세포 재생까지 되는 혜택을 받게 되었습니다.

"질병을 말만으로도 치유할 수 있는 인황님의 불가사의한 기적의 능력!"

과학이 아무리 발달하였다지만 원인규명도 하지 못하는 것을 인황님께서는 모든 원인을 규명하시어 치료하시니 하늘과 땅이 주신 인황님의 대능력은 말로는 다 표현할 수 없고 상상초월이시며 현실로는 불가능한 일들을 무에서 유로 이루어주십니다.

세상사람들이 애타게 기다리며 찾았던 천지능력자 인황님 최고이십니다.

병을 다스리고 인간 육신은 물론 신과 영의 운명까지도 천지개벽시켜 줄 수 있는 자미국은 살아서나 죽어서나 하늘과 땅의 보호와 도움을 받을 수 있는 가장 영광스런 전 세계 유일한 곳입니다.

무슨 일이든지 인황님께 먼저 여쭈어 올리지 않고 저희들 임의대로 해서였고 또한 "감사드립니다" 말씀은 하늘님과 인황님, 사감님 외에는 그 어느 누구에게도 해서는 안 된다는 말씀을 명심하겠습니다.

감사하다는 말을 하면 상대를 하늘, 인황님, 사감님으로 받들게 되는 것이고, 남을 동정하는 순간 상대 몸에 있는 귀신이 나의 몸으로 들어온다는 말씀도 깊이 명심하겠습니다. 그리고 또 제대로 행하지 못하여 질병을 키운 나의 죄도 다시 한 번 깨닫게 되었습니다.

주위에서 개업 떡, 제사 떡, 이사 떡 등등 주는 대로 받고 특히 종교인들한테는 그 무엇도 받지 말라 하셨는데 '명'을 어기고 받아서 상대의 몸에 있던 귀신들이 저한테 들어와 제 스스로가 질병을 키웠습니다.

큰 죄를 지었습니다. 죄인인데 질병을 치유해 주시니 더욱더 죄송스럽습니다. 오늘 아침에는 평상시 같으면 억지로 마지못해 일어나던 것이 저절로 눈이 떠짐과 동시에 몸이 너무 개운하고 가볍습니다.

항상 힘이 없어 걸음걸이도 노인들 걸음걸이처럼 천천히 걸었는데 활기차고 힘 있게 걸어집니다.

종합병원인 저희들의 병을 즉멸해 주시느라 애써주신 인황님께 머리 숙여 감사인사 올립니다.

이 은혜 영원토록 잊지 않겠습니다. 인황님, 사감님 말씀을 목숨줄처럼 따르고 행하면서 살아가겠습니다.

귀신이 몸부림치는 괴기스런 소리

이○율.2013-10-07 02:56

저는 지금 이 글을 쓰면서 흐르는 눈물을 주체할 수가 없습니다. 인황님의 대단하신 천지능력으로 저는 다시 새롭게 살아나고 있어요!

인황님의 기적과 이적은 정말 끝이 없으시고, 역시 상상초월이심을 새삼 더욱 깊이 절감한 감동의 후기를 올립니다.

저의 못난 실수로 인하여 2년 반 동안 자미국 출입정지 당했었는데, 자미국 출입정지자격의 그 시간들은 제 어린 시절의 정신적, 육체적 고통하고는 비교도 되지 못할 정도로 정말 엄청난 지옥세계를 겪게 되었지요.

물론, 제가 인황님의 '황명'을 어긴 벌로 다 저의 탓인데, 그 누구를 원망하겠습니까?

그렇게 자미국에 방문하지 못하는 기간 동안에 희한한 꿈들을 꾸었습니다. 꿈속에서 제가 친오빠한테 "너는 여자 귀신이지? 나는 남자 귀신이야." 이렇게 말하는 것이었습니다. 내 안에는 남자 귀신이 있고, 친오빠한테는 여자 귀신이 있다니 정말 미칠 것만 같았습니다.

혹시, 공포 영화 '엑소시스트'를 보신 적 있으신가요?

소녀의 몸에 깃들인 귀신과 이를 퇴치하려는 신부들 간의 대결을 그린 영화인데, 실화를 바탕으로 만들어진 영화라고 합니다.

신부의 끈질긴 노력 덕분에 귀신은 소녀의 몸에서 빠져나오지만, 결국 신부의 몸에 깃들게 되고 신부 스스로 귀신으로 인하여 목숨을 끊게 됩니다.

저도 오래전에 이 영화를 보면서 어떻게 저런 일들이 일어날 수 있을까? 정말 사람 몸속에 귀신이 존재할 수 있나? 나하고는 전혀 상관없는 일이겠지 하고 생각했었는데 먼 훗날 언젠가 제게도 그 영화 속 장면처럼 귀신 퇴치가 이루어질 줄은 정말 꿈에도 생각 못 했었지요.

천기 13년. 9월 27일. 인황님께서 질병 원격치유 동시 집행 문자를 보내주시어, 저도 갑상선 이상으로 돌출된 두 눈에 손을 대었습니다.

집에서나 직장에서나 두 눈이 항상 뻑뻑하고 충혈되어 인공누액을 자주 넣었는데, 인황님의 원격치유 문자만으로도 두 눈이 아주 편안하게 변하니 참으로 놀라웠고, 인황님의 대능력을 다시 한 번 더 실감하게 되었습니다.

그리고 10월 6일. 제 인생에서 너무도 충격적이면서도 상상도 못 할 기적이 일어났습니다.

10월 6일(일요일) 점심식사를 하고, 어머니와 목욕탕에 가려고 준비하고 있었습니다.

그런데 갑자기 어머니가 피곤한 표정을 지으시고는 지금 너무 졸리시다며 안방으로 들어가시는 겁니다. 저는 어머니 깨시면 함께 가야지 생각하고 있었고 그때 갑자기 핸드폰으로 전화가 왔는데, 인황님이셨어요!

깜짝 놀란 저는 인황님께 얼른 문안인사를 올리었고 인황님께서는 "그래, 요즘 몸은 좀 어떠니?" 하고 물어보셔서, 돌출된 두 눈이 항상 빽빽하고 충혈이 자주 되었었는데, 문자로 원격치유 받은 후에는 인공누액을 넣지 않아도 아주 편안하다고 말씀드리니, "오늘 자미국에 오거라!" 하셨어요!

저는 너무 감사하고 기뻐서, "네! 정말 감사드립니다!" 말씀 올리고 재빨리 준비한 후, 즉시 대전발 서울행 고속버스를 타고 자미국으로 향하였습니다.

드디어 자미국 방문하여 인황님 알현하니 이 순간이 꿈만 같았습니다. 저는 현재 갑상선 약은 완전히 끊었으나, 갑상선 치료를 받으며 두 눈이 심하게 돌출되었고, 생리주기도 불규칙하다고 말씀드렸어요. 곧, 인황님께 직접 치료를 받는 영광의 순간이 다가왔습니다.

인황님 말씀대로 방석에 눕자 마치 갓 태어난 갓난아기가 된 것 같았고, 떨리는 마음으로 눈을 감았는데, 치료가 시작되자마자 제 몸이 난리가 났습니다.

인황님께서 가부좌한 상태에서 손으로 치료하시기 전에 어떤 주문을 시작하시는 순간 이변이 일어났습니다.

주문 외우시기 30초 정도 지났을 무렵, 얼굴이 일그러지고 온몸이 뒤틀리며 괴성을 질러대고 목을 잡은 채 컥컥대며 우웩~우웩거리며 끝도 없이 구토가 시작하였습니다.

무척 괴로워하면서 집무실이 떠나갈 정도로 고래고래 알 수 없는 괴성의 소리를 질러대기 시작했지만 인황님의 주문은 3분 동안 계속 이어졌습니다. 그때마다 몸이 더 비비 꼬이면서 불에 타들어갈 때 절규하는 귀신이 몸부림치는 그런 고통스런 괴이한 목소리였습니다.

오징어를 불에 구울 때 오그라들며 비비 꼬이는 그런 모습을 연상하시거나 사극에서 죄인을 씨뻘건 쇠막대기 불로 지질 때 들려오는 처절한 음성을 생각하시면 됩니다. 신비의 주문소리가 들릴 때마다 귀신이 괴로워하면서 살려달라고 애원하듯 몸부림쳤습니다. 몸에 손도 대지 않고 주문만 하셨는데도 몸 안의 귀신에게 난리가 났던 것입니다.

수억만 볼트보다 더 강한 인황님의 천지능력으로 내 몸 안에 33년이란 오랜 세월 동안 숨어 있던 귀신들이 숨을 곳이 없어졌고 고압전기에 감전되어 타 죽게 생긴 그 자체였습니다.

그리고 머리끝에서 발끝까지 손을 대시자 더 큰 고통의 괴성이 울려 퍼져서 밖에서는 사람 잡는 줄 알았을 겁니다.

인황님의 주문음성에 제 안에서 어떤 존재가 확 올라오는 것이 느껴졌는데, 누워 있는 상태에서 얼굴이 일그러지면서 정말 엄청나게 괴로워하기 시작했어요.

제 안에 깊숙이 숨어 있던 귀신들이 인황님의 목소리에 두려워하는 것 같았고, 저도 모르게 괴이한 소리를 마구 질러댔습니다. 이 순간이 지금 꿈인지, 생시인지 그땐 정말 정신이 하나도 없었습니다.

〈인황님〉

"너 누구야! 어디서 왔어!" 호통을 치시며 말씀하시자 정말 무서웠고, 제가 아닌 어떤 존재가 입을 열었습니다.

〈이O율〉

"여기가 어디예요? 무서워요!"

저는 제 머리카락을 쥐어 잡고 벌벌 떨었습니다.

이 상황들이 너무 무서웠고, 두 눈에서는 눈물이 마구 흘러내렸습니다.

인황님께서 다시 너 누구냐고, 어디서 왔냐고 호통치시자, 그 순

간 저는 더욱 일그러진 얼굴로 남자 괴물의 음성으로,

"나는 귀신이야!" 하고 소리쳤습니다(그때 하도 정신이 없었는데, 이때는 반말이 튀어나왔습니다).

〈인황님〉

"내 손에는 수억만 볼트의 전기가 흐르니 타 죽기 전에 당장 돌아가!"

〈이○율〉

인황님의 손이 저의 몸에 닿자마자, 바로 "아~악~" 처절한 절규의 비명소리를 지르며 정말 미칠 듯이 괴로워하였어요. 인황님께서 다시 호통을 치시며, 어디서 왔느냐고 물어보셨어요. 또 제 의지와 상관없이 귀신의 음성으로 대답이 나왔습니다.

〈귀신〉

"나는 지옥에서 왔어요!"

저의 대답에 인황님께서는 더욱 힘주어 말씀하셨습니다.

〈인황님〉

"그럼 거기서 죄를 빌어야지, 어디 인간 몸 안에 몰래 숨어 들어와서 인간 육신을 지배하고 있어! 썩 나가!"

〈귀신〉

"네, 갈 곳이 없어서요, 나갈게요. 잘못했습니다."

저는 눈물을 마구 흘리며 인황님 앞에서 벌벌 떨었습니다.

〈인황님〉

"언제부터 이○율 몸 안에 있었어?"

〈귀신〉

"이○율이 뱃속에 있었을 때부터요(저의 어머니께서 34년 전에 저를 임신하셨을 때)."

인황님의 손바닥으로 제 등을 치시는데, 정말 아팠지만 꾹 참고 제발 이 귀신들이 나가길 바랐습니다.

그때 구토와 함께 가래가 마구 올라와서 옆에 있는 쓰레기통에 뱉자, 다시 어떤 존재가 확 올라오는 것을 느꼈어요.

휴, 한두 명의 귀신들이 아닌 것 같았습니다.

〈인황님〉

"이거 한두 명이 아니네, 다 나가!

불에 타 죽기 전에!

내가 하나, 둘, 셋, 하면 다 나간다!" 하시더니 다시 등과 몸을 손바닥으로 치시자 제 입에서는 고통의 비명소리가 끊임없이 터져 나왔습니다(불에 타 죽는다고 말씀하시자 엄청난 공포를 느꼈던 것 같아요).

그리고 휴지통을 붙잡고 심한 구토가 시작됐어요. 눈에서는 눈물이 마구 흘러내리고 구토를 하니 정말 정신이 하나도 없었고요. 그때, 갑자기 혀가 꼬이고 미치도록 아파왔습니다.

인황님께 간신히 말씀 올리자,

〈인황님〉

"너 어디 또 혀로 숨어!

네가 있던 곳 지옥으로 빨리 가!"

세상에! 귀신들이 지옥으로 가지 않고 다시 제 혀로 숨은 거였어요! 인황님의 불호령이 떨어졌고 손바닥으로 제 등을 계속 두드리며 치셨는데, 인황님의 손바닥에서 엄청난 뜨거운 열기를 느꼈습니다.

저는 다시 심한 구토를 하였어요(이렇게 다 토해야 귀신들이 나간 것이라고 치료가 끝난 후에 말씀해 주셨습니다!). 잠시 후에 정신이 조금 들었고, 저는 숨을 크게 들이쉬며 인황님! 하며 정말 엉엉 울었습니다.

인황님께서는 몸을 다시 누우라고 말씀하셨고, 제 머리부터 목,

가슴, 배, 자궁, 다리까지 모두 천지능력으로 치료해 주셨습니다. 제 목과 가슴에 손바닥을 대시고,

"목과 가슴에 들어 있는 귀신들 다 나가!

그리고 복부와 자궁에 손을 대시고 배와 자궁 속에 숨어 있는 악들도 다 즉멸한다!" 고 '황명'을 내리시자 다시 얼굴이 일그러지고 몸을 비비 꼬고 몸부림치며 울부짖는 괴성을 질러대고 심한 구토가 계속 나왔습니다.

여자들이 유방암이나 자궁암에 걸리는 것과 냉이 나오는 것도 다 그 속으로 수많은 귀신들이 들어간 것이라고 말씀하셨는데, 정말 이런 진실을 어디서 누구에게 들을 수 있겠습니까?

인황님의 '황명'으로 이 세상 모든 귀신들이 소멸되니, 정말 대단하신 인황님이시옵니다!!

인황님께서 뒤로 돌아누우라고 하셨고 다시 머리부터 다리까지 손바닥으로 두드리셨는데, 그때 잠시 고통을 느꼈으나 "즉멸! 즉멸! 즉멸!" 하시자 점점 몸과 마음이 얼마나 편안해졌는지 모릅니다. 질병소멸, 세포재생의 '황명'도 내려주셨어요!

약 50분 정도 치료를 받았고, 저는 새롭게 태어난 기분을 느꼈습니다.

와~ 정말 신기했어요. 인황님의 대단하신 천지능력으로 저를 그렇게도 괴롭히던 귀신들이 모두 빠져나갔으니 얼마나 상쾌했던지, 또 얼마나 감사드렸는지 모릅니다.

인황님께서는 "너는 앞으로 갑상선도 좋아지고, 냉이 소멸되고, 생리이상도 정상적으로 될 것이며, 돌출된 두 눈은 시간이 좀 걸리더라도 다 들어갈 것이다."

몸 아픈 것들이 모두 다 낫는다고 '황명'을 내려주시니, 이 죄인

은 너무 황송해서 몸 둘 바를 모를 지경이었습니다.

"저는 아직도 천공 마련을 못 하여 자미국 천인이 아닌 백성 신분의 큰 죄인인데, 이렇게 큰 사랑을 내려주셔서 너무 감사드립니다"라고 말씀 올리니 "네 몸 안에 그렇게 많은 귀신들이 숨어 있었는데, 어떻게 천공이 마련될 수 있었겠느냐?" 하시며 오늘 같은 경우는 처음이라고 하셨습니다.

인황님도 무척이나 놀라셨던 모양입니다. 여러 사람들을 치료해 주었어도 이런 경우는 없었다고 하시며 숨을 못 쉴 정도로 소리를 질러대고 심한 구토를 하여서 사람 죽이는 줄 알았다고 하셨습니다.

너무나 울부짖는 소리를 크게 질러대서 집무실 창밖까지 들릴 정도였으니까요. 그래도 의연하게 전혀 당황하시지 않고 끝까지 병마를 치료해 주시었어요.

인황님께서 이렇게 일반 세상에선 감히 상상 못 할 일들을 대단하신 천지능력으로 현실에서 보여주시고 해결하여 주시니, 전 세계 최고이심을 다시 한 번 절실히 알게 되었습니다.

귀신을 퇴치해 주신 그날, 저는 거리로 나와서 새롭게 태어난 것 같은 신비한 느낌과 새로운 희망이 제 영혼 깊숙이 스며드는 것 같은 기쁨을 마음껏 누렸습니다!

인간의 힘으로는 어떻게 할 수 없는 상황일 때 공포가 발생하는 것 같습니다.

저는 어려서부터 제 의지로는 도저히 이길 수 없는 육체적 아픔과 잔인한 정신적 고통으로 매일 공포를 느꼈고 무엇인가가 저를 서서히 죽여가고 있음을 느끼며 살아왔지만, 그것이 귀신들의 짓이라고는 꿈에도 생각 못 하고 살아왔어요.

인간의 질병도 귀신의 짓이었네요.

이렇게 몸에 들어 있는 악신이나 귀신을 모두 추방할 수 있고 몸속의 나쁜 병마의 기운을 정화시킬 수 있는 분은 오직 자미국 인황님뿐이십니다.

또, 언제부터였는지 기억은 나지 않지만, 참 민망한 꿈을 꾸기 시작했습니다. 약간 가위에 눌린 것 같기도 하면서 참 이상한 꿈이었는데, 가위에 눌리기 시작하면서 보이는 것은 어떤 남자와 여자가 성관계를 맺는 장면들입니다.

제가 평소에 야한 영화를 보는 것도 아닌데, 정말 어떻게 그런 낯 뜨거운 장면들이 꿈속으로 보여 지는지 너무 민망하면서 기가 막혔습니다.

꿈속의 여자는 제가 아니지만, 깨고 나서는 엄청 찝찝하고 불쾌했으며, 머리도 아프고 몸도 무거웠어요. 그런데 인황님의 치료를 받은 바로 다음 날부터 이 불쾌한 꿈을 단 한 번도 꾼 적이 없습니다.

정말 신기하고 대단하십니다!

또 10월 12일 날에는 정말 좋은 꿈을 꾸었습니다. 꿈에서 누군가가 저에게 말했습니다. “너 그거 알아? 네가 외출했던 사이에 사감님께서 너희 집으로 전화를 두 번이나 하셨어.” 이런 말을 들었고 그 후 어딘가에서 사감님을 알현하였는데, 저를 무척 다정하게 반겨주시고 따뜻하게 감싸주셨습니다.

인황님께 치료를 받기 전에는 꿈에 사감님께서 나오시면, 저를 못 본 척 피하시고 저는 당황하여 어쩔 줄 몰라 했는데, 이번 꿈속에서는 다정하게 반겨주셨고 그동안 내색을 하지 않으시고 이 못난 저를 위해 얼마나 배려해 주시고, 아껴주시었는지 마음속 깊이 느낄 수 있어 정말 너무 감사했고 감동의 눈물이 저절로 나왔어요.

또, 그다음 장면에서는 서울 한강으로 느껴지는 곳에서 인황님의 뒤를 따르고 있는데, 갑자기 인황님께서 강을 보라고 하십니다. 강가 쪽에는 덩치가 꽤 크고 아주 건강해 보이는 거북이들이 한가로이 노닐고 있었습니다.

인황님께서도 흐뭇하신 표정으로 거북이들을 바라보셨고요! 제가 앞으로 저 거북이들처럼 건강한 모습으로 될 것 같다는 예감에 얼마나 감사했고 감동이었는지 모릅니다.

제 안에 이렇게도 많은 귀신들이 함께 숨어 있었는데, 그것을 아시고도 저를 자미국으로 들어올 수 있도록 받아주셨다니 그 어마어마하신 배려에 너무 감사하고 황송해서 몸 둘 바를 모르겠습니다.

귀신들은 인간의 눈에 보이지 않으니 육신과 정신이 미칠 듯이 아픈 것도 팔자라고 생각하다가 결국 자살하게 되는 것 같습니다. 그 악들에게 속수무책으로 당하며 평생을 비참하게 살아갈 뻔한 저에게 자미국 인황님, 사감님과의 알현은 제 인생 최고의 행운이 아닐 수 없으니 살아서나 죽어서나 은혜를 잊지 않고 감사함을 올릴 것입니다.

인황님께서 제 안의 귀신들을 소멸시켜 주신 후, 자미국 의식들의 위대함을 다시 한 번 더 뼈저리게 느끼게 되었는데, 특히 태중아기 천인합체의식은 정말 두 말하면 입 아플 정도로 대단히 중요하다고 생각합니다.

제가 어머니 뱃속에 있을 때부터 귀신들이 침입하여 함께 살아왔다니 너무도 끔찍한 충격이었고 제 인생이 왜 그렇게 비참했는지 알 수 있었어요.

반드시 태중 아기 천인합체의식을 행하여 태초의 하늘님의 크신 보호로 온갖 귀신들의 침입을 막아야 건강하고 정상적으로 살아갈 수 있을 것입니다.

인황님의 치료를 받은 후, 조상님 입천제의식 날, 상봉하였던 1천 년 전 조상님의 사랑도 가슴속 깊이 더욱 뜨겁게 느끼게 되었어요. 제가 어려서부터 힘들어할 때도 항상 저와 함께해 주시었다는 생각이 나서 감격에 겨워 조상님께 기도드리며 엄청 울었습니다.

이런 저를 태어나도록 간절히 기도해 주셨다던 1천 년 전 조상님께서는 어떤 분이신지, 성함은 어떻게 되시는지 궁금해하던 어느 날 밤 "고려 왕 계보"라는 글자가 보이는 놀라운 꿈도 꾸었습니다.

자미국에 들어와 매 순간이 놀라움뿐이네요!

인황님께서는 제가 10년 가까이 복용하였던 갑상선 약을 이미 올봄에 끊도록 엄청난 사랑을 내려주셨고, 돌출되어 늘 건조함을 느끼고 충혈되었던 두 눈이 지금은 너무나 편안합니다. 인황님의 대능력으로 귀신들이 빠져나간 후, 제 몸의 이상 현상들이 몰라보게 정상으로 회복되는 느낌에 너무도 개운하고 마음은 행복하고요!

그리고 저의 어머니께서 위가 수시로 아프다고 힘들어하셨는데, 제가 인황님께 직접 치료를 받은 날 이후로는 아프시다는 말씀을 안 하시더니 병원에 가려고 했는데 이제 안 가도 되겠다고 하시는 겁니다!

그날 인황님께 저의 어머니 증상은 말씀드리지 않았었는데, 이 또한 엄청난 배려와 크신 사랑이심에 얼마나 놀랍고 감동이었는지 모릅니다!

인황님의 대능력은 그 얼마나 대단하시고 무시무시하신지 정말 상상을 불허할 정도인데, 그날의 엄청난 치료 상황을 글로는 다 표현하지 못합니다.

로마 바티칸시티 교황청에서도 귀신으로부터 퇴치시켜 주고 있다고 하지만 이 세상에서 가장 완벽하게 귀신들을 퇴치하실 수 있는 분은 오직 자미국의 인황님뿐이시라고 아주 큰 소리로 외치고 싶을 정도입니다!!

전에 사감님께서 5년 전에 들려주셨던 말씀이 떠올랐어요.

사감님 집무실에서 저에게,

"어디 이렇게 못된 귀신이 이○율이 몸 안에 들어가 있어" 말씀하셨고, 그 후 저는 못난 실수로 인해 2년 반 동안 자미국 출입정지 자격이었거든요.

아…!! 사감님께서는 이미 모두 다 알고 계셨던 것이었어요!! 가끔 꿈속에서 사감님 알현하면 저를 못 본 척 피하셨는데 그 꿈의 의미를 이제 조금 알 것 같습니다. 선함 그 자체이신 사감님께서는 제가 이렇게 못된 귀신들과 함께 있으니 얼마나 답답해하셨을까요?

인황님께서 치료 후에 저를 보시며 "너는 그냥 인간 육신만 지니었지, 완전 귀신 덩어리였구나" 하시는데, 저는 당연히 인정하였지요.

세상에 제가 저의 어머니 뱃속에 있을 때부터 지옥에서 온 귀신들이 함께 있었다니 정말 너무나 기가 막힙니다.

저는 자라오면서 남들과 다른 인생에 늘 죽고 싶은 마음뿐이었는데, 이런 진실을 모른 채 자살하였다면 저는 한 맺힌 귀신이 되고, 억지로 간신히 살아갔다면 결국 잡신을 받아 가짜 하늘의 앞잡이 무당이 되고 말았을 겁니다!

조상님 입천제의식 행한 이후에 제가 꿈을 꾸었는데 제가 무당이 되어 기가 막혀 하시는 모습을 보여주셨거든요!

네, 인정합니다!

제가 인황님, 사감님 알현하지 못하였다면 벌써 죽었거나 무당이 되어 원과 한을 품고 비참한 인생을 살아가겠지요.

인황님께 치료를 받고, 새롭게 태어난 신기한 기분!!

자미국을 나와 동서울터미널에 도착하였는데 참 신기했어요. 길거리의 수많은 사람들, 건물들, 정말 모두가 새롭게 보이는 겁니다!

어제 일요일 밤 10시 넘어 대전 집에 도착하여 지금 이 새벽 시간까지 글을 쓰고 있는데, 전혀 피곤하지 않고 몸도 아주 개운하고 마음도 무척 편안하니 꼭 무릉도원의 세상에 와 있는 것 같네요! 인황님, 최고이십니다!

인황님께서는 이 천지능력은 하늘과 땅께서 주신 대능력이시며, 하늘과 땅께서 이렇게 대단하신 능력을 주시지 않으시면 절대 이루어질 수 없음을 강조하여 말씀해 주셨습니다.

인황님께서 질병치료를 직접 해주시고, 상상초월의 기적을 내려주시어 진심으로 고개 숙여 감사드리오며, 이 은혜는 정말 살아서나 죽어서나 영원히 잊지 않겠습니다!

이 얼마나 큰 영광이옵니까?

인황님께서 손만 대셔도 병이 낫고, 말씀이나 생각만 하셔도 이적과 기적이 바로 일어나는데, 사람들은 병원에 가야 병이 낫는 줄 아네요.

저는 엄청난 행운아임에 항상 감사한 마음 잊지 않으며 인황님, 사감님 두 분께서 내려주시는 귀하신 말씀은 영원한 생명줄임을 한시도 잊지 않을 것입니다!

반드시 천인합체의식할 천공 마련하여 인황님께 심판받도록 더욱 최선을 다하겠사옵니다!

자미국 인황님은 전 세계 최고이심을 오늘 다시 한 번 절실히 알게 되었습니다. 얼마나 대단한 능력을 지니셨는지 뼈저리도록 실감한 날이었습니다.

인황님의 천지능력은 이 세상 어느 누구도 따라갈 자가 없을 것입니다. 인황님의 말씀이 얼마나 귀중한지 제 몸의 질병 치료를 통해서 확인하였습니다.

인황님의 말씀이 곧 세상의 법이시고, 질병이 병마라는 진리를 백번 천번 인정합니다. 제 몸에 손을 대시기 전, 주문만 하시었는데도 제 안의 귀신이 비명을 지르며 괴로워하고 울부짖는 소리가 놀라우면서도 너무도 신기하였습니다. 대단하십니다.

정말 인황님께서는 대단하신 능력과 72억 인류 어느 누구도 감당해 낼 수 없는 무서운 분이라는 것을 더욱 생생하게 체험하였으니 더 이상 무슨 설명이 필요하겠습니까?

너무도 대단하시기에 손만 대셔도 병이 낫고, 말이나 생각만 하셔도 이적과 기적이 일어나시니 인류가 애타게 기다리던 천지대능력자 인황님이십니다.

제 인생의 '기적'이 바로 인황님, 사감님과의 알현이었으며, 두 분께서 내려주시는 말씀은 영원한 생명의 말씀이심을 정말 뼛속 깊이 절감합니다.

잃어버린 하늘 찾아주시고, 잃어버린 조상님 찾아주시고, 또 온갖 병마에서 벗어나도록 상상초월의 사랑 내려주신 인황님, 사감님! 인류에게 희망의 등불이십니다.

상상을 초월하는 이런 엄청난 천지능력을 갖고 계신 인황님과 동시대에 태어나 알현할 수 있다는 것이 최고의 행운입니다. 살아서도 죽어서도 인황님에 대한 감사함은 영원히 잊지 않을 것입니다.

인황님은 인류에게 최고의 희망을 안겨주시는 등불이시자 인류가 애타게 기다리던 인류의 구세주 진인이십니다.

직접 경험해 보지 않고는 믿을 수 없는 일

경주에 조○애 올립니다.

최근에 인황님께서 질병치유에 관해 문자를 보내주셨습니다. 그 당시에 문자를 받을 때, 저는 고정적으로 먹고 있는 약이나 병원에 다니고 있질 않아서 특별히 아픈 곳이 없다고 답장을 보냈었습니다.

그 이후에 곰곰이 생각해 보니 작년부터 뒷목과 왼쪽 어깨가 조금 아픈 것이 생각이 났습니다.

자주 아픈 것은 아니지만 일이 많거나 스트레스를 받으면 근육이 뭉치는 증상입니다. 여유가 있어서 헬스 할 때는 전혀 그런 증상이 없었지만, 바쁠 때는 종종 근육이 뭉쳐서 한의원에 가서 침과 부황으로 풀어주고는 했었습니다.

그런데 최근에 제가 일이 너무 많아서 공휴일과 토요일에도 근무를 하고 있는 상황입니다. 그러다 보니 뒷목과 어깨가 너무 아프기 시작한 것입니다.

그래서 매일 파스를 붙이고 다니는데 혼자 붙이다 보니까 파스가 구겨지고 해서 짜증도 많이 났었습니다.

10월 9일 한글날에도 출근을 하고 컴퓨터를 켰는데 앉자마자 너무 아프기 시작하면서 몸살 기운이 오려는지 너무 춥기 시작하는 것입니다. 그래서 원격치유도 끝났고, 이것 때문에 서울까지 가서 바쁘신데 귀찮게 해드리는 것은 아닌 것 같아서 어떡하지 하고 혼자 고민을 많이 했습니다.

그런데 너무 아파서 염치 불고하고 인황님께 원격치유를 요청하였습니다. 인황님께 제 뒷목과 어깨가 아프고, 피부 트러블이 좀 나서 고생하고 있다고 문자를 드렸습니다.

인황님의 답장을 보는 순간 갑자기 휘청하더니 열이 확 나는 것이 느껴졌습니다. 목이랑 어깨에 손을 대고는 5분 정도 있으려니, 1분이 지나고 나서 바로 안 아픈 것입니다. 너무 놀라서 정신이 멍해지는 순간이었습니다.

직접 경험해 보지 않고는 믿을 수 없는 일이라는 것을 잘 압니다. 저도 다른 분들의 사례를 통해서 대단한 기적이라고 말하고는 있었지만, 제가 직접 경험하고 나니 말로 형용할 수 없을 정도로 대단하심을 실감하였습니다.

어깨와 뒷목이 너무너무 아팠었습니다.

그러나 인황님께 원격치유를 받고 난 다음에는 내가 잘못 알았나 할 정도로 안 아픕니다.

일어서서 걸어보면서 어깨를 돌려보고 목을 이리저리 돌려봐도 아픈 것이 없어지니 정말 살 것 같습니다. 인황님의 천지능력으로 멀리서도 이렇게 아픈 곳을 고쳐주시니, 인황님께서는 정말로 대단하시고 최고이십니다!

저의 영혼도 구원해 주시고, 육신의 아픈 곳도 치유받을 수 있으니 자미국이야말로 생명줄이며 목숨 줄이라는 것을 다시 한 번 절실히 느낍니다.

자미국에 와서 인황님, 사감님 만나서 인생 개벽한 사람들이 너무나 많습니다. 저도 역시 그들 중 하나입니다. 앞으로의 남은 인생도 내려주시는 말씀 잘 행하고 살도록 하겠습니다.

위장 쪽의 갑갑함과 더부룩함이 완전히 치료

존경하옵는 인황님!

대단하신 천지능력으로 이적과 기적을 보여주시는 인황님께 홍○환 알현 드리옵니다.

인황님의 원격 치료 '질병즉멸'의 문자 메시지로 치료한 후, 명치 밑 위장 쪽의 갑갑함과 더부룩함이 완전히 치료되고 지금은 배고플 때도 편안합니다.

그리고 우측 어깨 근육의 통증도 팔을 한 바퀴 돌리면 조금의 통증만이 있을 뿐입니다. 대단하신 인황님의 천지능력으로 질병 치유가 되었습니다.

인황님께 감사를 드립니다. 저는 어릴 때는 떡이나 돼지고기 등을 먹으면 잘 체하였고 그럴 때는 두드러기가 온몸에 발생하여 검은 옷을 입고 짚불 연기를 쏘이고 어머님께서 손으로 배를 주물러 주면 낫곤 했습니다.

이후로 성장하면서 우리나라의 사계절 중 겨울이 가장 싫은 계절이 되었습니다. 해마다 겨울이 되면 온몸이 춥고 손발에 동상이 발생하여 치료를 하였는데 그래도 따뜻한 남쪽 지방에서 살게 되어 다행이었습니다.

만일 중부 이북지방에서 살았다면 긴긴 추운 겨울에는 밖에 나오지 못했을 것입니다. 몸이 냉하니 위와 장도 좋지 않고 소화도 잘 안 되며 배변도 시원찮게 보게 되어 항상 얼굴과 머리 위 뒤쪽으로 여드름 같은 게 생기고 얼굴은 거무스름하면서 핏기 없는 창백함에 피곤하며 기력이 달리는 상태였습니다.

항상 몸과 손발이 차갑다 보니 남과 악수하는 것이 겁이 나고 손 잡는 것을 피하게 되었고 제 몸이 안 좋으니 잘 웃지도 않았습니다.

이러한 생활을 하게 되니 자연히 맛있는 아이스크림과 찬물을 멀리하게 되고 한여름에도 미지근한 물이나 따뜻한 물을 찾아 마시고 음식과 과일도 냉장고에서 나온 것은 잘 먹지 않게 되었습니다.

이런 몸을 좋아지게 하려고 약물, 효소, 변을 좋게 하는 약, 옻나무 엑기스, 마늘액 등을 먹었을 때는 조금 좋아지다가 말고 단식, 기수련, 기치료, 기운이 좋다는 마니산, 명산 등등을 다녀봐도 조금 지나면 몸은 그대로였습니다.

자미국 인황님, 사감님을 알현하지 못했다면 저의 육체가 무엇이 문제인지 무엇 때문에 이런 현상이 나타나는지 전혀 몰랐을 것입니다.

잘 모르는 세상사람들은 유전이라고 바로 인정해 버리겠지만 자미국 인황님, 사감님을 알현하고 조상님 입천제, 천인합체의식하고 난 뒤에는 얼굴의 피부 색깔이 불그스레하고 혈색이 돌아 훤해졌음을 스스로 느끼고 내 또래의 친구나 다른 사람의 얼굴을 비교해 봅니다.

그들과 너무나 많은 나이 차이가 난다는 것이 확실해 보였고 몸과 손발이 많이 따뜻해졌습니다.

어깨의 통증은 제 나이 55세 때 회사에 다니며 작업 시 위로 양팔과 어깨를 많이 쓰고 힘이 드는 작업을 하니 오십견이라는 진단으로 정형외과 주사치료, 한의원 침, 뜸 치료, 액 주입 치료 등을 해서 좋아졌었습니다.

그러나 회사에서 짐을 들고 당기고 올리고 하니 통증이 심하여 회사를 그만두고 쉬고 있어도 낫지를 않았는데 인황님께서 보내주신 원격치료로 통증이 많이 줄고 지금은 팔을 돌리고 올리고 해도 약간의 통증만이 있을 뿐입니다.

인황님, 저의 몸을 낫게 해주셔서 감사드리옵니다. 자미국 인황님, 사감님께 감사의 인사를 올리옵니다. 옥체 강건하시고 편안하십시오.

전화통화해서 말씀드리고 뼈가 빨리 붙어

인황님께서 보살펴주시고 지켜주시어 김○숙이 행복하게 잘 지내고 있습니다. 자미국을 알고 금전의 고통에서 허우적대던 삶이 확 달라져 삶의 질이 향상됐고, 꿈과 목표가 생겼고 희망이 생겼습니다. 세상을 보는 눈이 달라졌고 살아가는 이유가 달라졌습니다.

마음은 늘 평온하며 근심걱정이 사라졌습니다. 마음의 평화와 금전의 고통에서 벗어난 현실이 저에겐 개벽입니다. 이 모든 게 자미국 인황님과 사감님께서 아낌없이 주시는 천지능력과 사랑 덕분입니다.

정말 신기한 인황님의 천지능력에 감사 올립니다.

10월 2일, 제 딸아이가 방에서 넘어져 발등이 금이 가서 병원에 입원했습니다. 인황님께 전화통화해서 말씀드리고 뼈가 빨리 붙어 학교에 갈 수 있고, 일상에 빨리 복귀할 수 있게 해주십사 전화드렸습니다.

그리고 입원 6일째 되는 날, 학원에서 하는 건강검진을 해야 되서 딸아이를 택시 태워서 지정 종합병원에 갔습니다. 큰 병원 온 김에 발뒤꿈치도 아프다고 하니 엑스레이를 한 번 더 찍어보자는 마음으로 정형외과 진료를 받았습니다.

엑스레이 찍고 확인하는데 컴퓨터 줌까지 당겨서 자세히 봐도 금간 곳이 안 보인다는 겁니다. 의사가 엑스레이로 안 나오니 CT를 찍어보자고 하는 걸 안 한다고 나왔습니다.

저는 인황님께 말씀드려서 뼈가 붙었다는 걸 알고 너무 감사하고 인황님의 천지능력에 감탄하였습니다.

아무것도 모르는 딸은 이게 뭐지? 하는 의아한 반응으로 믿을 수 없다는 표정으로 신기해합니다. 도대체 뼈 금간 지 6일도 안 되어 어떻게 붙을 수 있는지요? 현실적으로 불가능한 일이고 있을 수 없는 일이 일어났습니다.

10월 13일 일요일 날 취업이력서 사진 찍어야 된다고 해서 병원 외출하여 집 근처 사진관이 다 계단이라 어찌 갔다 오지 고민하던 차에 남편한테 전화하니 부산 남포동 견적 내려가야 된다고 해서 잘됐구나 하면서 시내까지 편하게 일 보고 왔습니다.

난감해하며 고민하고 있을 땐 잘 풀리는 방향으로 항상 해결해 주십니다. 여러 번 이런 신기한 일들을 현실에서 경험하면서 인황님의 천지능력에 감탄합니다.

어젯밤에는 깁스를 풀고 씻긴 후에 왠지 걸을 수 있겠다는 생각이 들어 힘을 주고 서보라고 했습니다. 처음엔 겁이 나 힘을 못 주더니 괜찮다고 뼈 붙었으면 안 아프다고 조금씩 힘을 줘보라고 하니 힘을 실어서 서는 겁니다.

신기해 어리둥절해하는 딸아이를 보며 인황님의 천지능력으로 너의 뼈가 빨리 붙었다고 말할 수도 없고 전 그냥 웃기만 하였습니다.

인황님의 천지능력에 감탄하면서 있을 수 없는 일에 감탄을 연발했습니다. 서니깐 욕심이 생겨 한 발 걸어보라고 하니 한 발 걷습니다. 아기가 처음 아장아장 조심스레 한 걸음, 한 걸음 걸음마 배우듯이 한 걸음씩 걷더니 거실을 한 바퀴 돌아도 괜찮다고 합니다.

어찌 이럴 수가? 정확히 12일 만에 골절이 다 나아 걸을 수 있답니까? 저 역시 신통방통해서 신기해하고 딸은 더 의아해하며 내 뼈가 잘 붙는 뼈인가 보다 합니다. 눈이 동그래지며 도저히 믿을 수 없다는 듯 신기해하는 딸아이를 보며 저는 마냥 웃기만 하였습니다.

4~6주 깁스를 해야 나을 수 있는 걸 12일도 안 돼 걷게 해주시니 인황님, 정말 대단하십니다. 딸이 16일 집에서 가까운 중형 종합병원 건강검진실에 이력서 내러 병원을 가야 돼서 혼자 어찌 갔다 올까 걱정하고 있었는데 혼자 살살 갔다 올 수 있을 것 같습니다.

큰 병원 취직시켜 주시려고 빨리 걷게 해서 회복시켜 주시는 것 같아 너무나 감사하고 감격스럽습니다.

지금도 인황님의 천지능력에 신기해하며 감격하고 감동받고 놀라워하고 있습니다. 있을 수 없는 기적 같은 일을 만들어주신 인황님께 다시 한 번 더 정중히 감사 올립니다.

이 나라 이 땅에 대단한 자미국이 있어 갈 곳이 있고 인황님이 계시어 마음 든든히 기대고 의지하며 보호받고 행복하게 살아가고 있습니다.

사감님이 계시어 하늘말씀 들을 수 있고 사람답게 살 수 있는 법을 배울 수 있고 인간, 영혼, 조상님, 천지신명님 모두를 소통하게 해주시는 사감님이 계시어 감사합니다.

인황님의 천지능력으로 김○숙이 행복하게 지켜주시어 한 번 더 감사 올립니다. 더 노력해서 하루빨리 천명받들 수 있도록 애쓰겠습니다.

세포를 재생시켜 주시는 천지대능력

9월 27일에는 질병 원격치유에 대한 문자를 인황님께서 보내주셨습니다.

이 문자를 받기 며칠 전 9월 6일 날 2005년에 발생한 중풍으로 종종걸음 밖에 걷지 못했던 유○진 씨를 기적적으로 고치시는 모습을 100여 명의 천인과 백성들이 직접 지켜보면서 정말 대단하시다고 생각했습니다.

저는 문자를 받고 8년 전에 중풍 맞은 유○진 씨만큼 아픈 곳도 없어서 어떻게 답장을 보내드릴까 고민하다가 아픈 곳이 없다면 그건 잘난 척하는 것이라는 생각에 사소한 거라도 말씀 올려야겠다 싶어, 피부트러블과 시력저하를 부끄러움을 무릅쓰고 문자로 올려드렸습니다.

남녀 누구나 서른이 넘으면 피부재생력이 떨어져 피부트러블이 생기면 잘 아물지 않습니다.

저도 거의 1년 넘게 벌겋게 흉터 자국이 지워지지 않고 얼굴 곳곳에 계속 퍼져서 고민이었던 게 사실입니다. 얼굴의 피부트러블은 보통 소화기관의 불량으로 생기는 것이라 알고 있었습니다. 한마디로 스트레스 병이라는 거죠.

하지만 그렇게 문자를 보내고 1주일, 2주일이 지나니 항상 벌겋게 있던 자국이 서서히 그냥 피부색으로 바뀌고 있는 게 아니겠습니까?

그리고 염증이 생겨도 금방 터지고 가라앉는 속도가 예전에 비해 훨씬 빨라졌습니다. 이건 피부세포가 빠르게 재생되는 결과라고 밖에 보이지 않습니다.

자미국에 들어와 모두가 젊어지는 이유가 여기 있었습니다. 병을 치유하시는 능력만으로도 너무나 놀라운데, 세포를 재생하신다니 놀라움을 금할 수 없습니다.

암이나 불치병 등의 질병 자체의 원인이 몸에 들어온 침입자 귀신이나 조상혼령들에 의한 것이 밝혀지니 앞으로 세상에 어떤 무서운 전염병이 창궐해도 자미국의 천인, 백성은 걱정할 것이 없겠습니다.

천지대능력을 갖고 천상 자미천궁에서 이 땅으로 내려오신 인류의 대표, 인류의 심판자, 하늘의 명 대행자님이신 인황님의 무소불위하신 천지대능력은 글이나 말로는 다 표현할 수가 없을 정도로 대단하십니다.

이렇게 대단하신 대능력을 가진 인황님을 세상사람들은 왜 알아보지 못하고 병마의 고통 속에서 병원 치료에만 의지하다가 세상을 떠나가는지 도무지 이해가 안 됩니다.

TV에서 가끔 비서의 부축을 받으며 힘겹게 걷는 S그룹의 L회장님 걸음걸이 모습을 보면서 자미국에 들어오시면 부축받지 않고도 걸을 수 있으실 텐데 하는 아쉬움이 남습니다.

회장님이나 가족, 자녀, 지인, 측근들이 자미국에서 발행한 책을 읽어보고 추천했을 만도 한데 어째서 자미국에 아직도 찾아오시지 않는지 정말 의아합니다.

현대 최첨단의학으로도 고치지 못하는 질병을 천지대능력으로 고치시는 대단하신 인황님을 아직 몰라보고 살아가시는 것도 하늘과 땅, 신, 영, 조상님들에게 지은 죄가 크고 많아서 불러주시지 않는 것일까 하고 혼자 생각해 봅니다.

자미국에는 재벌이나 권력층이라 해도 아무나 들어올 수 없는 대단한 곳이기에 책을 보았어도 하늘과 땅, 신이 뽑아주시지 않으면 그림의 떡일 뿐입니다.

자미국에 들어오고 못 들어오고는 각자의 운명이 박복한 탓일 겁니다. 자미국에 들어오는 것이 인간으로 태어나서 가장 성공하고 출세한 것이고 인생의 최후 승리자입니다.

저도 불필요하게 가입한 건강보험, 암보험도 이제 해지하렵니다. 인황님께서 저희 부모님의 건강까지 챙겨주시어 건강 걱정 없는 화목한 가정 만들어주셔서 감사합니다.

남모르는 부끄러운 병!

서울로 가는 버스!

추우나 더우나 용인 에버랜드에서 출발하는 서울행 광역버스에는 항시 자리가 여유 있습니다. 그러나 차가운 의자에 앉으면 처음에는 모르지만 덜컹거리기도 하고 복잡한 광주 시내를 거쳐서 1시간 30분을 달려서 서울에 도착합니다.

편안하게 앉아 있어도 항시 이리 뒤척 저리 뒤척 남모르는 불편한 좌석. 손을 대면 아랫배가 싸늘합니다. 하복부 냉복통이 있다가 없다가 하였지요.

지금 58세의 주부인데 그동안 처녀 때부터 있던 치질을 남들은 수술도 잘하지만 또 어떤 사람은 치질 수술 후 부작용으로 고생도 한다니 선뜻 수술하기가 쉽지 않아 항시 그대로 지내게 되었습니다.

그러고도 몇 년 전에 산부인과에서 자궁에 물혹이 있다는 진단을 받기도 하였지요.

그러던 중에 남편은 침구원에서 교육받고 뜸과 부항으로 한가한 저녁이면 치료를 해주니 덜하기도 하였지요. 참으로 어떤 때는 아주 시원한 치료를 받은 것 같아도 며칠이 지나면 또 그렇고, 증세는 더하지도 덜하지도 않게 세월은 갔습니다.

차가운데 앉아 있으면 더하고, 명절이나 제사 때 집안에서도 많은 일로 힘이 들면 치질 통증이 더하고, 좀 편안하게 쉬면 덜하니 그야말로 꾀병이지요. 얼굴이나 손발은 멀쩡한데, 속으로 하는 고민의 병 치질!

농사지은 늙은 호박을 달여서 먹어도 보고, 마늘 환도 먹고, 옻순을 따서 삶아서 먹고, 남편은 되도록 양약은 먹지 말자고 하여 양약은 먹지 않으려고 갖은 노력을 하였지요. 당시 남편도 중이염으로 양약을 먹었는데 그때뿐 후유증으로 속이 쓰려서 고생을 너무나 많이 하였으니까요.

하루는 인황님께서 "너는 어디 아픈 데가 없느냐?" 하셨지요.

부끄러워서 말씀을 드릴까 망설였어요. "자궁에 물혹이 있고, 치질도 있어요." 말씀을 드리고, 저도 "치료해 주세요" 하고 말씀 드렸습니다.

"그래 치료 해보자" 하시며,

인황님께서 손을 얹으시고 "암세포는 소멸되고 새로운 세포로 재생하라!" 하시고,"치질은 들어가라" 하시며 "온갖 악귀잡귀들은 다 물러가라" 하시는 주문을 하시며 "어떠냐?" 하시는데, 나도 모르게 계속 눈물이 나왔습니다.

치료 후 집에 와서 잠을 자고 일어나는데 몸이 아주 개운한 것이 너무나 가벼웠습니다.

내가 일어난 건지, 내가 아닌지 착각이 들 정도로 가벼웠습니다. 참으로 신기한 일이구나!

인황님의 천지능력이 이토록 대단하실 줄이야!!

질병 치료 후 17일이 지났는데 지난날을 생각해 보니 인황님께서 치료해 주시기 전의 내 몸이 너무나 무거웠었구나 하는 생각을 하게 되었습니다.

못된 잡귀들이 나를 그렇게 힘들게 하였는데, 이런 병을 병원에서 그 독한 양약으로 고친다면 또 얼마나 속이 쓰리는 큰 병을 얻었을까?

요즈음은 병원에 대한 믿음이 덜하게 되었습니다.

고질병인 냉도 치료해 주시어서 더 이상 흐르지 않고, 아주 개운하며 치질도 너무 좋아져서 아무리 오래 앉아 있어도 불편함이 전혀 없어요.

아랫배도 아프지 않고, 변을 볼 때도 1시간 동안 아주 지겹도록 앉아서 뒷일을 보았는데, 요즈음은 전혀 그런 점이 없습니다. 거울을 보니 얼굴도 뽀얗게 예뻐졌어요.

인황님께서 치료해 주시기 전 후가 너무나 비교가 됩니다.

이제 내 몸이 변화해 가는 과정인가? 정말로 신기하고도 의아해할 때가 있습니다. 인황님의 천지대능력이 이렇게 대단하신가? 참으로 놀라워서 말로는 표현이 부족합니다.

조상님 입천제의식을 올려드렸고, 또한 천인합체의식으로 다시 태어나는 행운을 얻은 저희들에게 육신이 조금이라도 불편하면 아픈 것을 싹 낫게 하여주시는 아주 특별한 특혜를 주시는 거라 하십니다.

인생개벽! 제 인생을 대 개벽시켜 주셨습니다.

인황님의 천지대능력으로 저의 몸이 아주 새롭게, 힘차게 일하게 되었으니, 현실로 다가올지도 모르는 그 어떤 재앙도 전혀 두렵지 않습니다.

이 나라의 모든 환자들이 인황님의 대능력 앞에 굴복하는 그날이 오기를 간절한 마음으로 기다려봅니다.

통증이 사라지는 신기함을 체험

존귀하신 자미국 인황님을 알현 이후 많은 신체적 변화를 체험하게 되었습니다.

눈이 뻑뻑하고 아픈 통증으로 2~3개월 한 번씩 안과 검진받을 때마다 일종의 노환이라 어쩔 수 없다며 그때그때 안약 처방받아 수시로 넣고 지내라는 여러 의사의 말대로 매일 안약 넣는 불편함으로 지낸 5년의 세월.

자미국에서 천인합체의식 이후 어느 날부터인가 뻑뻑함과 아픈 통증이 사라지는 이변으로 안약 넣을 일도 없어 더 이상 안과를 다닐 필요가 없게 되었습니다.

그리고 다른 여성들은 1년에 한 번 다닐까 말까 하는 산부인과를 1개월 한두 번꼴로 다니는데 몸이 조금만 피곤하거나 추운 데 있거나 하면 바로 냉증이 생겨 수시로 산부인과 가서 치료받으면 이것저것 다해도 그때뿐이고 의사하는 얘기가 체질이라 그때그때 치료받는 수밖에 없다 하여 1개월에 한두 번씩 가던 산부인과를 이제는 1년에 한두 번 다닙니다.

인황님의 말씀이나 손에서 나오는 천지원력은 첨단 현대의학이나 과학으로도 검증할 수 없는 인류의 일반 상식이나 상상을 초월하는 신비함의 극치입니다.

대단하신 인황님의 천지능력으로 수많은 체험과 경험을 하게 되었습니다.

몇 주 전 오랜만에 친구를 만나 셋이 음주를 곁들인 저녁식사를 하게 되었는데 식사비를 친구가 자기 동네에 오랜만에 왔으니 자기가 계산한다며 완강하게 나가 난감한 상황에 어쩔 수 없이 제가 식사를 공짜로 얻어먹게 되었습니다.

공짜로 얻어먹은 것이 영 찝찝하여 찻값을 내가 내면 되겠지 하는 생각으로 장소를 옮겨 차를 마시고 찻값을 계산하고 헤어지고 3일 후 셋이 다시 만나 저녁식사를 하는데 이번에 내가 꼭 계산한다며 중간에 계산을 하고 마음 편하게 먹으며 이런저런 얘기로 수다 꽃을 피웠습니다.

그러던 중 다른 한 친구가 오게 되고 2차를 가네, 안 가네 하였고, 난 술 안 좋아하니까 앉았다가만 간다는 생각에 우여곡절 끝에 이끌려 호프집을 가게 되었는데 계산은 다른 친구가 하게 되었습니다.

헤어진 이틀 후 자고 나니 오른쪽 뒷목이 아프고 돌아가지 않으며 눈도 아프고 이상해서 곰곰이 거슬러 생각을 해보니 두 친구끼리 대화 중에 한 친구가 눈이 아프다고 안약을 넣으며 옆 친구한테 말했습니다.

너도 눈이 빨건데 안약을 넣으라고 권하는 것을 듣고 제가 약국용은 함부로 넣으면 안 된다는 말을 들은 것이 기억나 내가 지금 눈이 아픈 것이 뭔가 잘못되었다는 생각에 인황님께 전화 드렸습니다.

이틀 전 친구와 만남에 대한 자초지종의 말씀을 올리니 인황님께서 호통을 치시면서 5분간 눈에 손을 대고 있으라고 말씀해 주시어 인황님께서 가르쳐주신 대로 눈에 손을 대고 하루쯤 지나고 나니 서서히 아픔도 가라앉고, 오른쪽 뒷목이 아파서 돌아가지 않던 것도 서서히 나아지더니 이틀 후 정상으로 돌아오는 신비한 기적을 체험하게 되었습니다.

대천지능력을 갖으신 인황님께 감사드립니다.

그리고 이틀 후 지인 소개로 건축시행 관계자를 구로 사무실에서 두 남자를 만나 분양 관련 대화를 끝마치고 일어나려는데 간단하게 한 잔하면서 좀 더 대화를 나누자며 옆 상가식당에서 막걸리와 감자전 안주를 배달시켜 와 유혹에 넘어가 다시 앉아 얘기를 나누었습니다.

그러다 보니 어느새 세 잔을 받아먹게 되었고 분양 물건 현장 답사 후 이틀 뒤 다시 만나기로 하고 헤어진 이틀 후 다시 사무실에 들어와서 소파에 앉자마자 건축시행 관계자가 또다시 한 잔하면서 대화하자며 이틀 전처럼 막걸리와 안주를 옆 상가에 배달 주문시키는 것이었습니다.

저는 아주 난처한 입장이 되어 차라리 나가서 먹으면 계산하기 좋으련만….

드디어 배달한 음식이 오고 마지못해 한 잔 받아놓고 대화가 오고가는 화기애애한 분위기에 한 모금 마시는데 무척 써서 도저히 먹을 수 없어 들었다 놨다 하다 반잔을 마시고는 대화를 마무리 짓고 나와 친구(이 친구와는 항상 나누어 계산함)를 만나 저녁식사하고 집으로 돌아왔습니다.

다음 날 늦은 밤, 잠자리에 누워 잠을 청하려는데 갑자기 오른쪽 갈비뼈 바로 밑이 뜨끔뜨끔 아픈 통증을 느끼기 시작하였습니다. 아픔은 어느 정도 참겠는데 두려움과 걱정에 겁이 덜컥 나며 불안해졌습니다.

손으로 갈비뼈 밑을 누르면서 오른쪽 갈비뼈 바로 아래는 간이라는데 왜 내 간에 이상이 생겼을까? 술도 안 좋아하고 1년에 몇 번 먹을까 말까 하는데 왜 그럴까? 고민에 잠겨서 잠을 제대로 이룰 수가 없었습니다.

다음 날 인황님께 전화 드려서 갑자기 어젯밤부터 오른쪽 갈비뼈 밑이 간인 것 같은데 점점 아픈 통증이 심해져서 아파 죽겠다고 말씀드리며 이틀 전 분양관계 만남으로 술을 얻어먹게 되었다고 말씀드리니 간암으로 죽은 잡귀신들이 따라 들어왔다고 하시면서 일갈대성으로 호통을 치시고는 곧 나아질 거라 말씀해 주셨습니다.

그날 오후 아픈 통증이 서서히 약해지기 시작하더니 언제 간이 아팠냐는 듯이 통증이 사라지는 신기함을 체험했고 아팠던 곳을 손가락으로 몇 번 꾹꾹 눌러보았지만 아무런 통증이 느껴지지 않았습니다.

작년 3월, 건강보험에서 정기건강검진에 구강진료가 있어 치과 진찰 중 치아관리가 잘되어 이상은 없는데 불필요한 사랑니가 있으니 아래 두 사랑니를 빼라는 권유를 받고 나서 결정을 하고 나왔습니다.

이틀 후로 진료예약하고 치과 건물을 나오려는 찰나에 인황님께서 전화를 주시었습니다.

저의 근황을 물으시며 어디냐 하시기에 치과에 구강검진받으러 왔다가 사랑니 빼라 하여 예약했다고 말씀드리니 인황님께서 아프지도 않은데 뭣 하러 빼려 하느냐면서 안 빼도 된다고 그냥 놔두라고 말씀하셨습니다.

건성으로 “네” 하고는 말씀을 무시하고 이틀 후 사랑니를 빼기 위하여 진료실 의자에 누워 의사 선생님께 입을 벌리면서 발치하고 있는데 이상하게 시간이 길었습니다.

10년 전 사랑니 뺄 때는 쉽게 빨리 빼는데 왜 이리 시간이 많이 걸리고 복잡하지? 입은 벌리고 있어서 묻지도 못하고 생각으로만 이 생각 저 생각하다 보니 진료가 끝났다 하여 정산하는데 복잡하고 시간이 많이 걸린 이유가 기가 막혔습니다.

간호사가 설명하기를 사랑니 빼는 과정에서 입안이 찢어져 꿰매게 되었고, 한쪽 사랑니는 빼다가 부러졌는데 신경이 지나가서 더 이상 뺄 수가 없으니 시간이 지나면 살에 묻혀 괜찮을 거라는 황당한 말을 듣게 되었습니다.

거기다 염증으로 생긴 통증까지 더해져 두 달을 그야말로 사서 개고생했던 적이 있었습니다.

시간이 흘러 뒤늦게 알게 되었죠.

실시간으로 지켜보시며 어디서 무엇을 하고, 어떤 마음을 갖고 있는지 다 아시기에 안 빼도 될 사랑니를 빼려고 하니 지켜주시려고 치과 건물 밖을 나가려는 찰나 인황님께서 전화를 주시어 막아주시려 했던 것이었습니다.

그런데 제가 인황님의 말씀을 건성으로 듣고 무시하며 치과의사 말을 따라 발치하였으니 어처구니없는 황당한 사건이 벌어져 돈 쓰고 쌩 고생을 사서 하는 일이 일어나게 되었지요.

대단하신 인황님의 말씀은 비록 스쳐 지나가는 말씀이라 할지라도 흘려듣거나 하면 거기에 따른 손해와 고통이 따르고 반대로 인황님께서 알려주신 대로 잘 행하면 거기에 맞는 행운이 온다는 것을 여러 번의 체험으로 알게 되었습니다.

인황님의 대단한 천지능력은 어떠한 명약 또는 현대의학의 힘으로 치유될 수 없는 것을 인황님만이 갖고 계신 대단한 천지능력으로 못하시는 것이 없으시고 안 되는 것이 없으신 대천지능력을 가지신 분이십니다.

인류 중에 한 분뿐이신 인황님께 전화통화, 문자, 메일로 말씀만 드려도 아픈 몸도 낫게 되고, 안 풀리던 일도 풀리고, 어떠한 어려움에 처해 있을 때도 신묘한 해결책을 주시어 꼬였던 일도 술술 풀어지게 해주십니다.

대단한 천지능력을 가지신 인류 최고의 인황님!

인황님을 알현하면서 살아갈 수 있어 험한 세상 두려움 없이 삶을 살 수 있습니다. 무척 든든하고 자신감으로 넘치는 삶을 살아가게 해주십니다.

그동안 염치 불고하고 수시로 전화와 문자, 메일로 일이 잘 안 풀려요, 몸이 이래서 불편해요, 여기가 아파요, 저기가 아파요 하고 귀찮게 해드렸습니다.

그때마다 아픈 곳, 불편한 곳이 치유될 수 있게 천지능력으로 해결해 주신 대단하신 인황님께 감사드립니다.

자미국의 천인과 백성의 신분을 얻은 사람들만이 누릴 수 있는 대단한 특혜이자 특권이지요.

수많은 사람들이 사례로 올린 글들을 보면 하늘과 땅, 인황님의 천지능력은 상상초월이고 정말 너무나 대단하시어 입이 다물어지지 않을 정도입니다.

이 글을 읽는 독자들도 인생의 고통과 불행, 질병의 병마에서 벗어나려면 하루빨리 자미국에 들어오시어 인황님을 알현해서 말씀대로 행하여야 합니다.

존귀하신 인황님! 감사함을 평생 갖고 살아가겠습니다.

정○이 올립니다.

제3부

조상님 입천제와 천인합체의식

벌을 받아 10년째 투석을 받고 있다

대순진리회 7년, 증산도 13년, 천도교 1년을 다니다가 자미국에서 발행한 책을 읽고 조상입천제를 행하는 날에 밝혀진 경천동지할 진실이다.

이들 종교를 다니면서 그곳이 최고인 줄 알고 다녔는데 책을 읽고 더 대단한 자미국임을 알아보고 방문하여 상담하고 조상입천제를 행하였다.

10년 동안 매주 3회 피를 빼서 걸러넣는 투석을 받고 있는 57세의 남자. 그동안 굿과 천도재를 많이 해보았지만 왠지 답답하고 몸이 아파서 10년째 투병 중이라 마지막이라 생각하고 자미국을 찾아왔다.

죄를 심판하는 조상입천제를 행하면서 어머니 혼령을 불러서 밝혀진 진실은 참으로 놀라웠다. 투석이란 병마의 원인이 밝혀지는 아주 중요한 순간이었다.

절에도 착실하게 다니는 불자였고 천지신명님께도 기도하던 어머니가 3년 전에 돌아갔는데 어머니가 술 먹고 천지신명님께 기도하며 천지신명이라고 '님' 자를 빼고 친구 부르듯이 했다고 말했다.

어머니의 기도 모습을 지켜보신 천지신명님께서 피가 거꾸로 치솟아 진노하시었고 이로 인해서 10년 동안 피를 걸러넣는 투석을 받게 된 원인이라고 밝히셨다.

죄를 지은 당사자 어머니는 죽고 없어도 어머니가 살아생전 지었던 죄를 자손이 물려받아 무서운 병에 걸렸다는 어마어마한 진실을 알려주시었다.

몸이 많이 아픈 자들은 전생에 무슨 죄를 지어서 큰 병에 걸려서 고생하느냐고 원망어린 말을 하는데 그 진실이 밝혀진 것이다. 부모조상님들이 살아생전 지은 죄로 인하여 자식들이 몹쓸 병에 걸려서 고통받으며 죽음의 날만을 기다리고 있다는 엄청난 진실이다.

부모조상님과 자신들이 지은 죄가 크면 당대에 바로 질병, 금전, 가난, 실직, 파면, 자살, 뇌졸중, 중풍, 심장마비, 돌연사, 교도소, 기업부도, 차사고, 우울증, 이혼, 사기배신, 사건사고를 당하여 가정이 파탄 남을 알았다.

심장이 편안해졌음을 느끼며

대단하신 인황님, 알현하옵니다.

귀하신 시간에 사연 올릴 수 있도록 배려 내려주셔서 황공하옵니다. 글 장자 거창 장씨 시조 조상님 이하 직계좌우 일체 조상님과 밀양 박씨 외가조상님의 입천제를 행하고 기억 속의 느낌을 추려 올립니다.

5년 전에 책을 보고 조상님 입천제의식하기 전에는 심장이 두근거리거나 생각이 12번 변하듯 변덕이 있었으며, 다리가 덜덜 떨리면서 화도 자주 났으며, 열기도 있었고 이곳저곳에 패대기치듯 화풀이도 많이 하며, 거친 삶을 살면서 간간이 심장이 멎을 듯 압박이 전해졌었습니다.

조상님 입천제하고 나서부터 심장이 편안해졌음을 느끼며, 일하면서는 더 편안함을 느끼게 되었습니다.

다리 떨림이 사라지고, 갑자기 심장에 충격도 없어지고, 열기도 가라앉아지며 안정되어졌습니다.

그 당시에는 바로 못 느껴서 몰랐던 것도 시간이 지나면서 알아지고 아주 큰 것을 베풀어주신 것임을 알게 되었으며, 이러한 것이 기적임을 느낌으로 알게 되었습니다.

그 뒤로 두 달도 안 되어 천인합체를 행하고 삶에 변화가 찾아왔습니다.

일하면서 장비를 들 때 힘이 불끈 솟아오른다거나 전기에 감전이 되거나 안전사고를 당해도 경미하며, 실시간으로 보호를 받고 있다는 것을 느낌으로 알게 되었습니다.

육신의 입장으로 보면 아주 놀라운 일이었습니다. 뭔가를 필요로 할 때 우연처럼 필연으로 이뤄지는 기적을 작업 중이거나 일상생활에서 많이 체험하게 되었습니다.

감사죄를 행하고 나서 감싸는 무언가로부터 벗어나 마치 산꼭대기에서 멀리 아래를 보는 기분이 드는 것과 일상생활에서 주변인들로부터 해방감을 느끼며, 일과 주변생활이 잘 풀리며 평화로움을 느끼듯 하면서 생활하게 되었습니다.

자전거를 타고 가면서 멀리서 저기 빨간 불인데, 파란불이었으면 좋겠다고 속으로 말하면 우연인 것처럼 파란불이 되어 지나는 경우가 많이 있었습니다.

이렇게 밀접하게 생활 속에서 많은 보호와 배려를 내려주시며 은혜를 베풀어주셔서 행복하게 살 수 있다는 것을 알게 되었습니다.

그 뒤로 1년의 시간차 속에 천은보사를 행하게 되었습니다.

조상입천제, 천인합체, 감사죄만 봐도 엄청나게 크게 베풀어주신 은혜를 모두 갚을 수 없지만 표현하고 싶다는 생각이 강하게 들었습니다.

천은보사를 행하고 난 뒤에는 지금까지의 삶의 굴레와 족쇄로부터 해방되어 자유인으로 살도록 배려해 주시어 영은 천상에서 육은 지상에서 아주 행복하게 살도록 큰 은혜를 내려주셔서 감동, 감탄, 감격으로 마치 무지개 위를 걷는 것 같은 복을 받아 즐겁게 지내고 있사옵니다.

천은보사의식을 행하고 사는 것은 엄청난 큰 기쁨이면서 갚을 수 없는 아주 어마어마하게 큰 은혜를 받아서 산다는 것은 대영광이면서 무한한 가문의 영광이옵니다. 그 은혜는 살아 있는 동안 육신의 가슴에 깊이 새기고 싶사옵니다.

— 천기 13년 10월 15일, 거제에서 장○신 올립니다.

자미국 만나기 전에는 인생이 뒤집어져

인황님 안녕하세요? 인사드립니다.

저도 자미국 만나기 전에는 인생이 뒤집어짐과 동시에 혈당이 300~600까지 올라가 입이 잘 마르고 물도 많이 마시었으며 일반인들 같으면 당뇨 약을 복용한다고 난리였을 것입니다.

그런데 자미국에서 행해주시는 저의 조상님 입천제의식과 저의 천인합체의식을 비롯하여 가족들 천인합체의식을 행하고 나서부터 현재까지 당뇨 약을 먹지 않고 별 이상 없이 잘 지내고 있습니다.

또 한의원에 오는 척추 환자들 교정을 해주다 보면 제 척추와 골반이 틀어져 가끔 허리와 하지 무릎 발목에 통증이 생기거나 찌릿찌릿할 때도 있고 하지가 무거울 때도 있었지만, 어느 날 자가 교정 방법을 터득하게 해주시어 심해지기 전에 수시로 바로잡아주곤 합니다.

또 그러면서 어느 뼈가 어떻게 틀어지면 어떻게 아프구나 하는 상관관계와 그 해법 요령을 자가 체험을 통하여 이론적일 뿐만 아니라 실제적으로 확실하게 터득하다 보니 임상적 노하우도 그 누구보다도 탁월하게 해주셨습니다.

쌍둥이 2세들 출생 후 지난 한 해 반 동안은 운동도 제대로 못하고 쉴 새가 별로 없어 체력적으로 많이 힘들고 하지의 힘이 많이 무력한 느낌도 받았습니다.

하지만 이제 애기들도 16개월이 지나니 엄마, 아빠 말귀도 좀 알아듣고 기본관리만 잘해 주면 잘 놀고, 잘 먹고, 잘 크게 해주신 덕택에 집에 돌아가면 애기들과 함께하는 시간이 기쁘고 가족 사랑의 귀중함을 더욱더 소중하게 느낍니다.

동시에 태초 하늘께서 맺어주신 육의 핏줄 조상님, 영의 핏줄 하늘님 사랑이 얼마나 소중한 것인가를 더욱 절실하게 알게 해주셨습니다.

더욱이 제 현생의 가족 사랑이 내생에까지 영원토록 이어질 수 있도록 가족 천인합체를 이루어주신 태초 하늘님의 끔찍하신 후손 사랑의 마음을 무엇으로 다할 수 있을런지요!

또 자미국의 인황님과 사감님께서 아니 계셨다면 제가 어찌 잃어버린 태초 하늘님의 사랑을 다시 찾고 받을 수가 있었을런지요!

인황님! 사감님!

애타게 태초 하늘님 사랑의 품속으로 향해가고 싶었던 저의 간절한 소원 현실로 이루질 수 있도록 해주시고 저희 부모 직계좌우 조상님들과 아내의 직계좌우 조상님들 태초 하늘님께 구원받게 조상님 입천제해 주셔서 늘 고맙고 감사합니다!!!

— 2013년 10월 15일 임○진 올리옵니다.

조상님 입천제의식 후 질병이 사라져

조상님 입천제의식 이후에 두통, 가위눌림, 감기, 비염 증상들이 정말 거짓말처럼 싹 사라졌습니다.

자미국의 너무나 대단하신 인황님과 사감님께서는 지금까지 수많은 종교에서 행하지 못했던 경이롭고 신비한 일들을 행하고 계십니다.

귀신들의 출현으로 인하여 우리 일상생활에 일어나는 불가사의한 일들은 너무도 많고 인간의 힘으로는 도저히 이길 수 없지만 자미국이 이 땅에 세워져 인황님, 사감님께서 계시니 두 분을 향한 감사함은 말로는 표현을 할 수 없을 정도이며, 전 세계에서 인황님, 사감님을 능가할 영 능력자는 지금까지도 없었고, 이후의 세상에서도 영원히 없을 것입니다.

저는 인간 육신을 가지고 태어났지만 인간이 아니었나 봅니다.

자미국에 들어와 인황님, 사감님의 하해와도 같으신 사랑으로 내 안에 귀신이 존재하고 있다는 것을 조상님 입천제 의식을 행하고 나서야 인정하게 되었습니다.

2008년도에 자미국 백성으로 재탄생하고 나서 '천기력' 앞에 서서 5배의 예를 올리려는데 갑자기 얼굴이 일그러지더니 입에서는 괴이한 소리가 나오기 시작했습니다.

'천기력'에서 뿜어져 나오는 신비의 황금빛이 너무도 강렬하여 감히 고개를 들 수 없을 정도였고, 그 엄청난 빛에 제 얼굴은 더욱 일그러지며 엄청나게 괴로워하였어요.

빛의 강렬함이 얼마나 대단하던지 몸이 뒤로 넘어지려고 해서 방바닥에 털썩 주저앉았던 기억도 있습니다.

공포 영화 속에서나 보았던 귀신처럼 얼굴이 일그러지자 너무도 무섭고 끔찍했지만, 그것이 진짜 귀신인지, 또 어떤 현상인지 저로서는 알 수 없었지요.

때마침 자미국 천지회에 불러주시어 사감님께서 저에게 하시는 말씀이 "어디 이렇게 못된 귀신이 이○율이 몸 안에 들어가 있어" 하셨어요.

네? 제 몸 안에 귀신이 있다고요? 제 안에 깊숙이 숨어 있던 귀신의 존재를 사감님께서 처음으로 밝히어 주셨는데, 그 순간 공포와 서러움의 감정들이 복받쳐 올라 눈물이 봇물 터지듯 흘러내렸습니다.

아! 나는 어디서부터 잘못된 것일까?

어릴 때 기억 속의 제 모습은 항상 울고 있습니다. 부모님께 혼이 난 후, 방으로 들어가 이불을 뒤집어쓰고 울면서 마음속으로 이런 생각을 합니다.

'도대체 왜 나를 낳았어요?' 시간을 되돌릴 수만 있다면 엄마 뱃속으로 들어가 다시 태어나 새롭게 시작하고 싶다는 생각을 수도 없이 하였어요.

학교에서는 얌전하지만, 집에서 친오빠와 한 번 싸우기 시작하면 제 의지와는 상관없이 힘센 천하장사와 같은 힘이 솟아올라 남자처럼 변하니, 부모님께서도 사람이 아니라 괴물, 외계인이라고 하셨고 너를 아프리카로 보내버린다며 온갖 욕을 퍼부으셨습니다.

그런데 그것은 정말 내 의지와는 상관없이 일어나는 현상인데,

이런 내 마음을 몰라주고 정신병자로 취급하며 가족들도 모두 외면하니 서러움이 몰려와 차라리 죽고 싶단 생각에 매일 우울했고 무기력해서 모든 것에 멍~하니 넋을 놓고 하루하루를 살아갔었습니다.

칭찬은 고래도 춤추게 한다는데, 내가 아무리 못났어도 부모님께 따뜻한 격려의 칭찬을 단 한 번이라도 받으며 자랐다면 용기 내서 더 열심히 할 수 있었을 텐데요.

꾸중을 들을수록 더욱 침울한 성격으로 변해 갔습니다(이런 성격도 귀신이 만든 것 같네요).

여동생은 얼굴도 예쁘고 야무져서 부모님의 사랑을 듬뿍 받았는데 저도 부모님의 사랑을 받고 싶었지만 이미 가족들 사이에서 왕따나 다름없으니 주체할 수 없는 허전함과 텅 빈 마음에 밤하늘의 별을 올려다보며 알 수 없는 그리움의 눈물을 흘리곤 했습니다.

점점 자라면서 내 안에는 분명 다른 존재가 있다는 것이 좀 더 강력히 느껴졌어요. 남자, 노인, 어린아이 등등.

나는 도대체 누구일까? 왜 나는 평범하게 살 수 없을까?

하루하루 숨을 쉬며 살아간다는 것이 고통이자 산지옥이었습니다.

참 신기하게도 그 와중에 제 마음 안에서 어떤 희망의 메시지가 느껴지곤 했습니다.'이건 네가 아니야, 너의 진짜 모습은 이렇지 않아.'

누군가가 제 마음 안에 끊임없이 희망을 심어주는 것이 느껴졌고, 저도 모르게 큰 꿈이 자라나고 있었습니다. 그 신기한 희망마저 느껴지지 않았다면 벌써 자살하여 허공중천을 떠도는 귀신이 되었을 겁니다.

중 · 고교시절부터 대학교 때도 감기, 비염을 달고 살았고, 턱관절, 어깨 통증, 끊임없는 두통, 또 잘 체해서 소화제 또한 늘 손에서 떠나지 않아 한마디로 종합병원이었습니다.

또 갑상선에까지 이상이 왔는데, 목이 부으면서 두 눈이 심하게 돌출되고, 체력은 날이 갈수록 쇠약해져 마치 바람 빠진 풍선처럼 완전히 넋이 빠져 있으니, 제가 제 뺨을 세게 쳐보아도 정신이 들지 않아 공부에 집중을 할 수 없었습니다.

아침에 눈을 뜨면 또다시 두려움과 공포가 마구 몰려오니, 캄캄한 암흑 속에서 길을 잃고 헤맵니다. 몸은 늘 천근만근이 되어 땅속으로 가라앉는 느낌이었고 극심한 두통과 우울증, 정신적 방황은 더욱 심해져 갔지만 이런 현상들이 귀신의 짓이라고는 단 한 번도 생각한 적 없었어요.

그 후, 기적적으로 자미국에서 발행한 책을 읽은 후에 제 안의 조상님의 원과 한이 얼마나 크신지 대성통곡을 하며 알게 되었습니다.

그 후, 인황님께서 원하시어 의식을 행하게 되었는데, 생각도 못했던 1천 년 전 조상님과 상봉을 할 수 있었고 조상님께서는 저의 부모님께 엄청나게 호통을 치셨습니다.

그때 저는 완전히 거지 상태였기 때문에, 사명자도 아니신 부모님께 억지로 책을 권유하였고 인황님께서 윤허하시어 함께 참석할 수 있었습니다(그 당시 인황님, 사감님의 엄청나신 배려가 느껴지는 대목입니다).

지금은 당연히 절대 부모님께 말하고 있지 않고요.

"이 자손은 내가 낳았다!", "너희들 이○율에게 잘해라. 앞으로 이○율이 어떻게 되나 봐라!" 소리치시며 저에게는 너무도 애틋하게 "○율아, 사랑한다." 말씀하시자 주체할 수 없는 눈물이 흘러

내렸습니다.

1천 년 전 조상님의 간절한 기도로 태어났다는 것도 영광인데 저에게 사랑한다고 말씀해 주시자 감격의 눈물이 멈출 줄을 몰랐고, 태어나서 그동안 조상님 몰라보고 알려고도 하지 않았음에 정말 부끄럽고 죄송스러웠습니다.

저의 조상님들께서 천상 자미천궁으로 올라가신 후, 저는 두통, 가위눌림, 감기, 비염 증상들이 정말 싹 사라졌고, 피부까지 엄청 좋아지는 신비한 기적을 안겨주셨습니다!

게다가 올봄에는 10년 가까이 복용하였던 갑상선 약을 완전히 끊게 되었지요!

살아서도 죽어서도 영원히 잊지 못할 너무도 대단한 조상님 입천제 의식으로 신비한 이적과 기적이 일어난 것이지요.

자미국의 인황님과 사감님은 너무나 대단하시고 존귀하신 분들이십니다.

— 대전에서 이○율 올리옵니다.

조상님 입천제의식 이후 술을 안 마십니다

인황님, 알현하옵나이다.

조상님 입천제(입궁식)의식 이전의 저와 제 가족의 삶은 절대로 정상적인 삶을 살 수가 없었습니다. 가족들 간에 보이지 않고 절대로 깨지지 않는 벽이 있었기 때문이었습니다. 그 벽을 깨주신 하늘님께 무한 감사를 올리옵니다.

그 벽이라 함은 하늘 모르고 돌아가신 골치 아픈 제 조상님들 때문인 것을 조상님 입천제의식 때 사감님께서 밝혀내 주시었습니다.

그 조상님들이 후손들 몸에서 보이지 않는다고 이리저리 돌아다니시며 모든 불행의 씨앗을 만들었답니다. 물론 훌륭하신 조상님들도 계시지만 하늘 모르는 골치 아픈 조상님들로 인한 피해는 이만저만이 아닙니다.

천벌은 자손대대로 이어짐을 보여주셨습니다.

조상님 입천제(입궁식)의식 행하기 이전에는 조상님들이 사후세계에서 고통받는 꿈을 간간이 꾸면 그 다음에는 꼭 안 좋은 일이 일어납니다,

1991년에 조상님이 톱으로 다리가 잘리시면서 고통도 초월한 듯이 저를 물끄러미 바라봅니다.

그리고 며칠 후에 제 동생이 자살했습니다.

저는 여기서 느낀 생각은 조상님이 사후세계에서 고통을 받고 계시면 그 후손들은 진정으로 행복해서도 안 되고 행복할 수도 없

으며 행복해 보았자,라는 생각이 듭니다. 천지자연의 이치라 생각합니다.

그 다음은 술로 인한 피해입니다

저희 친가나 외가 모두 엄청나게들 마셔댑니다. 명절날에는 무슨 술 시합이라도 하는 것처럼 말입니다. 조상님 입천제(입궁식)의식 이후 처음 맞이하는 설날 명절입니다.

모두 스스로가 놀랩니다.

술을 거의 안 마시는 것입니다. 저 혼자만이 조상님들께서 입천제(입궁식)의식을 행하여 모두 천상세계로 올라가셨기 때문이란 것을 느낄 수 있었습니다.

제 주변의 지인들도 엄청 마셔댑니다. 번 돈의 80% 이상이 매일 술값으로 지출이 됩니다.

정신적, 경제적, 육체적으로 피해가 막심합니다. 정상적인 삶을 영위하기가 힘이 듭니다. 본인들도 자기가 아닌 다른 사람(조상)이 마신다고 생각합니다.

하루라도 술을 마시지 않으면 허전해하는 사람들이 주위에 많은데 이는 인간들이 먹는 것이 아니라 조상귀신들이 먹는 것이라는 것을 자미국에서 저의 조상님 입천제(입궁식)의식을 통하여 실감나게 확인할 수 있었습니다.

인사불성이 되어 필름이 끊어져 무슨 말을 했는지조차 기억나지 않을 정도로 퍼마시는 것은 자기가 아닌 조상님들로 인한 것이라는 진실을 새롭게 알았습니다.

조상님들이 돌아가야 할 영혼들의 고향인 천상 자미천궁에 오르지 못하여 자손들 몸 안에서 힘든 사후세상을 술로 달래고 있는 것이었습니다.

사람들이 죽으면 육신은 화장하거나 땅에 매장되어 존재 자체가 사라지지만 육신을 떠난 조상님들은 살아생전의 선행과 악행에 대해 심판을 받아 상천세계, 중천세계, 하천세계로 분류된다고 들었습니다.

상천은 천상세계이고 하천은 지옥세계이며 중천은 인간세계라고 합니다. 그런데 죽은 조상님들이 천상세계로 오르지 못하고 중천이나 하천세계에 머물고 있으면 죽어서 고통받는 조상님들의 힘든 기운을 살아 있는 자손들이 똑같이 받아서 인생이 뒤집히고 우환과 질병, 사업실패, 사건사고, 고소고발, 사기배신, 자살, 급살 같은 일들이 일어난다고 하십니다.

사람 몸에 조상들이 함께 살고 있으면 자손들을 깨닫게 하려고 온갖 풍파가 자신들에게 몰아친다는 것을 수많은 고난을 통하여 알 수 있었습니다.

술 주사로 인한 폭언과 폭행은 인간 본래의 모습이 아니라 자기의 당대와 선대조상님들 모습이라는 것을 자미국을 통해서 너무나 생생히 알았습니다.

조상님 입천제(입궁식)의식을 올려드리고부터는 술 마시는 것에 흥미를 잃었고, 저절로 술이 끊어지는 이변이 일어났습니다. 술맛이 없고 술이 전혀 당기지 않습니다.

술 퍼마시고 다음 날 속이 쓰리고 업무에 지장을 주는데도 또다시 해장술을 마셔야 하는 사람들은 술중독이 아니라 조상님들이 마신다는 것을 아시고 어서 빨리 자미국에 들어가서 조상님 입천제(입궁식)의식부터 해드려야 할 것입니다.

자미국은 일반적인 무속이나 불교, 도교, 기독교, 천주교, 민족종교가 아니라 전 세계에 단 하나밖에 없는 하늘과 땅이 함께하는 대단한 자미국입니다.

자미국이라 하니까 뭐하는 곳인지 잘 이해가 되지 않는 사람들도 상당히 많을 것입니다.

우리 인류가 태어나면서부터 종교세계 안에서 애타게 기다리고 찾던 인류의 구세주가 함께하는 무릉도원 세계라는 것을 알았습니다.

우주를 창조하신 진짜 하늘이신 자미천황님도 계시고 신명님, 하나님, 미륵님, 천지신명님, 땅이신 자미인황님께서 모두 함께해 주시는 대단한 세계입니다. 불가능이 없을 정도로 하늘과 땅의 천지능력이 무수히 내리고 있습니다.

이제부터 인간과 영혼, 조상님들은 더 이상 기존에 알려진 종교세계 안에서 허송세월 방황하며 자기들을 구해줄 하늘을 기다릴 필요가 없어졌습니다.

자미국을 찾는 것이야말로 진짜 하늘을 찾는 일이라는 것을 알았습니다. 저 역시 수많은 종교와 무속, 도교세계를 다녀보았지만 성에 차지 않아 많은 실망을 하였습니다.

자미국의 인황님과 사감님은 살아 움직이는 대단하신 하늘이시자 신이십니다. 인류의 종착역이고 구원의 종착역이며 행복의 종착역이라고 봅니다.

종교를 부정하고 종교에서 피해를 본 사람들과 전혀 종교를 믿지 않는 사람들도 자미국에 들어가야만 더 이상의 고통과 불행이 따르지 않을 것입니다.

자미국은 정말 너무나 대단한 곳이며 자미국을 알면 종교세계는 시시해서 가고 싶은 마음이 일어나지 않습니다.

우리 인간과 조상님들의 삶을 천지개벽시켜 주는 전 세계 유일한 곳일 겁니다. 너무나 신비스러운 자미국이기에 종교처럼 아무나 들어올 수 없다고 합니다.

자미국에서 정하는 나름대로의 심사기준이 있고 설혹 조상님 입천제(입궁식)의식을 행하여 자미국의 백성과 천인되었다고 하여도 어떤 결격사유가 발생하면 신분이 박탈될 수도 있다는 것을 알았습니다.

종교처럼 수시로 집회를 하지 않고 백성과 천인들만 1년에 몇 번 불러줄 때만 갈 수 있는 특별한 자미국이지요. 이런 진실은 자미국이 아니면 영원히 풀리지 않는 숙제일 것입니다

저는 조상님 하단 입천제(입궁식)의식을 행하였는데 돈으로 따지면 몇 달치 술값이니 저와 제 가족들과 조상님들은 엄청난 행운아입니다.

절대로 깨지지 않을 그 벽(조상님)을 위대하신 하늘께옵서 사랑으로 구원해 주심에 후손들에게도 행복이라는 희망이 서서히 싹이 틉니다.

그 외에도 보이지 않는 마음의 평화와 인간사 저차원의 삶이 아닌 고차원의 삶을 살아가게 해주십니다.

술, 도박, 폭력, 사기, 거짓말이 아닌 고귀하고 영롱하며 찬란한 삶이 깨달아집니다. 하늘의 위대하신 사랑에 매일 매순간에 감사함으로 살아갑니다.

앞으로 남은 저와 제 가족들의 천인합체의식을 행하여 구원할 아름다운 인생의 목표가 생겼습니다.

제가 어떻게 해서라도 조상님을 천상 자미천궁으로 모셨으니 자손들도 천상 자미천궁 갈 수 있도록 조상님들 보살펴주세요.

저를 자미국으로 인도한 모든 분들에게 영원히 감사합니다.

— 광주광역시에서 박○형 올립니다.

조상님 입천제를 행하고 목숨을 구했습니다

동아일보 광고를 보고 자미국에 입국한 지 6년의 세월이 흘렀습니다. 저는 질병으로 인해 자미국과 인연이 되었습니다. 삶과 죽음의 문턱에서 마지막으로 선택한 곳 자미국.

한 달간 자궁 출혈이 너무 심해서 병원에서도 지혈이 되지 않아 그대로 있었으면 아마 지금쯤 이 세상사람이 아니었을 겁니다. 인황님, 사감님께서는 제 생명의 은인이십니다.

인황님께서 집필하신

자미국에서 발행한 책을 읽고 난 후에 입가에서 자꾸만 '자미국'이라는 말이 계속 맴돌았고, 주위에는 '종'이 없는데 제 귀에는 종소리가 은은하게 들려왔습니다. 꼭 자미국으로 가야만 살 수 있다는 생각이 떠나질 않았습니다.

그 당시 힘이 없어 걸음도 제대로 걷질 못해 안색은 창백하고 가방 하나 제대로 들지 못해 바닥에 질질 끌고 부산역으로 향했습니다. 그렇게 안간힘을 다하여 가다가 너무 아파서 도저히 못 갈 것 같아 인황님께 전화를 드렸습니다.

올 수 있다고 하시었습니다. 그 말씀을 듣고 용기를 내어 부산에서 기차로 서울에 도착하여 자미국의 인황님, 사감님과 알현 후 조상님 입천제의식을 올렸습니다.

입천제의식이 끝나갈 무렵, 천룡 위에 조상님들께서 타고 하늘로 승천하는 영상을 보았습니다. 조상님 입천제 마치고 내려올 때 기적이 일어났습니다. 병원에서도 지혈이 안 되었던 게 조상님 입천제 후 신기하게도 출혈이 뚝 멈추었습니다.

인간의 삶이 다하여 천인의 삶을 살아야 하기 때문에 조상님 입천제의식 후 15일 안에 천인합체의식 행하라는 '천명'을 내려주셨습니다.

천인합체하기 전 꿈에 "아픈 곳을 함께 고하라"라는 음성이 들려왔고, 사감님 모습으로 얼굴만 다르신 분께서 가부좌하신 자세로 "내가 누군지 알겠느냐?" 하시었습니다.

"네" 하고 답변을 드렸고 천상천감님(기독교에서 말하는 하나님)이시라는 느낌이 들었습니다. 꿈을 꾸고 나서 천인합체의식을 행했습니다.

천인합체의식 때 인황님께서 심장, 폐질환 등 질병을 하늘에 고하여 주셨습니다. 천인합체 후 몸에 생기가 돌고 가래가 많이 나왔던 게 전혀 나오지 않고, 질병이 사라져 주위 사람들이 피부가 깨끗해졌다며 화장품 좋은 것 쓰느냐고 하였습니다.

자미국에 입국하여 지금까지 위급할 때 알려주시고 실시간으로 보호해 주시고, 꿈으로 메시지 주시며 병원에서 치료가 안 되는 질병이 치유되고 자미국은 대단한 그 자체입니다.

자미국과 인연이 되어서 인황님, 사감님 알현할 수 있다는 것 자체만으로도 영광 중에 영광이라고 생각하며 항상 인황님, 사감님 말씀을 목숨 줄처럼 따르고 행하면서 이 은혜 영원토록 잊지 않겠습니다.

— 부산에서 손○희 올립니다.

천인되어 자미천궁으로 입궁

1951년 가난한 시골 농부인 부모님 육신을 통해 하늘께서 지구의 인간으로 태어나게 해주셨다는 태초의 진실을 알게 해주신 인류의 대표이고 자미국을 세우신 인황님과 하늘의 말씀을 전하시는 사감님께 감사의 인사 올립니다.

저의 육신과 생령이 60년 동안 함께 하면서 순리대로 살아온 인생사를 잠깐 뒤돌아보고 자미국을 만나 입천제(천상입궁)의식과 천인합체의식을 행하면서 하늘이 전해주시는 생생한 진실을 말씀드리겠습니다.

초등학교 6학년 때 온 가족이 몇 년 동안 함께 하천을 일구어서 만든 생계 수단인 농지가 태풍과 비로 하루아침에 하천으로 변하는 것을 보고 어린 마음에 눈물이 나서 얼마나 울었던지 모르겠습니다.

이로 인한 피해로 하루아침에 생활 터전이 없어지므로 중학교에 입학도 못 하여 보고 온 가족은 생계를 위해 소작농을 할 수 있는 타향으로 이사를 갔습니다.

같은 또래 아이들은 중학교에 다니면서 열심히 공부를 하고 친구들과 산과 들로 즐겁게 뛰어놀고 있을 때, 나는 부모님 밑에서 농사일을 도우며 밥을 짓고 소죽을 끓일 땔감 마련을 위해 산을 헤매었습니다.

몇 년 후 친척들을 보기 위해 고향에 갔다가 우연히 길거리에서

초등학교 소꿉친구 만나 대화하다 보니 좋은 고등학교에 시험 합격하여 다니게 되었다고 싱글벙글 자랑하는데 나는 기가 죽어 자랑은커녕 대화할 내용이 없었습니다.

하지만 나같이 생활이 어려운 환경에 있는 사람도 공부할 수 있는 길이 있는지 물어본즉 주경야독하여 검정고시 합격하고 고등학교에 입학하여 장학금을 받으면 가능하다고 친구가 일러주었습니다.

고향을 다녀온 후 부모님께 주경야독하여 학교에 다니는 길이 앞으로 나의 살길이라고 말씀드리니 부모는 공부시킬 능력이 안 되니 네가 알아서 하라고 승낙하시었습니다.

중학교 검정고시 시험을 보기 위해 통신강의록을 신청하고 낮에는 부모님 농사일을 도우며 저녁에 밤늦게까지 책과 씨름을 한 결과 고등학교에 입학할 자격을 얻어 친구들처럼 인류 고등학교에 못 가지만 좀 못한 고등학교에 입학하여 3년 동안 장학금을 받으면서 공부를 하였으며, 졸업과 동시에 군입대하여 복무를 무사히 마치고 제대하였습니다.

앞으로 공무원 시험에 합격하여 국민의 심부름꾼으로 봉사하고 살아갈 계획을 세우고, 독서실에서 일을 도우며 열심히 노력한 결과, 공무원 시험에 합격하여 세무 공직생활 34년 4개월을 아무 탈 없이 무사히 마치고 퇴직하였습니다.

가난한 농부의 아들로 태어나 가난하여 좋은 환경에 정상적으로 공부하지 못하고 어렵게 공부를 하면서도 누구를 원망하지 아니하고 세무공무원 시험에 합격하여 공직에 근무하는 자체가 감사할 따름입니다.

그리고 공무원 생활하는 동안 공무원 신분을 망각하지 않고 정직하게 살아야 하며 자녀에게 부끄러운 부모가 되어서는 아니 된다는 모토로 생활하다 보니 가정에서는 넉넉지 못한 생활비에 어린아이를 키우면서 부업하는 처를 보면서 미안한 마음 이루 말할 수 없습니다.

그리고 공직생활을 하면서 종교에는 별 관심이 없고 주말에는 건강한 몸, 건강한 마음 또한 정신적 건강 수양을 위해서 건강기체조, 몸 살림 운동, 몸과 마음의 건강을 위한 선 수련 등을 계속하여 왔습니다.

2009년 4월 토요일.

선 수련하러 갔다가 수련원장이 보고 있는 책의 제목이 눈에 얼른 들어오면서 가슴이 따뜻해졌습니다.

저 책을 꼭 사서 보겠다는 생각이 들어 이틀 후 월요일 퇴근 때 영풍문고에서 책을 구입하여 읽고 또 읽고 난 후에 자미국에 전화를 걸어 상담날짜를 잡고 사감님, 인황님과 상담 후에 조상님 입천제(천상입궁)의식하기로 약속하였습니다.

공무원 박봉에 처에게 저축할 돈이 별로 없는 것을 알면서 조상님을 천상에 입천(입궁)시키는 것이 나의 마지막이자 퇴직하기 전에 평생 소원이라고 애원하듯이 몇 번 설득하여 조공을 입금시킬 수 있었습니다.

2009년 6월 15일에 드디어 날짜 예약받아 조상님 입천제(천상입궁)의식을 거행하였으며 그렇게 만나고 싶었던 육신의 뿌리인 조상님을 상봉하였다는 것 자체가 어디에서 들어보지도 못했고 대한민국 서울 자미국에서 일어나고 있다는 것이 너무나 감동과 환희 그 자체였습니다.

조상님의 소원이 무엇인지 알게 해주었고 의식절차를 모두 마치면서 하늘의 절대자이신 태상천존 자미천황님께서 생령(저의 영혼)의 소원인 천입합제의식 윤허를 내려주시니 하늘로 날아갈 것 같았습니다.

육신의 뿌리인 조상님을 천상 자미천궁으로 입궁시켜 드린 이후 가정에는 큰 변화가 있었습니다.

큰 아들이 친구의 소개로 좋은 배필을 만나 10월에 결혼을 하게 되었으며, 다음 해 전 직장보다 더 좋은 KT연구원으로 이직하여 잘 근무하고 있습니다. 작은 아들도 다음 해 로스쿨에 합격하여 현재 3학년을 맞이하여 변호사 고시를 앞두고 공부에 전념하고 있습니다.

34년간 다니던 세무서 퇴직을 앞두고 아주 좋은 위치에 있는 임차 사무실이 나와 바로 계약을 하지 않으면 다른 사람과 계약을 하겠다고 하니 다시 없는 기회를 놓칠 수 없어 계약을 한 후 보름 후 개업식을 하였습니다.

저의 세무 사업은 양수하고자 하는 수요는 많고 세무사가 사망 또는 건강상 사유가 아니면 거래처 양도가 거의 없는 현실 속에 개업 후 2개월쯤 주위에 알고 있는 세무사가 갑작스럽게 사망을 하였습니다.

많은 세무사가 사업 양수하기 위하여 경쟁이 치열했지만 앞 순위로 양수할 천재일우의 기회가 왔는데, 대출하여 양수하는 것이 어쩔 수 없는 순리인데 사업양수를 먼저 하면 천인합체의식을 바로 할 수 없고 지연될 수밖에 없었습니다.

하지만 자미국을 멀리하지 아니하고 순리에 어긋난 행동을 하지 않으면 나의 생령이 육신과 60년을 같이하였는데 적극적으로 반대하지 않으리라 마음속으로 생각하고 사업을 양수하는 결단을 내렸습니다.

생활비를 제외한 이익금은 나와 가족의 소원인 천인합체의식 천공(비용)을 마련하는 주춧돌을 마련하였습니다.

사업을 양수하지 못하고 개업한 분들은 경기침체로 결손으로 사업을 포기하는 분이 속출하고 있지만 저는 그동안 영업이익으로 늦게나마 2013년 8월 6일에 천인합체의식을 행할 수 있도록 윤허해 주신 태초의 하늘 태상천존 자미천황님 그리고 천상선감님, 천상천감님, 천상도감님, 자미인황님, 인황님, 사감님께 감사드립니다.

천인합체의식 행사가 2013년 8월 6일 오후 2시로 예정되어 있어 1시 30분까지 자미국으로 가는데 낮인데 불구하고 시커먼 구름이 하늘을 덮어 밤과 같이 캄캄하고 천둥을 치며 비가 내리고 있었습니다.

천인합체의식 행사를 미루어 하늘이 분노하시는 것이 아닌지 큰 걱정을 하면서 자미국에 도착하여 사감님과 인황님을 뵙고 의식 행사가 시작될 즈음에는 하늘이 맑아지고 햇빛이 쬐어서 다행이었습니다.

천인합체의식 행사가 시작되고, 인황님이 사감님의 육신으로 나의 생령을 불러들이고, 사감님을 통한 나의 생령이 천인합체의식을 늦게 하게 된 사실에 대하여 시원스럽게 답변 못하고 있는 육신에 큰 분노를 할 것으로 생각하였습니다.

그런데 생령이 육신과 바로 헤어짐이 아쉬워 4년 동안 기다렸다는 사실과 오늘 천인이 되어 자미천궁으로 입궁하고 하늘의 ○○천인이 임무 교대하여 나의 육신과 같이한다고 생령의 진실을 말씀해 주시는 영광된 의식을 행했습니다.

대단한 자미국이 아니면 어디서 볼 수 있겠습니까.

또한 앞으로는 공무원 34년 경력과 실력을 고객에게 경청하고 설명하여 적극적으로 노력하다 보면 하는 사업이 크게 번창하고 모든 것이 잘될 것이라고 말씀하였습니다.

하늘의 명 대행자님이신 인황님이 계셔서 생령을 불러올 수 있고 마음속 깊은 곳에 자리하고 있는 생령의 실체를 말씀해 주시는 사감님이 계시니 위대하고 대단한 자미국입니다.

산 사람의 몸 안에 있는 생령(영혼)을 불러내어 대화를 나눌 수 있다는 것은 인류 역사상 최초일 것입니다.

전 세계에서 생령을 부를 수 있는 분은 인황님 한 분뿐이시고, 생령의 말을 전해줄 수 있는 분 역시 사감님 한 분 뿐이라고 하십니다. 자기 생령을 만나보면 상상을 초월하는 신비함 그 자체이며 놀라운 진실을 알게 됩니다.

육신의 뿌리인 조상님의 소원과 마음속 깊이 자리 잡고 있는 생령(나의 영혼)의 실체를 알고 싶고, 행복한 가정을 이루고 완성된 삶을 원하시는 분들께서는 더 이상 기수련이나 명상 수련, 종교세계 그만 다니시고 책을 읽어보시기 바랍니다.

이 책을 읽어보시고 자미국으로 상담날짜를 예약 후 방문하시어, 인황님과 사감님을 만나보시기 바랍니다. 인생이 천지개벽할 수 있는 유일한 길입니다.

— 서울 상계동 박○숙 올립니다.

인황님의 말씀대로 의식을 행하지 않으면

시댁 조상님 입천제의식, 남편 천인합체 이뤄주심에 감사드립니다.

인황님, 사감님 안녕하세요.

인황님, 2013년 10월 2일 저의 남편 시가, 시외가 조상님들 모두 입천제의식해 주신 후 바로 하단 벼슬까지 하사해 주시고 남편 천인합체도 현실로 이루어주심에 편안하고 행복한 마음으로 마음 깊이 감사드립니다.

사감님께서는 코가 막혀서 숨쉬기도 힘드신 어려운 상태이셨는데도 남편 천인합체 이루어주시느라 장시간 힘드신 걸 참아내시면서 ○○천인으로 천인합체 이루어주시느라 애써주셨음에 더욱 감사드립니다.

제가 미련하고 어리석어 경제적인 부담감으로 근심걱정이 날로 커지면서 천명을 실천할 생각은 미루면서 자꾸 회피하고만 싶었습니다.

결혼하면 바로 시댁 조상님들 입천제의식과 남편 천인합체를 하라고 천명을 주셨는데도 서둘러 해야 하는 것은 하지 않고 절에 가지 말라는 말씀도 어기고 절에 다녀왔습니다.

인황의 말씀을 어기고 제 고집대로 행동하면서 긴 시간 동안 심신의 고통은 물론 남편과의 신뢰도 깨어지고 가만히 앉아서 상상도 못 할 엄청난 금전손실을 겪게 되면서 제 삶에 크고 작은 위기가 함께 찾아왔습니다.

고통을 겪고 나서야 깨닫게 되고 뒤늦은 후회를 하면서 인황님의 말씀대로 의식을 행하지 않으면 엄청난 손해를 보게 됨을 몸소 체험했습니다. 남편이 카지노에서 몇 달 만에 8천만 원을 잃고 빚까지 졌습니다.

지금도 빚이 많아서 감당하기 버거운 상태인데도 또 빚을 내어 시댁 조상님들과 남편 천인합체의식을 행하기로 많은 고민 끝에 어렵게 결정했습니다. 남편이나 시댁, 친정 식구들 모르게 원금과 이자를 갚을 생각하면 여전히 겁도 많이 나고 마음이 너무 답답했습니다.

빚 걱정으로 하나에만 몰두하면 다른 많은 것을 알지 못하고 내려주시는 복도 받을 수 없다고 하시면서 빚이야 언젠가는 살면서 갚을 날도 올 것이라는 말씀을 듣고 의식을 끝내고 나서는 더 이상 두렵거나 답답하지 않고 꼭 했어야 할 일을 이제라도 했다는 것이 편안하고 속이 후련합니다.

의식 후에 하늘이 맺어주신 남편을 만나 결혼하고 남편이 도박에 빠져 많은 금전을 허공에 날리면서 그런 남편에게 실망하고 서로에 대한 믿음도 깨지면서 몸도 맘도 너무 고통스럽고 힘들어하며 고민하던 많은 시간들이었습니다.

사감님 말씀대로 남편에겐 예쁜 것만, 좋은 것만 함께 나누라는 말씀을 듣고 속상함과 노여움을 애써 참아가며 남편을 다독이고 오늘에서야 남편을 ㅇㅇ천인으로 천인합체를 현실로 이루기까지 일련의 과정들이 '우연을 가장한 필연'이라고 말씀해 주신 것과 "곧 해주시는 말씀이 법이 된다"는 말씀을 뒤늦게 실감하게 되는 순간이었습니다.

사랑이란 것이 말로만 이루어지는 것이 아니고 눈으로 볼 수 없는 것이기에 믿음이나 사랑 또한 어떤 근거가 있어야 믿을 수 있으며 현실로 보여주어야 가능하다고 하십니다.

제가 자미국과 인연을 맺고 천인이 되었기에 제가 잘못을 했어도 그것을 승화시켜 제가 행복하게 잘 살아갈 수 있도록 보듬어주신다고 합니다. 사람을 미워하는 것은 그 사람과 영원할 것이라고 생각하기 때문이며 불행과 행복 또한 인간이 만들어내는 것이라고 합니다.

하루 수많은 시간 동안 모든 근심걱정은 다음 날로 미루고 또 미루고 오늘은 행복만 추려서 앞으로도 하루하루 행복하게만 살라고 하십니다.

○○○○천인으로 태어나서 누릴 수 있는 특권을 누리라고 하십니다. 사람이 복잡한 세상을 살아가면서 한 가지만 아는 것은 무식한 것처럼 하늘만 찾는 것 또한 무식한 일이며 잘못이라고 말씀하셨습니다.

남편이 세상만사 제쳐두고 저만 평생 찾는다면 얼마나 무식하고 답답한 일이겠냐고 비유해 주시면서 회사에서나 가정에서나 제 위치에 맞는 역할을 해야 한다고 하십니다.

하늘은 너무 높고 멀기에 하늘을 몰라봐도 제가 더럽고 지저분해서 아니라 단지 보이지 않기 때문일 거라고 그렇게 너그러이 이해하려고 하신답니다.

힘들거나 소원을 빌 때도 높으신 하늘께 직접 말씀드리는 것이 아니라 제 조상님들이나 시댁조상님들께 기도하라고 일러주셨습니다. 기도를 누구한테 어떻게 해야 하는지도 몰랐던 제게 인황님께서 물어봐주시고 사감님께서 중요한 말씀을 자세하게 전달해

주셨기에 전 앞으로 저의 조상님과 시댁조상님들께 경우에 맞게 기도를 올리겠습니다.

제 남편을 좋은 인연으로 맺어주심은 저를 힘들게 하기 위함이 아니라 남편을 통해서 내려주시는 복도 받고 잘못했을 땐 남편을 통해서 고통을 알게 해주셨던 것처럼 제가 남편으로 인해 행복할 수 있게 해주신다고 하십니다.

그렇기에 사명자인 제가 잘해야 한다고 하십니다.

제가 말씀을 어기고 절에 가는 등 잘못을 했어도 자미국과 인연을 맺고 천인(天人)이 되었기에 잘못한 것까지도 승화시켜 주시면서 잘될 수 있도록 보살펴주신다고 하시는 말씀에 다시 한 번 감동입니다.

남편의 관명을 ㅇㅇ천인으로 내려주셨는데 뿌리 깊은 나무가 되려면 햇살도 필요하고 단비도 필요하고 그 이외 많은 것이 필요하듯이 더운 날 오는 단비가 아니라 여러 가지 제가 필요한 모든 것을 주는 역할을 해주기에 단비라고 합니다.

대단하신 말씀에 너무 행복하고 감동의 순간입니다.

하늘님께서도 오늘 함께하신 분께서도 조상님들께서도 남편을 통해 제게 사랑과 고통을 주시기 때문에 하늘과 땅, 조상님께서 모두 이뤄주신 ㅇㅇ천인이라고 합니다.

뿌리의 역할이 중요하기 때문에 저로 인해 남편이 좋아질 수도 나빠질 수도 있다고 합니다.

거액의 빚에 대한 근심걱정 해결방법 및 시어머니한테 사랑받으며 남편에게도 사랑받고 행복한 가정 꾸려가며 살아갈 수 있는 비법도 알려주시고, 상대방의 마음을 먼저 알려 하지 말고 내 마음을 먼저 상대에게 표현하고 말하면서 내 스스로 내 삶의 주인답게 살라고 하십니다.

상대의 마음을 중요시하는 것은 그 상대를 주인공으로 만드는 것이라 합니다.

가정에서나 직장에서나 모든 사회생활을 하면서 제 마음을 먼저 표현하며 제가 제 인생의 주인공처럼 살라고 대단한 삶의 비법도 말씀해 주셨습니다.

남편도 ○○천인으로 만들어주시고 남편을 통해 내려주시는 복을 많이 받으며 행복하게 잘 살아보라고 하셨습니다.

남편에게 잘하고 남편을 행복하게 함으로 제 삶은 더 행복할 수 있다고 하십니다.

이젠 편안한 마음으로 아기도 가지라고 하십니다.

아기를 갖고 싶어도 마음처럼 안되는 것이기도 한데 저에게 큰 선물을 주심에 가슴이 벅차오르며 너무 다행이란 생각이 듭니다. 새로운 생명도 예쁘고 멋지게 키우라고 하십니다. 사랑도 먼저 주라고 하십니다.

사랑도 받으려면 참을 줄도 알고 받을 준비도 되어 있어야 한다고 하십니다. 그동안 몸도 계속 아프고 맘도 편치가 않아 2세를 가질 엄두도 내지 못했습니다.

이젠 편안해진 마음으로 아기도 갖고 아팠던 몸도 그로 인해 자연 치유될 수 있도록 가르쳐주신 대로 노력하겠습니다.

남편과의 사랑, 자식에게 느끼는 사랑, 부모님과 조상님들께 느끼는 사랑이 모두 다르다고 하시면서 이젠 자식 낳고 기르면서 소중한 사랑도 느껴보라 하십니다.

제가 너무 듣고 싶었고 소원했던 말씀을 듣는 순간 정말 너무 감사하고 행복했습니다.

의식하기 전에 두려움과 궁금함으로 경직되었던 제 마음이 따뜻하게 말씀해 주시고 많은 사랑으로 알려주셨음에 제 마음도 편안하고 행복합니다.

대단하신 인황님, 사감님 다시 한 번 더 고개 숙여 깊이 감사드립니다. 의식하면서 해주신 소중한 말씀들 잘 기억하고 실천하며 그렇게 행복하게 살겠습니다.

— 인천에서 이○영 올립니다.

천인합체의식을 행한 뒤에 질병에서 벗어나

조상님 입천제 날에 하늘의 크신 사랑으로 천인합체의 천명을 받고 50여 일 만에 천공을 마련하여 귀한 의식을 행할 수 있는 영광을 받았습니다.

천인합체 후에 저에게 많은 놀라운 일들이 있었지만 오늘은 질병에 관련된 주제로 말씀드리고자 합니다.

저는 어릴 적부터 고질적인 질병이나 큰 사고 없이 무탈하게 자라온 편이었습니다.

다만 팔에 아토피가 약하게 있어서 건조할 때마다 고생을 한 거 외에는 병원에 간 적이 별로 없었습니다. 성인이 되고 스트레스성 위장장애가 생겨서, 특히 시험기간에는 너무 예민해진 탓인지 상태가 심해져 약을 먹고 버티곤 했습니다.

제 천인합체의식 당일에 사감님 집무실에서 대화하던 중이었습니다. 사감님께서 제단에 음식을 쌓는 일은 하시지 않는데 제 천인합체의식 전날에 과자를 직접 쌓으셨다고 하셨습니다. 갑자기 과자가 쌓고 싶으셔서 과자를 쌓고 계셨는데 위가 너무 아프셨다고 하셨습니다.

그 당시 제가 평소에 밥을 잘 먹지 않고 과자나 쿠키만 주로 먹는 편이었는데 그것이 그대로 사감님께 전해진 것입니다. 물론 저는 저의 식습관이나 위가 아프다고 말한 적이 없어서 그렇게 사감님께서 저에 대해 알아주신 것이 너무나 신기하고 놀라웠습니다. 사감님께서는 의식 당일이 다가오면 주인공에 대한 것들이 떠오르신다고 하십니다.

그때서야 저는 저의 식습관과 위장장애에 대해서 자세하게 말씀드렸고, 의식 후반에 저 위 아픈 것도 앞으로는 안 아프게 해주신다고 하셨습니다.

그 이후로 저는 지금까지 위장장애로 병원에 간 적이 한 번도 없습니다. 가끔 급체해서 한의원에 간 것을 제외하고는 편안한 상태로 지금껏 지내고 있습니다.

또 그 당시에 머릿결이 너무 약하고 가늘고, 정수리 쪽에 머리숱이 줄어들어서 혼자 고민을 하고 있었습니다. 그런데 천인합체 후에 머리숱도 많아지고 머릿결도 건강해져서 의식 전과 후가 확연히 차이가 날 정도로 변화를 보였습니다.

역시 지금까지도 머리카락 걱정은 한 번도 한 적 없이 살고 있습니다.

— 경주에서 2013년 10월 9일 조○애 올립니다.

천은보사의식을 올리고 딸에게 기적이 일어나

자미국을 알기 전 도판에 25년 다녔는데 언제부터였는지는 생각이 나지 않지만 항상 신경이 예민하고 불면증에 시달렸으며 삶의 의욕도 별로 없고 희망도 없었던 차.

2009년 5월 25일쯤 경향신문 전면광고에 난 책을 읽고 자미국 방문하여 상담 후 2009년 6월 6일에 조상님 벼슬입천제를 올리게 되었습니다.

조상님 입천제를 하루 동안 했을 뿐인데 바로 삶의 의욕이 생기고 희망이 넘치며 몸도 마음도 날아갈 듯 가볍고 기쁨이 넘쳐서 신기함과 흥분 그 자체였습니다.

그리고 그날 밤은 잠도 잘 잤으며 불면증이 있었던가 했을 정도였고 기분이 얼마나 좋았는지 경험을 해보지 못한 사람들은 이해가 안 가겠지요?

내가 약사 신분으로 아무리 약을 조제해서 먹어도 그때뿐이었기에 의학으로는 안 된다는 것을 알았지요.

불면증의 근본 원인은 어디에 있을까요? 자미국 의식을 통해서만이 그 진실이 밝혀지는 위대한 조상님 입천제를 올렸으니 하늘의 사랑을 받은 거지요.

삶의 희망이 보이고 죽음에 대해서도 걱정이 없어지고 신바람이 절로 나오니 이 모습이 인생의 천지개벽이고 기적과 이적이 아니겠습니까?

그때 나의 나이가 61세로 할머니 같던 모습이었는데 지금은 66세인데 나이가 먹을수록 50대 중반으로 보이니 이 모습 또한 이적이고 기적인 것이지요?

그리고 1년 전 딸이 영국으로부터 한국에 들어와서 종합검진을 받았을 때는 별 이상이 없었지만 한국에서 1년 살면서 가슴이 많이 아프고 마르고 해서 병원에 갔더니 가슴은 별 이상이 없다고 했습니다.

하지만 딸은 가슴에 통증이 계속 있었고 검진결과 자궁의 조직이 괴사가 일어났는데 암은 아닐 것 같고 바이러스나 박테리아 균일 것 같다고 하며 의사가 15일 후에 다시 재검진을 받으라고 딸에게 말하니까 딸은 놀라면서 울고불고 난리 치며 너무나 힘들어했습니다.

하늘께서 내려주신 은혜에 보답하는 천은보사의식이므로 나의 가정에 너무나 넘치는 사랑을 음으로 양으로 많이 내려주셨기에 의식을 하게 되었습니다.

올 2013년 9월 8일 천은보사의식을 올리게 되었으며 내용은 모두 밝힐 수 없지만 의식하고 난 후 딸의 가슴 통증도 없어졌으며 15일 후에 병원에 가서 재검사를 해보니 자궁이 깨끗해졌다는 진단이 나왔습니다.

딸이 너무나 좋아하는 보습을 보면서 참으로 자미국에서 행해지는 모든 의식들이 너무나 대단하고 어디에서도 있을 수 없는 상상초월의 일들이 실시간 일어나고 있음에 감동이며 환희의 연속임을 알게 해주셨습니다.

자미국을 세워주시고 모든 인류의 대표이시며 능력자이신 인황님! 보이지 않는 하늘세계, 조상님세계, 영의 세계, 신의 세계를 소통하시는 오직 한 분뿐이신 위대한 사감님!

자미국에서 두 분이 함께해 주시니 저희들 천인과 백성들은 영광 중에 영광이옵니다.

인간이 잘난 척하면서 병원에 가서 수술을 하고 별짓을 다 해도 소용이 없음을 증명해 주신 의식입니다.

약도 먹지 않았으며 자미국에서 천은보사의식을 올린 후에 병원에 가서 재검진을 받았을 뿐이었습니다. 참으로 너무나 신기하기만 합니다.

병원에 가서 검사를 해보는 것은 하되 수술하기 전이나 약을 쓰기 전에 자미국에서 행해지고 있는 첫 번째 단계인 조상님 입천제를 먼저 해봐야 합니다.

왜 그런지 진실의 말씀을 들어보고 그대로 행하면 된다는 사실을 체험해서 알았습니다. 먼저 자미국의 천인으로 탄생된 후 이렇게 생생히 일어난 기적과 이적을 글로 써서 알릴 수 있는 기회를 주셨기에 감사한 마음으로 올립니다.

오늘도 딸은 다시 생기발랄하고 언제 걱정을 하고 우울한 시간이 있었냐는 듯 예전 모습으로 다시 돌아갔으며, 하고 싶은 대로 하고 살라 하셨기에 그 말씀만 전해주었지요.

그랬더니 대출받아서 적은 돈으로 오피스텔도 제일 좋은 곳으로 특별 분양도 받게 해주시니 딸도 어렴풋이 느끼는지 어느 분이 도와주시는 것 같다고 말하면서 감사드립니다,라고 인사 올렸다고 말하더라고요.

그리고 더 적극적으로 열심히 일하면서 신나하고 기뻐하는 모습을 보면서 감사합니다, 고맙습니다가 저절로 나왔습니다.

또한 아들도 노벨상을 30명이나 배출한 역사 깊은 런던에 있는

왕족이 세운 대학의 연구소에서 치매에 관한 연구원으로 재직 중입니다.

상상도 못 했던 인생역전을 만들어주셨고 가문의 영광을 만들어주심과 엄마의 잘못으로 도판에서의 노예와 같은 삶을 살 인생을 세계 각국의 과학자들과 모여 토론하고 연구하는 자랑스러운 아들로 만들어주심에 살아서나 죽어서나 눈에 보이고 말씀 들을 수 있는 대능력자이신 인황님께! 사감님께! 영원히 감사함을 올리옵니다.

이 모두는 대한민국에 자미국을 세워주신 인황님과 사감님이 계시었기에 상상초월의 기적과 이적이 저의 가정에 일어날 수 있었습니다. 천은보사의식은 올릴 수 있으면 많이 올려드려야 함을 알게 해주셨습니다.

항상 인황님께! 사감님께! 감사드리며 두 분은 제 삶의 희망이십니다. 거듭 감사드리며 기쁨이 넘치옵니다.

— 서울 서초동에서 박○희 올립니다.

성공의 마음이 알고 보니 조상의 마음

저 높은 곳을 향하여!

각자에게는 이루고자 하는 작고 큰 소원들이 있다. 이 주인공의 남자에게도 소원이 하나 있었다.

남자로 태어난 이상 생전에 한 번쯤은 정치에 입문하여 복잡한 사회를 바로잡고 싶었고 서민의 대변인이 되어 이름도 떨치고 싶었다.

집안 대대로 조상님들이 관직에 계시면서 사회적 명성도 얻었다 하고 재산도 많이 물려주신 덕분에 아무 어려움 없이 일찍부터 사업을 시작하여 재산도 많이 늘고 자손들도 성공하여 남부럽지 않게, 아니 남들은 모두 자기를 부러워하고 이런 부모를 자손들 역시 자랑스러워하고 있다 했다.

그야말로 모든 이들의 선망의 대상이건만, 꿈을 이루고 자손들이 성공함에 기쁨이 오는 것이 아니라 정치(국회의원)에 대한 야망은 식을 줄 몰랐다.

주위의 유명 인사들도 많이 협조를 해준다 하여 평생을 가슴에 묻어둔 사나이 야망을 현실로 실천하기에 이르렀다 한다. 조상님이 물려준 재산과 사업을 하면서 성공도 하였기에 경제적인 부담은 하나도 되지 않았다.

우선은 일평생 하고자 했던 자신의 이상을 펼치는 일이라 처음에는 돈이 들어가더라도 기쁜 마음으로 투자하기 시작했고 마음에서는 그 꿈을 기필코 이루리라는 생각밖에 없었다고 했다.

하지만 현실은 자신 뜻대로 잘되지 않았다. 한 번 실패, 두 번 실패, 그 정도는 괜찮았다.

한 번 출마로 국회의원에 당선될 수 있을 것이라는 생각은 처음부터 하지도 않았고 2~3번 정도는 도전해야 이룰 수 있겠지? 하고 계획한 상태라 마음의 상처도 없었고 금전 조달도 괜찮았다 한다.

낙방 횟수가 늘어나고 세월이 흘러감에 금전 조달에 문제가 생기기 시작하자 가족들과 주위 사람들은 이제라도 늦지 않았으니 포기하라고 조언의 말들도 많이 해주어 그 말을 듣고 포기하려고 본인 스스로도 마음을 먹었다.

그러나 자신도 모르게 사업에는 관심이 없고 오로지 정치하는 자리가 날이 갈수록 좋아 보이고, 그들의 자리에 앉아 위상도 떨치고 싶고, 만인에게 대우를 받고 싶은 마음밖에는 아무 생각도 안 들어 포기할 수가 없다고 괴로워하였다.

자미국 자미천궁에 방문하여 그동안의 괴로웠던 마음과 이제라도 본마음을 찾고, 자신의 갈 길을 찾고 싶고 예전에는 내 마음이 내 마음대로 움직여졌었는데 지금은 이상하다며 제발 살려달라고 하는 것이었다.

문제의 원인부터 찾아야 했다.

천황님 전에 고하니 천상감찰신명이 하강하시어서 원인부터 해결책 모두를 일러주시는 것이었다.

이유인즉, 지금은 고인이 되셨지만 살아생전에 관직에 계셨던 7대조 할아버지가 자손에게 보내는 메시지였다.

할아버지께서는 관직에 계시면서 큰 명성도 얻으셨고 백성들의 선망도 대단하셨다 하신다.

모든 분야에 철두철미하셨고 백성을 아끼고 사랑하는 마음 또한 남다르셨고 일에 대한 욕심도 대단하셔서 이 할아버지의 공으로 6대조 5대조 또한 이 업적을 이끌 수 있는 행운을 가지셨다 한다.

인간은 한 번 태어나면 대단하든 대단하지 않던 언젠가는 사후세계로 갈 수밖에 없지 않은가?

사후세계로 들어가 보니 인간사에서 얻었던 권력과 명예는 아무 소용이 없었고, 반대로 신명세계, 사후세계의 계급과 법도가 얼마나 엄격한지 함부로 고개를 들 수도 없고, 말도 할 수가 없어 할아버지는 일반 백성이 될 수밖에 없는 신세가 되었다.

신령님 전에 살아생전에 업적과 본인의 위치를 설명해도 아무 소용없었다.

"인간세계에서는 아무리 대단한 높은 벼슬을 했다 하더라도 사후세계에는 본인보다 더 대단하고 훌륭한 분들이 많으시니 예를 갖추라" 할 따름이었다.

예를 따르면서도 살아생전의 권력에 대한 욕심이 남달랐던 할아버지는 이에 포기할 수가 없었지만 하늘의 법도에 열심히 따르고 행하다 보니 할아버지의 꿈을 이룰 수 있는 길을 드디어 찾게 되어 기쁘셨다 한다.

그 후로 하늘의 허락을 받아 자손에게 할아버지의 소원을 전달하기 위해 메시지를 보내기 시작하자, 자손은 자신도 모르게 자꾸만 높은 자리에 오르고 싶어지고, 사업하기가 싫어지고 거듭하여 정치에 실패를 하면서도 그 미련을 접지 못하고 있다 하는 것이었다.

처음에 정치(높은 자리)의 이상을 갖게끔 한 것도 할아버지의 마음이었다. 끝까지 포기를 못 하게 한 것 또한 사후세계에 계신 할아버지가 사후세계에서도 계급(벼슬)을 달아 살아생전처럼 높은 자리에 오르고자 하는 마음이었다.

간절한 할아버지의 마음이었기에 그러한 것이니 이제라도 사후 세계에서 그 꿈을 이루고자 최선을 다한 본인 할아버지의 소원을 이루어 주라 했다.

그러면 할아버지가 만족하시면서 천상세계로 입문하시어 부하를 거느리고 살아생전처럼 호령함으로써 자손이 마음 안정도 찾을 것이라 했다.

할아버지가 많은 부하를 거느리듯이 자손 또한 인간사에서 만백성을 거느리는 서열에 오르게 될 것이니, 오랜 세월 도를 닦아 오로지 하나의 소원을 이루고자 애쓰신 할아버지의 유일한 소원인 계급(벼슬)을 달아주라는 것이었다.

자손은 생각지도 못했던 할아버지의 말씀을 듣고 고개를 들 수가 없었다. 이렇게 자세히는 몰랐지만 부모님께 조상님들의 훌륭하셨던 부분을 여러 번 들었다.

노력과 고생으로 자손은 인간사를 고통 없이 남들이 부러워할 정도로 잘살면서 조상님들이 편안하신지 원하시는 것은 없는지 찾지도 않고 자신의 이상과 욕심만 채우려 했던 것이 이내 부끄러웠다.

애절하게 높은 자리에 오르고자 했던 이 마음이 정녕 할아버지 마음의 메시지였다면 정말 가슴이 아프다면서 눈물을 흘리는 것이었다.

오랜 세월 국회의원의 야망을 품은 것이 내 마음인 줄 알고 살아올 수밖에 없었던 현실 속에 이 모든 것을 직접 체험한 본인은 그 누구보다도 할아버지의 마음을 잘 알겠다고 했다.

자신이 힘들었던 것이 아니라 할아버지의 애절함이라 생각하니 가슴이 더 아프다 했다.

죽으면 그만이고 살아생전에 높은 자리에 계셨기에 사후세계에서도 대우받으며 편히 계실 것이라 생각했지 이렇게 힘들어하실 줄은 꿈에도 몰랐다고 했다.

하루라도 빨리 날을 정해 할아버지의 소원을 이루어 달라고 부탁하는 것이었다.

가장 높고 가장 좋은 자리로 할아버지께서 원하는 모든 것을 다 해드릴 테니 최고 특단으로 입천제의식을 준비해 달라고 하면서 이런 기회를 주시고 이런 큰 가르침을 주신 하늘과 조상님 전에 감사하다고 큰절을 올렸다.

"할아버지 죄송합니다.

그리고 존경합니다. 할아버지께서 내려주신 오늘의 큰 가르침, 이 자손이 남은 인생 살아가면서 항상 가슴에 감동으로 간직할 것이고, 왜 할아버지가 대단하셨다 하시는지를 이 자손 오늘에서야 실감했습니다.

할아버지의 깊은 가르침을 자손 대대로 전해줄 것이고 살아서도 돌아가셔도 열심히 행하시는 할아버지의 깊은 뜻 본받아 이 자손도 열심히 아주 열심히 최선을 다하는 모습으로 이 세상을 살겠습니다."

참으로 감동의 시간이었다.

자손 덕분으로 조상님은 세월을 가슴에 묻어둔 소원을 이루는 순간이었고, 자손 역시 조상님의 기운으로 새롭게 태어나는 감동의 시간이었다.

그 이후로 이 자손은 국회의원 출마의 야망을 미련 없이 접었다. 조상님 벼슬입천제의식(할아버지의 소원을 이루어주는) 행사가 끝나고 나니 본인이 왜 정치에 관심이 있었는지 이해가 안 간다면서 본마음으로 돌아왔다.

항상 기쁜 마음으로 사업에 충실하며 시간이 날 때마다 자미국 자미천궁에 방문하여, 천황님의 안부와 조상님의 안부를 여쭈고 있다.

그 후로 사업이 번창해 할아버지 말씀대로 많은 부하 직원을 거느리고 있다며 흐뭇해하고 있다.

나 홀로 인생

인간의 육신으로 태어나 살아생전에 신과 한 몸이 되어 근심걱정, 질병 없는 신선의 세계를 살아갈 수 있음은 하늘이 우리 인류에게 내려주신 최고의 선물임이 틀림없다.

하늘의 제자로서 의식이 끝나고 난 후 새롭게 변화하는 이적을 볼 때마다 하늘의 능력은 어디까지일지 의문이 생기고 존경과 감사의 마음으로 이 내 가슴은 진정할 수가 없다.

부산에서 방문한 50대의 한 남자.

수행과 도를 닦기 위해 자기 나름대로 여러 곳을 다녀보기도 하고 종교서적도 50권 넘게 보았지만 세월이 지남에 있어서 항상 가슴이 답답하였다.

뭔가에 이끌리고 있는 듯 느낌과 소리 없는 메시지, 끝없는 금전풍파와 몸과 마음의 아픔과 괴로움, 반복되는 조상님의 꿈과 불행한 가족 내력이 있었다.

모든 것이 궁금해서 방문했노라고 얘기하면서 상담이 진행되었다. 참으로 열심히 살아오고 현재까지도 누구에게 악하게 할 줄도 모르고 그야말로 법 없이도 살아갈 훌륭한 자손임에 틀림없어 보였지만 사연은 그야말로 딱했다.

그의 부친과 형은 젊은 나이에 약을 먹고 자살하였다.

자살을 하게 된 형의 사연은 사랑하는 연인이 있어 결혼하기로 하고 날을 받아놓았다. 어느 날 형과 함께 차를 타고 가다가 교통사고를 당해 여자는 그 자리에서 숨지고 형은 그 후로 다리를 절게 되었다.

몇 년이 지나 다른 여인과 결혼하여 딸 하나를 두었는데 얼마 후에 가족들 아무도 모르게 농약을 먹고 자살해(그의 나이 35세) 충격이 컸다. 또 이미 고인이 된 다른 형은 간과 위가 아파 치료를 받다가 나이 27세에 세상을 떴고, 나머지 형 두 명도 이미 고인이 된 상태였다.

말 그대로 한 편의 드라마를 보는 느낌이었다.

말없이 떠나간 이들 형제들도 괴롭고 힘들었겠지만 한두 명도 아닌 사랑하는 부모, 형제를 이유도 모른 채, 방법을 취할 사이도 없이 죽음의 세계로 멀리 떠나보냈으니 그 마음이야 오죽하랴?

많은 대화를 통하여 불쌍하고 제 명대로 못다 살고 간 부모와 형제 또한 고조 증조 조부모 처가의 돌아가신 분들을 천상세계로 입문하여 드리는 '조상님 벼슬입천제의식'을 행하기로 날을 잡고 첫 만남은 끝이 났다.

그로부터 이틀 후에 알게 된 사실이지만 상담을 끝내고 자미국 자미천궁에서 나온 뒤 1시간쯤 후에 집에서 전화가 왔다는 것이었다.

부인이 화장실에 갔다가 갑자기 쓰러져 병원에 입원시켰으니 빨리 오라는 것이었다. 예로부터 전해 내려오는 말이 화장실에서 쓰러지면 저승길이라 했다.

위험한 상태였지만 조상님 벼슬입천제의식을 행하기로 한 것을 신과 조상님은 이미 알고 있었기에 이분들의 보살핌으로 아무 탈 없이 치료를 받은 후 퇴원을 하였다고 했다.

신과 조상님의 귀는 참으로 밝다.

일반인들이 보기에는 우리 제자가 하는 얘기를 하나도 못 들을 것 같지만, 제자들의 입을 통해서 하는 모든 대화를 다 듣고 계시고 상대방의 마음이 진실인지 거짓인지, 결과를 보지 않아도 모든 것을 다 알고 계신다.

반대로 이 자손이 조상님 벼슬입천제의식을 행하기로 하고 마음에 변화가 있을 자손이었다면 사경을 헤매던 부인을 도와주지 않았을 것이고, 그로부터 시간은 지나 조상님 벼슬입천제의식을 행하기로 한 날이 되었다.

5시간의 준비 과정으로 입천제의식 올릴 모든 준비가 되었고 그 시간에 맞추어 오신 손님은 눈이 휘둥그레졌다.

매우 만족한 표정으로 흐뭇해하며, 자기가 살아생전에 하늘과 조상님 전에 이런 큰 '제'를 올림은 죽어서도 흐뭇할 것이라면서 감사의 표시를 하였고, 진행 과정에 따라 조상님 벼슬입천제의식은 거행되었다.

신과의 인생

조상님 벼슬입천제의식 행사는 척척 진행이 잘 되어가고 있었다.

그런데 갑자기 이변이 일어나고 말았다.

천상에서 하강하신 '천상감찰신명님'이 하시는 말씀은 "오늘의 이 큰 정성 천황님께서도 기쁘게 잘 받으시고 조상님들도 흐뭇해 하시며, 꿈에도 그리던 무릉도원 천황님의 궁전으로 벼슬입천되어 기쁘고 좋다 하시기에 한 말씀 일러주려 하강했다" 하시었다.

이어서 하시는 말씀이 "오늘의 큰 정성으로 천황님이 감동하시고 조상님이 우리 자손 살려 달라고 하시기에 하늘과 조상님의 말씀을 대신 전하려 한다"고 하시었다.

청춘에 가고 자살을 하고, 줄초상이 났던 것은 인간의 수명이 짧아서도 아니고 가족의 내력도 아니다.

신을 몰라보고 하늘의 '천명'을 거역한 하늘의 벌로 인하여 집안이 이렇게 되었고, 인간사에 정신적 육체적 고통을 준 것 역시 하늘에서 인간에게 내리는 벌이라 했다.

이제라도 가족들의 행복을 원하고, 가족들의 건강과 수명 장생을 원한다면 하늘의 '천명'을 받들어 죽은 조상들이 살아생전에 몰라서 행하지 못하고, 저승세계로 온 조상님의 원과 한을 풀어주라고 일러주시는 것이었다.

하늘의 '천명'을 따르고 안 따르고는 주인공의 마음이지만 한 가지 알아야 할 것은 지금도 집안에 검은 그림자(저승사자)의 기운이 맴돌아 위험한 상태이다.

이런 기운이 사람의 눈에는 보이지 않겠지만, 착한 마음에 천황님께서 윤허하시어 마지막 기회를 주고, 선택의 기회를 주고자 이렇게 자미국 자미천궁에 인연 맺어주셨으니, 옳은 판단 잘하고 후회 없는 결정을 내려서 집안을 살리라고 일러주셨다.

주인공은 천상감찰신명님께 감사하다고 말을 하면서도 도무지 뭐가 뭔지 몰라 어리둥절한 표정으로 그 방법이 무엇이냐고 정중히 여쭤보았다.

천상감찰신명님의 말씀이 조상 대대로 내려졌던 하늘의 천명은 바로 '천인합체의식'이었다.

천인합체의식을 통하여 반은 인간, 반은 신으로 살아가면서 하늘의 말씀을 자신이 듣고, 자신의 말을 하늘이 들음으로써 서로 공존공생하라는 것이었다.

한 치 앞도 알 수 없는 불확실한 미래를 살아감에 하늘의 도움받아 불상사를 예방하라는 하늘의 '천명'으로써 앞으로 남은 인생을 신과 함께하고, 죽어서도 신과 함께하는 '천인합체의식'이었다.

주인공은 설명을 듣고도 보이지 않는 세계를 어디까지 믿어야 하나 고민도 되었으나 그로부터 10일 후에 '천인합체의식'은 거행되었고, 하늘의 신과 인간이 하나가 되는 천지신명의 천상공무는 천황님의 윤허로 성공리에 끝났다.

그로부터 한 달이 지난 어느 날, 서울에 사업상 올라올 일이 있어 볼일을 보고 자미국 자미천궁에 들른다는 한 통의 전화가 왔다.

한 달 만에 만나니 서로 너무 반가웠고 천인합체의식 이후 어떻게 지냈느냐고 물어보자 주인공의 경험담이 시작되었다.

하루는 친구들 모임이 있어 참석을 하게 되었는데 친구들이 주인공을 보고 모두 깜짝 놀랐다는 것이다. 주인공은 피부가 원래 검은 편인데다 농장 사업을 하다 보니 얼굴이 더 검어져 어디를 가나 검은 얼굴 때문에 고민이었다.

친구들 하는 말이 어쩌면 이렇게 달라질 수 있느냐며 뽀얗게 변한 것도 사실이지만 어쩜 이렇게 젊어졌느냐고? 한 20년은 젊어 보이니 비결이 무엇이냐며 서로 칭찬이 자자해 기분이 매우 좋았다고 한다.

한 번은 길을 가는데 난데없이 길가의 고목나무가 피할 사이도 없이 주인공 쪽으로 덮치는 바람에 속으로 '나는 이제 죽었구나' 하고 눈을 질끈 감았다 한다.

그런데 이것이 어찌 된 일인가? 고목나무가 주인공 쪽으로 쓰러진 것은 기정사실인데 주인공의 머리가 고목나무 가지 사이로 나와 있더라는 것이다.

순간 천상에 계신 천황님께 감사했고, 주인공의 몸에 천인합체가 되어 함께 머물고 있는 신께 감사하고 대단하시다고 말을 했다 한다.

왜 천인합체의식을 행하여 수명 장생하라 하셨는지 실감나는 중요한 계기가 되었고 살아남에 감사했다.

또 한 번은 사촌 처남이 주인공의 집에 놀러와 꿈에 있었던 일을 얘기해 준다 하면서 하는 말은 이랬다.

꿈에 죽은 친구 세 명이 사촌 처남을 찾아와 같이 갈 곳이 있으니 어서 가자, 너를 데리러 왔다 하면서 자기의 양팔을 잡으려고 했단다.

주위에는 도움을 청할 사람도 없어서 큰일 났네 어떻게 하지?

하고 있는데 누군가가 귓전에 "쫓아가면 저승길이니 아직 안 간다고 해" 하고 일러주어 가르쳐준 대로 했더니 세 명의 친구가 사라져버렸다고 했다.

안도의 한숨을 쉬며 저승길 갈 뻔했는데 살았다고 기쁘다면서 자랑을 했단다.

주인공도 함께 기뻐해 주며 속으로 '그래! 내가 천인합체의식을(하늘의 천명) 통하여 너를 살렸다' 하면서(주인공은 가족의 반대로 모든 행사를 혼자 하였고 비밀리에 하였기에 가족이나 친구 그 누구도 모르고 있음) 자신이 천인합체가 확실히 되어 자신의 목숨과 사촌 처남의 목숨 살린 것을 흐뭇해하며 신의 위대함에 저절로 고개가 숙여졌다 한다.

보이지 않는 신의 세계를 조금 알다 보니 여태까지는 청춘에 간 형제나 부모가 수명이 짧아서 그랬겠지? 하면서 살아왔는데 위대한 하늘의 뜻과 하늘의 '천명'을 몰라 그 벌로 일찍 고인이 되셨음을 알게 되고 나니 가슴이 아프다 했다.

막을 수도 피할 수도 분명히 있었건만 아무것도 모르고 살았다. 하늘도 몰라보고 죽은 조상님의 원과 한을 외면한 채 자기만 열심히만 살면 되겠지,라는 생각으로 살면서 뒤늦게 깨닫고 하늘과 조상님을 찾고 보니 그동안 잃은 것이 너무 많아 가슴이 아프다 한다.

이제라도 살아생전에 천인합체가 되어 남은 인생을 살아갈 수 있음이 기쁨이고, 하늘의 사랑을 받음이 기쁨이라면서 한없이 신기해했다.

이와 같이 하늘과 조상님은 보이지 않는 존재이다 보니 자신 마음에 있다 하면(행을 할 수 있는 마음) 있는 것이고, 없다 하면(행을 할 수 없는 마음) 없는 것이다.

잘살고 못살고 오래 살고 단명으로 가는 것은 인간의 마음이 아니라 우주를 창조하시고 우주를 주재하시는 하늘의 천황님 권한이시다. 못살고 싶어 못사는 사람 하나 없고, 청춘에 가고 싶어 일찍 떠나간 사람 하나도 없다.

그것 역시(가난과 단명)도 하늘이 인간들에게 내린 '천명'의 일부분이었기에 아무리 노력해도 어쩔 수 없었던 일이다. 하늘을 진노케 하여 아픔을 겪고 후회를 하지 말고 위의 주인공처럼 하늘의 '천명'을 받들어 더 이상 하늘의 진노, 조상님의 눈물로 자신의 인생을 얼룩지게 하지 말자.

하늘에서는 인류에게 기회를 주고자 '천인합체의식'을 허락해주셨다. 하늘의 허락이 없다면 내가 제아무리 잘났다 하더라도 불가능한 일이다.

조상님 천상 입천제의식을 올려 소원성취하실 분도 있지만 하늘의 '천명'에 따라 천인합체의식을 행해야만 될 자손은 하늘의 '천명'에 따라 천인합체의식을 행해야 인간사의 모든 고통이 사라진다.

제4부

새로운 인생으로 탄생

각자에게 주어진 짧고도 긴 인생

어떤 이는 즐겁다 하고 어떤 이는 괴롭다 한다.

괴로움을 즐거움으로 승화시키는 사람들이 있는가 하면 즐거움을 행복으로 지키지 못하고 괴로움과 고통의 길로 가는 사람들도 있다. 인생에는 인간의 노력으로 바꿀 수 있는 부분이 있는가 하면 아무리 노력을 하고 돈이 많다 해도 바꿀 수 없는 부분이 있다.

흔히들 말하는 '팔자(금전 운, 자손 운, 출세 운, 크게는 인간의 명).' 인생이 괴롭고 힘들 때 아무리 노력을 해도 인간의 노력으로 불가능할 때 "팔자라서"라고들 한다.

그렇다면 팔자? 이 속에 숨은 뜻은 과연 무엇이기에 사람을 행복하게도 불행하게도 하는 것일까? 숨은 뜻은? 하늘에서 개개인에게 내린 소리 없는 천명이다.

팔자는 못 바꾼다고들 알고 있다. 어쩌면 맞을 수도 있다. 감히 우리 인간이 어찌 하늘의 천명을 거역하고 하늘의 천명을 바꿀 수 있으랴?

말 속에 답이 있다고 했다. 하늘에서는 아주 오래전부터 우리의 입을 통해서 숨은 뜻을 가르쳐주고 계셨지만 무지한 인간인지라 그 속에 숨은 진실은 모르고 팔자타령하며 아픔 속에서 살아왔고 또 살아가고 있다.

한 번 왔다 가는 우리의 짧은 인생. 누구나 행복하고 즐겁게 살고자 한다. 그러한 방법이 있고 길이 있다면 이제는 믿고 따름으로써 나의 행복, 가족의 행복을 지켜야 한다.

오랜 수행 과정과 고생 끝에 누구도 알아내지 못하고, 알 수도 없었던 하늘의 깊은 뜻을 알았고, 팔자를 바꾸는 방법도 알게 되었다.

하늘에서 우리 인간에게 내린 소리 없는 천명(팔자)은 하늘만이 움직일 수 있고 바꿀 수 있다. 천명을 내린 당사자(하늘)가 천명(팔자)을 거둘 수(바꿀 수) 없다면 말이 안 되지 않는가? 인간에게는 불가능한 일들이지만 하늘은 가능하시다.

인간의 능력은 미약하나 하늘의 능력은 무한하며 너무나도 대단하고 광범위하며 놀랍다. 흔히들 경이로운 현상 앞에서나 상상할 수 없었던 신비로운 일을 겪으면 말도 안 된다,라는 표현을 하듯이 하늘은 우리의 상상을 초월한 우리로서는 감히 흉내 낼 수도 쫓아할 수도 없는 엄청난 말도 안 되는 신비로운 일들을 하고 계신다.

종교인이든 비종교인이든 지금까지는 진정한 하늘의 뜻(능력)을 몰랐기에 방법도 몰랐고 해결책도 몰라 힘들게 살아왔지만 하늘의 말씀을 통하고, 하늘의 계시를 통하여 우리의 삶을 윤택하게 질병 없이, 행복하게 살 수 있는 방법을 알게 되었다.

한번 잘못된 우리의 인생은 되돌릴 수 없다. 금전의 풍파로 인한 고통은 괴롭지만 다시 시작하면 된다.

그러나 예기치 못한 사고(교통사고, 중풍, 뇌사, 비명횡사, 자살, 타살 등등)로 건강했던 몸이 장애자가 되거나 저세상으로 떠나가게 되면, 그 고통은 당사자 본인과 이를 지켜보고 괴로워하며 고통을 나눌 수 있는 사랑하는 가족이 있다 해도, 돌이킬 수 없는 현실이 되어 서로 상처만 받는다.

운전을 하다 보면 매일 가는 길임에도 불구하고 가끔 길을 잘못 찾아 고생을 해본 경험 누구나 있을 것이다. 길이야 다시 찾아가면 되련만 순간 당황하기도 하고, 잘못 접어든 길을 다시 본래의 목적지로 가려면 원래 생각했던 시간보다 더 걸려 시간 낭비도 되고 기름 낭비도 된다.

하물며 우리의 소중한 인생은 어떤 길이 각자의 진정한 길이고 행복의 길인지 알고 가야 함은 당연하다 본다.

시간 낭비 기름 낭비가 아니라 인생 낭비(손해)로 인해 막대한 손해를 입는다. 한 번 잘못된 자신의 인생을 원위치로 되돌리려면 많은 고통과 아픔이 따르고 시간도 많이 걸려 세월만 탓하게 된다.

한 번에 지름길로 간다는 것은 하늘의 별 따기만큼이나 어려운 일이다. 하늘에서는 그리 쉽게 우리 인간에게 해결책을 주지 않는다. 반대로 고통의 길, 죽음의 길인지 알고 간 사람도 없을 것이다.

한 번 잘못되면 돌이킬 수 없는 우리의 인생사, 나 홀로의 인생이 아닌 하늘과 함께하고 하늘의 도움과 보호를 받아 행복하게 질병 없는 가정과 사회를 이루고자 하늘의 말씀을 책으로 집필하였고 힘든 여러분의 인생에 큰 등불이 되었으면 좋겠다.

내가 사랑한 하늘

나의 부모, 형제, 친구, 내가 사랑하는 가족이 있고 나를 사랑해 주는 가족과 충분히 대우받으며 자유롭게 일할 수 있는 나의 일터, 넉넉하지는 않지만 나의 여가와 내 삶을 살아감에 있어 부족하지 않았던 금전.

그러나 이런 나의 삶의 모든 것이 부족해 보이고 아무것도 얻은 것이 없는 것 같은 이 세상에 나 혼자인 느낌.

그 무엇으로도 채워지지 않고 채우려 해도 채워지지 않는 외로움과 한없는 쓸쓸함이 자리하여 나 자신을 힘들게 하였고 그로 인해 내 주변 사람들도 많이 힘들게 하였고 아프게 할 수밖에 없었던 지난날들.

이러한 증상들은 날이 갈수록 심각해져 가족과 친구들과 직장동료들과 말하기조차 싫어질 정도여서 다니던 직장도 그만두고 이별도 원했다. 몸은 갈수록 안 좋아지고 밥도 먹기 싫고 가슴과 눈에서는 끊임없는 눈물이 흘러내렸다.

이런 모습에 안타까워하던 내 주변의 사람들. 관심과 사랑으로 나를 잡아주려고 애쓰고 있지만 그 진심 어린 사랑과 관심도 하나의 가식과 거짓으로 보여 다 필요 없다 말하면서 이 세상에 나를 진정으로 사랑하는 사람은 하나도 없다고 괴로워하며 눈물로 밤을 지새웠던 가슴 아픈 지난날의 내 인생의 한 페이지.

누군가를 진정으로 사랑하고 싶었다.

열렬히 사랑하고 싶었다. 이 목숨 다하도록 내 모든 것을 다 주었음에도 부족함에 미안해하며 주고 또 주는 그런 사랑. 먼 훗날 세월이 지나도 내 영혼 불태웠음에도 후회가 되지 않는 그런 사랑을 하고 싶었다.

인간사의 돈과 명예, 가족, 친구 모두가 귀찮고 다 필요 없었다. 외로운 마음과 방황의 마음을 주체할 수가 없었다. 금방이라도 미쳐버릴 것만 같았고, 이러한 내 마음의 실체를 못 찾으면 죽어버릴 것 같았다.

아니, 하루도 더 살기 싫어 죽고 싶은 마음밖에는 아무 생각도 들지 않았다.

이곳저곳 방황을 하다 내 괴로움의 실체, 내가 그렇게도 사랑하고 싶어 하고 그리워하며 잃어버렸던 내 삶의 반쪽 아니 내 삶의 전부를 찾았다.

하늘, 하늘이었다.

높고도 높은 대단하신 하늘이었기에 오랜 세월 방황하였고, 하늘이 내 삶을, 내 인생을, 내 생각 모두를 지배하고 있었던 것이다. 처음에는 나의 존재를 찾는 기쁨보다는 놀라움과 거부 반응이 더 강하였다.

여태껏 힘들게 살아온 것도 억울한데 지금보다 더 좋고 더 나은 것은 안 주고 하늘의 제자를 하라니 기가 막히고 내 팔자타령이 저절로 나왔다.

뭐가 뭔지도 모르면서 무조건 안 한다고 했다. 죽으면 죽었지 절대로 안 한다고 다짐 또 다짐했다.

그 뒤에도 온몸으로 주체할 수 없는 어떠한 기운이 계속 내려오고 있었고 내 정신과 육체적 고통은 갈수록 커져만 갔다. 절대로 안 한다고 다짐을 한 하늘의 제자라는 말은 귓전에서 맴돌고 가슴으로 자꾸만 떠오르는 것이었다.

하루는 다시 찾아가 자세히 물어보니 내가 거부를 하고 안 한다 다짐을 해도 하늘의 문(천명)은 이미 나를 향하여 열려(내려져) 있는지라 하늘이 아니고서는 그 운명의 문(천명)을 다시 닫을(거두어 줄) 자는 인간사에 없으니 하늘을 거역하는 역천자가 되지 말고 순순히 받아들여 하늘의 제자로서 큰일을 행하고, 그것이 당신이 여태껏 찾아온 본인이 살고 싶어 하던 삶이 아니냐고 반문하는 것이었다.

그랬다.

내가 꿈꾸어 오던 남들과 다른 나의 인생관. 인생사에서는 통하지 않았던 나의 사랑법. 무엇으로도 빈자리를 채울 수 없었던 허전함과 쓸쓸함.

내가 나의 실체를 못 찾아 괴로워하고 힘들어했던 시간만큼이나 반대로 하늘에서도 나에게 하늘의 존재를 알리고자 하였으나 미련한 이 백성이 못 알아들어 얼마나 답답하고 힘들었을까를 생각하니, 죄송한 마음이 들어 고개를 들 수가 없었다.

어려서부터 내가 꿈꾸고 그토록 그리워하고 내 한 몸 다 바쳐 사랑하고픈 존재가 그 위대한 하늘이었다.

하나의 소원을 이루고자 열렬히 갈구하면 언젠가는 이룰 수 있다는 진리를 주신 하늘에 감사했다. 지금은 항상 충족된 마음으로 사랑을 고한다.

하늘, 당신을 그 누구보다 사랑하고 이 생명 다하는 그날까지 아니 죽어서도 영원히 당신을 사랑하고 아무런 조건도 없이 이유도 없이 당신을 사랑하고 존경한다고 말하고 싶다.

하늘을 향한 나의 마음

하늘의 음성
하늘의 말씀
알아듣는 이가 없다 보니
나누는 사랑을 싫어하는
나에게는 더할 수 없는
영광이고 축복입니다.
하지만
때로는 너무 외로워 보여
이 제자 마음이 아프게 저며 와
눈물이 흐르고
하늘이 나를 지켜준 세월만큼
나 역시도 당신을 지켜주고
싶은 마음 간절합니다.
변함없는 마음으로
한결같은 눈길로
끊임없는 관심과 질책으로
나를 사랑해 주고 아껴주신
그 위대하신 하늘이시여!
난 하늘을 알기 전에도
변함없는 마음으로

한결같은 눈길로
하늘을 사랑했습니다.
난 하늘의 위대한 존재를
알고 난 후에도
변함없는 마음과
하늘을 향한 불타는
열정과 사랑은 식을 줄을 모릅니다.
부족하고 한없이 모자라는 저에게
하늘의 말씀 내려주시고
건강과 마음의 편안함
금전과 가족의 행복
이 모든 것을 다 주시니
이 제자
죽는 날까지 아니 죽어서도
하늘을 믿고 따르겠나이다.
하늘은
내 생명이고 에너지고
내가 이 세상을 살아가는
또 하나의 이유입니다.

나를 사랑해 주신 하늘

나름대로 최선을 다하며 살아왔던 인간사의 내 삶의(26년) 모든 것이 막을 내리고 신명제자로서 새롭게 태어나는 인생의 대역사는 시작되었다.

하나의 인간으로 태어나 살아서 두 번의 탄생을 맞이한다는 자체가 한편으론 기쁨이고 영광이었지만 다른 한편으론 엄청난 두려움 그 자체였다.

보이지도, 들리지도, 만져지지도, 느껴지지도 않을 뿐만 아니라 냄새도 소리도 없이 너무 고요하게만 잠들어 있는 하늘!

너무 고요해(하늘의 진정한 뜻을 몰라) 하늘을 향했던 내 기대와 기쁨은 무너지고, 실망과 좌절감으로 힘들게 살아온 내 영혼은 또다시 하염없는 눈물을 흘리며 고요한 하늘과 나를 신의 길로 인도해 준 선생을 원망할 수밖에 없었다.

새로운 삶에 대한 기대는 시간이 지날수록 아픈 상처로 다가왔고, 그토록 사랑했던 내 인생의 전부라고 생각하고, 내 인생의 가장 힘든 기로에서 마지막으로 선택한 하늘도 나에게 희망의 깃발을 안겨주지는 않았다.

이제는 누구를 의지하며 살아가야 하나? 하염없는 근심만이 자리했다. 그러던 어느 날 마음의 결정을 내렸다. 힘들고 지치고 더 이상 의지할 곳 없어 외롭고 쓸쓸한 이 영혼. 살아서 하늘을 통할 수 없다면 죽어서라도 하늘을 통하자 그러고는 하늘에 고하기 위해 기도에 들어갔다.

죽자 하니 겁도 나고 인간사에 대한 미련과 내 젊은 영혼의 인생이 처량하다는 생각이 저절로 들면서 눈물이 쉴 새 없이 두 볼로 온 가슴으로 흘러내리고 있었다. 끝이 없는 눈물을 흘리며 기도를 올리고 있는데 1년 전에 돌아가신 언니가 하강하여 나와 한 몸이 되어 울고 있는 것이 아닌가?

처음에는 너무 놀라 눈을 떠보았다. 그런데 이게 어찌 된 일인가? 눈을 뜬 상태에서도 신의 세계가 보이고 신의 음성과 계시가 들려왔다.

나의 전생과 현생.

내가 앞으로 가야 할 길과 행해야 할 하늘의 일들. 언니가 왜 청춘에 갈 수밖에 없었는지, 내가 왜 이토록 힘든 삶을 살 수밖에 없는지, 하늘에서 왜 선택을 했는지, 어렸을 때 여섯 번의 저승길을 왜 다녀왔는지, 그 외에도 하늘의 말씀은 계속 진행되었고 너무나 많은 것을 알게 되어 기도가 끝나고 나서는 어리둥절하여 정신을 차릴 수가 없었다.

세월이 지난 지금도 예전의 나처럼 힘들어하며 눈물로 하소연하는 제자에게는 하늘에서 가르쳐주신 진리의 말씀을 전해준다.

하늘은 말씀하셨다.

너희들이 엄마 뱃속에서 태어나 처음에는 먹고 자고 크는 것 외에는 아무것도 할 수가 없었으나 때가 되면 걸음마도 배우고 말도 배우고 학교에 입학하고 공부를 통하여 사회도 알고 현실도 알고 그런 과정이 분명히 있었건만.

성장의 과정도 없이 갓 태어나 누워 있는 아이에게 어른들이 하는 대화를 알아듣고 해석을 하라, 아니면 얼른 말을 하라고 재촉하는 부모를 대하면 이것을 지켜보는 주위 사람들의 시선이 과연 어떠하겠느냐?

그렇다고 누워 있는 아이들이 말을 못한다고 해서 부모의 말도 못 알아듣고 있는 것은 아니다. 귀로, 표정으로, 느낌으로, 마음으로 아이들은 알아듣고 그들 나름대로 답변도 함으로써 부모와 자손은 서로의 대화를 하고 있지 않더냐.

때로는 음성이나 대화보다도 침묵 속에 숨어 있는 서로의 마음과 진실이 더 중요하고 소중하느니라. 다시 한 번 강조하지만 답변이 없다고 해서, 상대가 말이 없고 음성이 없어 그런 것은 결코 아니니라.

보이지 않고 느껴지지 않는다 해서 거짓도 아니니라.

진실한 너희들 마음, 누군가를 사랑하는 마음, 절대로 보이지도, 만질 수도, 들을 수도 없으나 그러한 마음, 존재하지도 않는 것이니 믿을 필요 없다 말하는 사람은 한 명도 없을 것이다.

우리의 존재가 너희들 마음과 같고 신과 인간이 하나 됨에 있어서도 과정이 필요하도다.

모든 일에는 과정이 있어야 결과가 주어지는 것이고 그 과정 속에 숨은 것이 진실한 사랑과 관심이었다면 소리 없었던 그 열매(서로가 아끼고 사랑한 대상)는 실로 창대하리라.

나 역시도 항상 너희에게 쉼 없는 말과 답변을 해주고 있었느니라.

오늘 너를 통하여 내 음성을 정확히 보여주고 들려주었듯이 너희와 대화법이 달랐을 뿐이고 나의 음성이, 나의 말이 없는 것은 분명 아니었느니라.

너희가 나의 말을 들을 수가 없어 답답해하고 속상해하는 만큼

나 역시도 너희가 내 말을 못 알아듣고, 내 뜻을 몰라주어 속상하고 답답했노라.

내 제자야!

그렇게 힘든 선택의 길에서도 너는 한 번도 나를 외면하려 하지 않았고 죽음의 길도 나와 함께하려 하니, 내 마음과 너의 마음이 통하였구나. 너는 26년의 세월 동안 오로지 한마음 한뜻으로 눈물로, 아픔으로 나의 음성을 듣고자 했고 나를 사랑하고자 했노라.

보이지 않는 나의 실체를 남들은 모두 외면하였건만 이렇게도 열렬히 갈구하고 사랑해 주니 내 마음도 기쁘고 흐뭇하구나. 이제는 내 제자가 그렇게도 원하던 나의 말을, 나의 음성을 듣고 만천하를 다 얻은 것처럼 기뻐하는 너의 모습을 보니 참으로 기쁘기 그지없구나.

네가 환히 웃는 즐거운 모습 26년 만에 처음인 것 같구나. 이제는 네가 나의 친견을 원하고 나의 음성을 듣고 싶어 할 때는 언제든지 너의 소원대로 하여 줄 것이니, 앞으로는 울지 말고 나의 음성이 없다 말하지 말거라.

이 세상의 소중하고 귀한 모든 것을 너에게 다 준다 하여도 하나도 아깝지 않지만 너를 크게 쓰기 위해 앞으로 3년 동안 내 너를 통해 하늘의 시험이 몇 번 있을 것이니 잘 인내하고 참아야 할 것이니라.

인간인 너로서는 나를 원망하는 때도 있을 정도로 어떤 상황 앞에서는 인내하기 어려워 너 스스로 '포기'의 깃발을 들고 싶을 때도 있겠지만 그 과정들이 하늘의 진정한 제자로서 꽃피기 위한 너와 내가 하나 됨에 있어 겪어야 될 고통의 과정이라 생각하고 잘 이겨나가주길 바란다.

그 시간 동안 너에게 기대했던 내 믿음에 한 치의 오차도 없을 시에는 그때부터 하늘의 제자로 내 진정 인정하여 큰 후사를 할 것이니 하늘공부, 땅공부, 신명공부, 조상공부, 인간사공부 열심히 하고 있어라.

너의 눈에 내가 안 보인다 하여 내가 없다 생각하지 마라.

나는 저 높은 곳에서 너의 일거수일투족을 살필 것이고, 너의 보이지 않는 속마음까지도 나는 다 살피고 있을 것이다. 혼자 있다 하여 방심하지 말고 말 한마디 행동 하나할 때마다 나를 우러러 부끄럼 없이 한 다음에 나를 찾아라.

이것은 내가 너에게 내리는 나의 '천명'이니라.

섭섭하다 하지 말고 힘들다 하지도 말거라. 이것이 너를 사랑하는 내 마음이니라. 내가 너의 마음 모든 것을 확실히 한 다음에 내 기꺼이 윤허하려 함이니, 마음 단단히 먹고 잘 인내하고 있다가 3년 후에 보자꾸나.

모든 시험에 통과하여 나를 3년 뒤에 다시 만나면, 그때는 내 너에게 귀한 하늘의 선물을 선사하여 주마. 지금은 진실을 감춘 채 핵심만 말하니 이해가 안 되겠지만, 세월이 흐른 다음에는 내가 너를 얼마나 사랑하기에 이런 숙제들을 주었는지 스스로 알게 될 것이니라.

3년(1095일)간의 수행

원하던 하늘을 얻어 만천하를 얻은 것처럼 기뻐하던 나의 모습은 잠시 잠깐. 고행의 수도생활은 시작되었다. 기도가 내 일상생활의 전부를 차지했다.

이른 새벽에 일어나 제일 먼저 하는 일은 촛불을 밝힌다.

천수를 갈고 절을 올리고 기도에 들어가 하늘과 조상님 전에 항상 감사의 기도와 나와 인연 맺은 모든 사람들이 편안하고 복 되게 해달라고 빌고 또 빈다.

한밤중에는 비가 오나 눈이 오나 항상 산에 올라 기도를 올리며 조상님과 많은 대화의 시간을 가짐으로써 조금씩 하늘의 뜻과 조상님들의 원과 한이 무엇이고, 하늘이 하는 역할, 조상님이 하는 역할, 제자인 내가 해야 할 역할, 우리 사람이 해야 할 역할 등 많은 것을 알게 되었다.

기도 때마다 항상 조상님이 하강하시어 제자인 나에게 부탁의 말씀을 하셨다. "우리 자손이 너무 힘들어하고 있고, 항상 열심히 착한 마음으로 하늘의 뜻을 잘 받들려고 하는 것은 알고 있다마는 잘하여라. 우리 자손이 올바르게 못 하면 그 벌을 우리가 받게 되니 잘 부탁한다.

그리고 기도하는 너의 모습을 볼 때면 우리의 눈에 눈물이 고이지만, 한편으론 우리 집안에서 하늘의 일을 하는 훌륭한 자손이 있어 하늘에 자랑스럽다" 하시면서도 항상 하시는 말씀이 "잘해라,

올바르게 해라, 진심 어린 착한 마음으로 행해야 된다"라고 일깨워주셨다.

3년을 아니 7년이 지난 지금도 그 말씀은 계속하고 계신다.

칭찬의 말씀보다는 교훈의 말씀이 더 많았고 조상님의 말씀보다는 하늘의 뜻을 전해주는 시간이 더 많아 항상 조상님으로 인해 깨닫고 느끼는 바가 많았다.

정신과 마음을 수양하는 시간이 되어 항상 감사하고 기쁜 마음으로 산과 바다로 다니며 열심히 기도에 정진하였다.

내가 게으름 피고 나태하게 있으면 내 사랑하는 우리 조상님이 나로 인해 하늘의 벌을 받아 힘들고 고통스러워하실까 봐 이 한 몸 지칠 줄 모르고 열심히 기도에 정진하며, 하늘의 평화와 조상님의 편안함, 내 신도들의 가정에 건강과 행복을 기원했다.

그러는 사이 2년의 시간이 흘러갔다.

신 선생님과도 많은 갈등과 고통이 있었지만, 하늘과 조상님께서는 "배신하면 안 된다.

힘들고 마음의 상처가 따르더라도 아직은 때가 안 되었으니 가만히 있어라. 3년의 시간이 지나야 하니 그때까지는 꼭 참고 기다리고 있어라" 하시는 것이었다.

참으로 답답하고 답답했다. 나보고는 항상 착하게 살아라, 정직하게 살아라, 가르치시면서 주위 사람들이 나쁘게 행하는 것은 참아라! 하시니 이해가 가질 않았다.

주위에서 좋은 선생을 소개해 줄 테니 만나보라는 권유도 많이 있었지만 그때마다 조상님께서는 반대하셨다. "조금만 더 기다리고 있으면 정말 훌륭한 분을 인연 맺어줄 것이니 기다려라" 하시는 것이었다.

"그러면 지금 당장 해주세요. 왜 굳이 더 기다리라 하시는지 모르겠어요?" 하자 지금은 때가 안 되었다고 말씀하셨다.

우리 자손이 하늘에서 내려준 공부 과정 3년이 다 되질 않아서 어쩔 수 없고 하늘의 '천명'을 바꿀 수는 없으니 조금만 더 참고 열심히 하라는 것이었다.

만남 1. 하늘이 내게 주신 최고의 선물 인황님

3년이라는 시간 동안 나 자신과의 싸움에서 참으로 힘들었고 괴로워하며 남모르게 눈물도 많이 흘렸다. 그러나 나에게는 이루고자 하는 인생의 꿈과 목표가 있었기에 그 눈물의 세월을 인내할 수 있었다.

오로지 내 목표는 셋.

첫째는 하늘의 제자가 되고 싶었다. 둘째는 나의 정성으로 내 사랑하는 조상님의 영혼이 편히 잠들고 천상세계에서 행복하셨으면 하는 것이고, 셋째는 중생들을 구제함으로써 하늘의 뜻과 하늘의 존재를 인간사에 펼치는 것이었다.

하늘에서 내 정성과 진심에 윤허하여 주실 날만 손꼽아 기다리며, 하지 말라 하는 것은 하지 않았고, 작은 일에서부터 큰일에 이르기까지 항상 행하기 이전에 하늘에 허락을 받아 움직이려 노력했다.

그러하다 보니 하늘과 조상님은 저 멀리 높은 곳에 계신 분이 아니셨고, 항상 내 마음속에 내 곁에 현실로 존재하고 계심을 알았다. 그러던 어느 날 하루 일과를 마치고 잠자리에 들었는데 희한한 꿈을 꾸게 되었다.

아침에 일어나 해석을 하여 보니 반갑고 귀한 인물을 만난다는 꿈이었고, 하늘과 조상님이 이미 허락하신 상태이니 꼭 만나야 된다는 계시였다.

이상했다. 누구를 소개로 만나려고 해도 만나지 말라고 반대하시고, 허락해 달라고 부탁을 드려도 안 된다고 매일 반대만 하시던 분들이다.

내가 부탁을 하고 말씀드리기 전에 "귀인이니 만나라"고 먼저 말씀을 해주신 경우는 이번이 처음인지라, 기쁘기도 하고 깐깐하신 하늘과 조상님께서 인정하실 정도라면 보통 제자가 아니라는 생각이 들었다.

3년 동안의 힘든 수행 과정에서도 "잘했다"라는 말씀보다는 "잘해라"라는 말씀을 항상 하실 정도로, 칭찬에 인색하신 분들이 "귀한 인물이니 만나라" 하신 이 말씀은 "정말 대단한 제자이니라" 하는 깊은 속뜻이 담겨 있다는 것을 이 제자는 누구보다도 너무나 잘 알고 있었다.

긴장과 기대감에 설레면서 오전의 시간은 흘러 오후에 만남의 시간. 서로 짧은 인사와 함께 하늘과 조상님의 얘기로 각자의 생각과 이상을 논하기 시작하면서 내 머릿속은 복잡해지기 시작했다. 3년 동안 제자의 길을 가면서 누구를 통해서도 들어보지도 못한 이상한 얘기만 하는 것이었다.

일명 사이비 비슷했다. 현실에서는 이룰 수도 없고, 이루어질 수도 없는 희한한 얘기 정도가 아니었다.

더 듣고 있다가는 나도 이상해질 것 같은 느낌이 들어 바쁘다 핑계를 대면서 자리를 뜨려 하니 명함 하나를 건네주면서 한 번 들르라는 것이었다.

'됐다'고 할까 하다가 예의가 아닌 것 같아 "예" 하고 받아들고는 버릴까 말까 하고 있는데 귓전에서 "버리지 말라"라는 신의 소리가 들리는 것이었다.

"버리지 말라"라고.

3년의 혹독한 하늘공부가 끝나면 큰 후사를 하신다고 아무도 못 만나게 해 오로지 한 길 하늘만 믿고 열심히 기도정진했건만 이것이 하늘에서 나에게 내린 후사였던가? 참으로 기가 막히고 이해할 수가 없었다.

그러나 기가 막히고 이해가 가질 않는다 해서 하늘의 뜻을 하찮은 인간이 무시할 수는 없는 일. 혹시 꿈이 잘못된 것이 아닌가 여쭤보고 싶어 기도에 들어갔다.

"하늘은 너희 사람들처럼 실수하지 아니하고 같은 말을 두 번 이상 반복하지 않느니라. 너에게 친히 나의 뜻을 전하여 주었고, 너와 한 약속도 현실로 이행하여 주었으니 행을 함도, 행을 하지 않음도 너의 마음이니 마지막 결정은 너에게 달려 있느니라" 하시는 것이었다.

믿어야 하나 말아야 하나 갈등이 생겼다.

힘들어할 때 항상 곁에서 위로해 주고 잘되기만을 바라주신 내 인생의 동반자요, 결정을 내림에 있어서도 갈등을 하고 있으면 일러주고 밝혀주신 내 인생의 훌륭한 나침판 역할을 해주신 대단한 분들의 말씀을 못 믿는다면 내 3년이라는 시간은 어찌 되는 걸까?

내 짧은 소견으로 남을 판단하려 하고 잠시 잠깐 하늘을 의심했던 나 자신의 실수를 빌고 명함을 꺼내 전화통화한 후 방문하기로 약속을 했다. 하늘에서 맺어준 인황님과 두 번째의 만남은 이렇게 시작되었다.

만남 2. 천상세계를 다녀와서

넓은 대기실과 화려한 집무실.

대기실과 집무실을 지나 넓은 신전이 눈앞에 펼쳐지는 순간 나의 눈은 빛을 발하고 있었다. 너무나도 정교하고 근엄하게 잘 모셔져 있는 신전의 모습.

처음 만남과는 느낌이 많이 달랐다. 1시간 동안의 말씀을 반은 진심으로 반은 건성으로 들었다. 그 내용인즉 천상세계나 지옥세계로 나의 산 영혼을 보낼 수도 있고 산 사람(생령)의 영혼도 부를 수 있으며 우리 인간사의 고민, 걱정, 질병 모든 것을 해결할 수 있다 하시는 것이었다.

그렇게 말씀으로만 하시지 말고 사실이라면 천상의 모습을 한 번 보여 달라고 제안을 했다. 살아서도 죽어서도 모두가 가고 싶어 하는 꿈의 이상향 세계, 그곳이 바로 천상세계가 아니던가? 꿈이 현실로 이루어지는 감동의 순간.

신전에 들어가 예의를 갖추어 인사를 올리라는 말씀과 함께 의식은 시작되었다. 하늘에 고하는 의식이 시작되면서 법문도 시작되었다. 그런데 어찌 된 일인지 가슴이 쿵쿵 뛰기 시작하였고 기쁨에 들뜬 내 기분은 최고의 상태로 올라가 있었다. 정말 이런 기분 처음이었다.

감격과 감동의 순간. 너무 황홀하여 말로는 형용할 수도, 감히 표현할 수도 없는, 말로만 듣던 천상세계로 승천하라는 인황님의 법문과 함께 내 영혼은 저 높고도 높은 천상세계에 정말 눈 깜박할 사이에 도착해 있는 것이 아닌가?

인황님의 황명에 따라 내 영혼은 자유자재로 움직이기(꼭 리모컨으로 나를 조종하고 있는 듯한 느낌을 받을 정도로 신기했음) 시작하여 천황님이 계신 궁전 안으로 도착하기에 이르렀다.

큰절을 다섯 번 올리라는 인황님의 말씀과 함께 내 영혼은 벌써 절을 올리고 있었다. 고개를 들어 천황님 전에 누구라고 밝히라는 인황님의 지시가 이어졌다.

지시대로 행하고 난 뒤, 아니 행하고 난 것이 아니라 인황님이 지시만 내리면 내 영혼은 기다렸다는 듯이 내 의지와 상관없이 그렇게 행하고 있는 것이었다. 다음 순서로 천황님께서 뭐라 하시는지 들어보라 하셨다.

아무 말씀도 안 하시고 활짝 웃어주신다고 나는 본 대로 대답했다. 그런데 신기한 일들은 그 후(천상세계를 다녀온 후)부터 계속 일어났다.

내가 속이 상한 일이 있어 고민하고 있으면 누가 해결해 놓은 것처럼 모든 것이 내가 원하는 대로 되어 있는 것이었다. 그 많던 눈물도 어디로 갔는지 없어져 버렸다(인생의 아픔이 없어졌다는 뜻). 그러면서 스스로 인황님의 존재와 천황님의 숨은 존재를 알아가게 되었고, 하늘에서 왜 인황님을 귀하시고 대단하시다 하셨는지 조금씩 알 수 있게 되었다.

내 삶의 근심걱정 모두 소멸해 주시고, 내 영혼을 천상세계에 다녀오게끔 도와주시고 윤허를 하여 주신 인황님과 천황님, 정말로 고맙습니다, 라고 마음속으로 되뇌어 감사의 말씀을 드렸다.

만남 3. 하늘의 대행자

그 후로 며칠이 지나갔고 많은 고민 끝에 중요한 상담을 하러 인황님을 다시 찾아갔다.

조심조심 말을 꺼내기 시작했다. 제가 천상세계를 다녀온 사실과 다녀온 뒤로 많은 변화가 있었고, 지금도 계속 많은 변화는 오고 있는데, 한 가지 궁금한 것이 있어서 방문을 했노라고 말을 하니 편히 얘기를 하라 하셨다.

천상세계에 다녀와서 기쁘긴 한데 그 화려하고, 근심걱정 없고 아름다운 세계, 꿈의 세계, 환상의 세계에 어찌 내 사랑하는 조상님의 모습은 보이지 않느냐고 여쭤보았다.

사실 나는 3년이라는 시간 동안 기도정진을 하면서 통장에 모아두었던 돈과 그것도 모자라 가족들의 돈도 모두 빌려다가 조상님께 좋다는 것은 아낌없이 모두 해드릴 정도로 굿과 천도재를 여러 번 해드린 상태였다.

그리고 우리 조상님은 분명히 천상세계로 올라가 계신다고 생각하고 있었는데, 그날 올라가 본 천상세계에는 우리 조상님이 안 계신 것 같아 걱정도 되고 실망이 되어서 고민하다 찾아왔노라고 말씀을 드렸다.

그랬더니 하시는 말씀이, 직접 내 몸으로 조상님을 하강시켜 줄 테니 그 이유를 알아보라고 하셨다. 의식이 시작되면서 언제나 내가 힘들어하고 아파할 때면 때와 장소를 가리지 아니하고 나의 몸으로 하강하여 내가 궁금해하는 부분을 세심하게 일러주시는, 청춘에 돌아가신 나의 불쌍하신 언니가 하강을 하는 것이었다.

그러고는 인황님 전에 정중하게 인사를 올리고 나서는 눈물을 흘리는 것이었다. 우리 언니는 매일 그랬다. 처음에 나의 몸으로 하강하였을 때도 울었고, 3년이 지난 지금도 하강만 하면 울고 또 울고 또 운다.

매일매일 울어도 그칠 줄 모르는 언니의 울음에 가슴이 아파 나도 울고 언니도 울었다.

우리는 매일 그렇게 서로를 불쌍히 여기며 언니는 나를 도와주고 싶어 했고, 나는 언니의 흐르는 눈물을 멈추게 할 수만 있다면 무엇이든 해주고 싶어 돈을 아끼지 아니하고 무엇이든 다 해주었는데 언니는 오늘도 울고 있었다.

인황님의 말씀이 이어졌다.

“그렇게 슬피 우는 연유를 말해 보시오.”

“살아생전에 나의 몸이 간암, 폐암으로 많이 아파 병석에 누워 있을 때 내 동생은 나를 살려보려고 자기 통장에 있는 돈까지 모두 나의 병원비로 썼습니다.

한 번도 아깝다 생각 안 하고 병원에서 사형선고를 받고 집에서 요양을 취하고 있을 때도, 하늘의 천명을 받아 가는 마지막 길도 끝까지 지켜보며 내 동생은 너무 가슴 아파했고 눈물도 많이 흘렸습니다.

죽어서라도 내 동생에게 받은 은혜는 꼭 갚겠노라고 다짐을 했는데, 죽어서도 은혜를 동생에게 갚지 못하고 이렇게 힘들게 하고 있으니 이를 어쩌면 좋습니까?

천상세계로 가라고 굿과 천도재를 수도 없이 많이 해주었는데, 그 정성에도 못 가고 이러고 있으니 미안하고 동생이 불쌍해서 이렇게 울고 있습니다."

그러면 불쌍한 동생을 도와주면 되지 왜 못 도와주느냐고 인황님이 묻자, 언니의 울음은 극에 달해 절규에 가까울 정도의 울음으로 변해서 하는 말이 "살아생전에는 죽으면 모든 것이 끝이고, 안 그러면 죽어서는 살아생전에 하지 못했던 일들을 더 자유롭게 할 줄 알았는데, 죽어보니 사후세계의 법도는 너무나 엄격하고, 대단하신 신명님들이 너무 많아 내 마음대로 아무것도 할 수 없습니다.

내 마음대로 복 줄 것 같으면 내 동생에게 좋은 것 다 갖다 주지, 이렇게 목 놓아 울고 있겠습니까?" 조상들 마음대로 복 줄 것 같으면 이 세상에 못사는 사람이 어디 있겠느냐는 반문을 하면서, 제발 내 동생 도와줄 수 있도록 힘 좀 달라고 인황님을 잡고 사정하면서 울고 있었다.

그러면 이 은혜 평생 잊지 않고 갚아드릴 테니 불쌍하고 착한 내 동생 좀 살려 달라고 애원하고 있었다. 인황님도 눈시울이 빨개진 상태에서 그럼 어떻게 해야 동생을 도와줄 수 있느냐고 방법을 알고 있으면 일러달라 하셨다.

원하는 대로 모두 다 해줄 테니 내 동생한테 미안해 말할 면목은 없지만 이 방법이 내 동생을 살릴 수 있는 유일한 길이니 염치 불고하고 말하겠노라며, "천상세계 자미천궁으로 입천시켜 주세요" 하는 것이었다.

나와 인황님은 너무 놀라 눈이 휘둥그레졌다. 사실은 인황님을 만나기 20일 전에 큰돈을 들여 조상님 천도재를 올려드렸고, 돈이 모자라 빚까지 진 상태라는 것을 인황님도 알고 계신 상태였다.

그러한 사실들을 언니에게 얘기하자, "내 동생 정성 덕분에 주린 배는 채우고 헌 옷도 새 옷으로 갈아입기는 했지만 내가 원하고 바라는 것은 입혀주고 먹여주고 놀아 달라는 것이 아니라 천상세계로 입천하고 싶습니다.

그래야 천상의 천황님 전에 빌고 빌어 복을 타다 동생에게 줄 수 있습니다"라고 말하는 것이었다.

인간의 수명과 복은 천상세계(하늘)의 주인이신 천황님(하늘)의 권한이신데, 매일 조상님한테 복을 달라 하고 있으니, 하늘도 답답하고 정성 들이는 자손에게 복을 주고 싶은데 못 주고, 힘들게 살아가는 자손을 지켜보는 조상님들의 마음은 더 아프고 쓰리다고 일러주시는 것이었다.

그러니 내 동생이 돈이 없더라도, 돈 없다 하지 말고 그 길만이 내 동생이 하늘의 복을 받아 행복을 누릴 수 있는 길이고, 여기에 계신 인황님은 그렇게 행할 수(천상세계로 입천시키는 일) 있으신 분이시니 내 동생을 도와달라고 하시는 것이었다.

나 역시도 조상님이 자손들을 잘되게 해주신다고 알고 있었는데 언니의 말을 통해 전해 들은 이 사실들은 청천벽력과 같은 말들이었다.

인황님이 언니에게 마지막으로 한 가지만 더 물어보겠다고 하시며, 동생이 돈이 없어서 그러니 조금만 시간을 달라고 했다. 그러면 열심히 모아서 빠른 시간에 소원을 이루어드리겠다고 말을 하자 언니는 울던 눈물을 그치더니 버럭 화를 내는 것이었다.

"내 동생이 불쌍하지도 않나요?

정말로 피나는 노력도 많이 했고, 고생도 많이 했는데 이제는 이런 동생이 행복하게 살면 안 되나요? 나 행복하게 해달라는 것이 아니라 내 동생을 도와줄 수 있는 길은 그 길 외에는 없습니다."

사람이 저 높은 하늘에 스스로 빌어 하늘의 윤허(허락, 승낙)를 받아 하늘의 복을 받는다는 것은 있을 수도 있지만, 세월이 많이 걸리고 사람이 하늘의 말을 못 알아듣듯이 하늘 역시 사람이 하는 말을 못 알아듣는다 했다.

죽은 조상이 하늘(천상)에 입천되어 자손들의 소원을 대신 빌어줘야(하늘과 죽은 영혼의 대화는 서로서로 통하기에) 소원이 이루어지고 질병도 소멸되어 근심걱정 없는 편안한 세상을 살아갈 수 있으니, 내 동생을 진심으로 생각한다면 지금이라도 당장 해주라고 부탁하는 것이었다.

내 동생이 3년의 수행 과정이 끝나면 하늘에서 큰 후사를 하겠노라고 한 것은 바로 내 조상님이 천상세계 자미천궁으로 입천하는 영광이고, 인황님을 귀한 인물로 표현해 주신 이유는 천상세계로 죽은 조상님 영혼을 입천시킬 수 있는 유일한 하늘의 제자, 하늘에서 선택한 특별한 제자이기에 귀한 인물이라 하셨다 하는 것이었다.

내 동생 역시 하늘의 시험에 통과하여 인황님을 만나는 영광 즉, 하늘을 직접 만날 수 있는 영광을 누렸고, 내 동생도 하늘에서 시험을 내렸듯이, 인황님도 하늘의 시험에 통과하여 하늘을 감동시켜 오늘의 이 대단한 영광, 하늘이 숨겨놓은 귀한 제자로 선택받으신 것이라고 상세히 일러주었다.

앞으로는 내 동생뿐만이 아니라 더 많은 중생들과 죽은 조상님 영혼들이 인황님을 통하여 하늘로(자미천황님 궁궐) 입천하고자 바빠질 것이니, 내 동생을 잘 도와주시고 나면 후에 더 중요한 하늘의 뜻을 순서대로 일러주겠노라고 말했다.

이런 중요한 사실들을 미리 동생에게 가르쳐줄 수도 있었지만 미리 가르쳐주지 못한 것은 이 또한 하늘의 뜻이었기에 어쩔 수 없었다고 말했다.

결과(정답)를 미리 가르쳐주고 시험을 보게 하면 누구나 할 수 있는 일이고, 미리 결과를 알고 나면 노력과 고생도 안 하기에 쉽게 얻은 것은 소중함도 귀함도 모르게 된다고 했다.

피나는 노력의 결실로 맺은 그 열매(성과)는 누가 흉내 낼 수도 탐낼 수도 없이 존귀한 것이라며 하늘에서 크게 하늘의 제자로 쓰기 위해 피나는 고생을 시켰노라고 하셨다.

그 뒤로 며칠 후에 조상님 천상입천의식이 거행되었다.

우리 조상님과 언니는 인황님께 몇 번이고 감사하다고 인사를 올렸다.

우리 동생 잘 부탁드리고 하늘의 뜻을 받들어 큰 인물, 귀한 인물 되시고 내 동생처럼 착하고 하늘을 받들어 모시는 자손들과 구천세계 방황하는 불쌍하고 가련한 만 신령님들, 만 조상님들을 천상세계로 열심히 입천발원하여 드리라고 신신당부하면서 천상세계로 올라가시는 영광을 누리셨다.

꿈에서도 현실에서도 그렇게도 바라던 우리 조상님들과 언니가 천상세계로 입문되시는 순간, 내 눈에서는 뜨거운 감동의 눈물이 흘러내렸다.

내 소원(우리 조상님 천상세계 입문)을 이루어주신 인황님이 나에게는 신이었고, 정말로 하늘이 내린 귀한 인물임을 내 스스로 다시 한 번 느낄 수 있는 감동의 시간이었다.

내 조상님의 영혼을 편히 쉴 수 있게 아름다운 꿈의 세계 천상세계로 입천시켜 주신 인황님과 천황님 전에 깊은 감사를 드립니다.

"하늘이 나에게 내려주신 이 깊은 은혜! 만 사람들에게 많이많이 전파할 수 있도록 많은 질책과 깨달음 내려주시고 인황님을 통하여 올바른 제자로 클 수 있도록 하늘의 지혜 내려주세요"라고 매일매일 기도 발원을 올린다.

만남 4. 죽은 사람들이 가는 명부전을 다녀와서

그 후로 인황님을 통하여 하늘공부는 계속되었다.

하늘공부는 해도 해도 끝이 없었다.

3년의 수행 과정이 끝나면 모든 것이 끝인 줄 알았는데, 그 과정을 쉽게 표현하면 제자 길에 들어서는 예행연습에 불과했고 진정한 하늘공부는 이제부터 시작이었다. 하루는 인황님으로부터 전화가 왔다.

중요한 공부를 할 것이 있으니 어서 오라고 하시기에 무엇인가 궁금하기도 하고 잘할 수 있을까? 걱정도 하며 약속 시간에 맞추어 도착했다. 인황님이 하시는 말씀이 "천상세계도 다녀왔으니 오늘은 명부시왕전을 다녀오라고 불렀다"고 하시는 것이었다.

순간 가슴이 철렁했다.

아무리 신의 공부도 좋지만 명부전은 죽은 사람들이나 가는 곳이 아니던가? 천상세계는 죽어서도 살아서도 누구나 궁금해하고, 가고 싶어 하는 동경의 세계이기에 아무 거부 반응이 없었지만 명부전은 말만 들어도 소름이 끼치고 겁이 났다.

싫다고 할 수도 없고 하긴 해야겠고… 더구나 인황님도 명부전으로 산 영혼을 보내는 것은 이번이 처음이라고 하시는 것이었다. 더 무서웠다.

하필이면 그 시험 대상이 왜 내가 되는지 원망스러웠다.

명부전에 갔다가 돌아오는 길을 몰라 못 찾으면 나는 영영 죽은 세계에 머물러 있게 되는 것이 아닌가? 부모님 생각이 나고, 평상시에는 그다지 사랑하지도 않던 내가 알고 있는 모든 사람들이 소중해지고 보고 싶어졌다.

잘못되면(명부전에서 못 돌아오면) 집으로 연락해 달라고 부탁을 하고, 입천발원도 잘 부탁드린다고 한 후에 집 주소와 전화번호를 적어 드리고 명부전 출발의식은 거행되었다.

호랑이한테 잡혀가도 정신만 차리면 된다고 생각하며 꼭 살아서 돌아오겠노라고 다짐한 뒤, 무의식 상태에서 인황님의 황명에 따라 나의 산 영혼(생령)은 명부전을 향하여 출발했는가 싶더니 어느새 도착해 있었다.

인황님의 황명에 따라 명부시왕님께 인사를 올렸다. 고개를 들 수도 없었고, 무서워 말도 제대로 할 수가 없었다. 어디선가 음성이 들려왔다.

"그대는 누구이고, 이곳에 어인 연유로 왔는지 고해야지 그렇게 고개만 푹 숙이고 있으면 내가 그대의 얼굴을 어찌 보겠는가?"

"자! 이제는 고개를 들라!" 하시는 음성이 들려왔다.

명에 안 따르고 화나게 하면 영영 잡혀서 못 돌아갈까 봐 말이라도 잘 들어야지 하면서 고개를 들려고 하는데 고개가 얼마나 무거운지(겁에 질려서) 쉽게 들리지가 않았다.

이를 악물고 있는 힘을 다해 억지로 고개를 들어 얼굴을 마주한 순간 깜짝 놀라고 말았다.

내 상상과는 달리 하나도 무섭지 않고 너무나 인자하시고 잘생긴 미남의 모습이었다.

용기를 얻어 이곳에 오게 된 이유를 사실대로 말씀드렸더니, 이미 천황님께 들어서 알고 계시다는 것이었다. 그러면서도 많이 궁금하셨다고 하신다.

모든 사람이 죽어서도 오기 싫어하고 겁내는 이곳을 하늘에 대한 믿음이 제아무리 강하다고 하더라도 과연 올 것인가? 오늘 제자들의 하늘에 대한 충성심과 믿음에 다시 한 번 놀랐다고 하시며, 과연 하늘의 제자는 뭔가 달라도 확실히 다르다고 칭찬하시면서 흐뭇하게 웃어주시는 것이었다.

이렇게 죽음을 각오하고 힘든 길을 찾아왔으니 오늘 중요한 공부를 시켜주겠다며 명부전의 제1전에서부터 제 10전까지 인사를 시켜주시면서 그분들의 역할을 모두 가르쳐주셨다. 착한 선행을 많이 한 영혼들과 악한 일을 많이 한 영혼들의 사후세계 차이점을 가르쳐주시었다.

지금에 보고 들은 이 상황을 세상의 많은 사람들에게 알려 살아서 깨닫게 하고, 앞으로 해야 할 일들이 많이 있으니 열심히 기도정진에 힘쓰고 나중에 인연이 되면 다시 만나기로 하고 돌아가라 하시는 것이었다.

인간사의 교도소도 나쁜 짓을 한 사람에게나 무섭고 두려운 존재이듯이, 이곳 명부전도 인간사에서 나쁜 짓을 많이 하고, 하늘을 몰라보고 조상님을 몰라본 자손에게나 형벌이 가해지는 두려움의 세계라고 가르쳐주셨다.

오늘 우리 제자가 보고 듣고 느꼈듯이 하늘이 윤허한 자손에게는 하나도 무섭지도 두렵지도 않은 그런 세상이니라. 훗날 다시 만나면 더 많은 것을 일러주기로 하고 오늘은 초행길이니 이만 지상으로 돌아가라 하셨다.

안도의 한숨과 함께 짧은 순간이었지만 깊은 깨달음 꼭 잊지 않겠다고 큰절을 올린 후에 인황님의 황명에 따라 지상에 있는 나의 산 육신을 찾아 내 영혼은 바삐 움직였다.

드디어 나의 육신과 다시 합쳐지는 순간, 무의식 상태에서 머나먼 길을 다녀온 내 영혼은 왠지 모르게 지쳐 있는 모습이었지만 아무 탈 없이 살아서 돌아와 기뻤고 명부전을 다녀왔다는 사실이 입증되는 감동의 시간이었다.

만남 5. 산 기도에서 만난 기적

놀랄 일은 그 후로도 계속 이어졌다.

인황님과 산에 기도를 가기로 하고 서로 일정을 맞추어 일주일 후로 날을 정했다. 3~4일 전에 일주일 일기예보를 우연히 보게 되었는데 하필이면 우리가 기도를 가기로 한 날 전국적으로 비가 내린다는 것이었다.

인황님께 전화를 걸어 날짜를 미루자고 하니 하늘과의 약속인데 어찌 어길 수가 있느냐고, 비를 맞고서라도 일정대로 산행을 해야 한다고 하시는 것이었다.

기도 준비를 하여 산으로 출발은 하였지만 장대비로 인하여 앞이 보이지 않았고 속도를 낼 수도 없었다.

차 안에서도 비를 맞고 산에 오를 일과 2~3시간 기도할 생각을 하니 걱정은 더 커져만 갔다. 좋은 날에 가도 되련만 굳이 오늘 가야 된다고 하신 인황님이 원망스러웠다.

원망의 소리로 한마디 건네었다.

"이렇게 비가 많이 쏟아지는데 그냥 돌아가고 다음에 다시 오기로 하지요?" 솔직히 지금이라도 되돌아가고 싶었다.

그런데 인황님은 운전하면서 하늘에 계신 천황님께 고하듯이 말씀하셨다.

"우리 두 제자가 기도를 올리고자 출발을 하여 앞으로 2시간 후에는 목적지에 도착할 예정입니다.

이렇게 비가 계속 온다면 제자들의 고생이 이만저만이 아니니 오니 산에 오르고 기도가 끝날 때까지 만이라도 장대비를 멈추어주세요!"라고 말씀하시는 것이었다.

말도 안 되는 소리를 하시는 인황님을 보고 순간 나도 모르게 웃음이 터져 나오고 말았다.

장대비는 멈출 줄을 모르고 더 굵어지고 세차게 내리고 있었다. 산 입구에 도착 5분 전, 이변이 아니 기적이 일어나고 말았다. 비가 멈추어버렸다. 장대비가 언제 내렸냐는 듯이 고요하게 멈추어버렸다.

세상에 이럴 수가!

우연의 일치라고 하기에는 믿기지 않았다.

그렇다고 인황님의 능력으로 보기엔? 내 앞에서 펼쳐진 이 상황을 어찌 설명해야 하고 이해해야 하는지 정신이 하나도 없었다. 어찌 됐든 장대비는 멈추었고 덕분에 산행과 기도를 성공리에 잘 끝낼 수 있었다.

처음으로 인황님과 산으로 기도를 다니러 왔는데 남자분이 꼼꼼하게 정성껏 준비를 잘해 오신 모습을 보고 다시 한 번 놀랐다. 비는 멈추었지만 산은 온통 물바다라 돗자리를 깔아도 아무 소용이 없을 정도였다.

그래서 난, "바닥이 다 젖었으니 반절로 예의를 올리지요?" 하는데 인황님은 벌써 젖은 바닥 위에서 옷이 젖는 것은 개의치도 아니하시고 큰절을 올리고 계시는 것이었다.

천상의 조상님 전에 "죄송합니다"라고 사죄를 드리고 따라서 큰절을 올렸다.

법문을 하시는 시간도 오래 걸렸다.

철두철미하시고 완벽을 추구하시는 하늘에 계신 천황님과 조상님께서 왜 인황님을 귀하게 여기시는지 다시 한 번 내 눈으로 확인했고 반성도 많이 하였다.

인황님을 만나기 전에 여러 명의 제자들을 만나봤지만 이렇게 열성적으로 정성껏 하는 제자는 내 생전에 처음 보았다.

나 역시 정성껏 한다고 하지만 남들이 그렇게 안 하다 보니 정성껏 하고자 하는 나를 유난 떤다고들 해 남들 눈치 보느라 맘껏 못한 부분도 있었는데, 오늘 내가 본 인황님의 모습은 정말 존경 그 자체였고 내가 그렇게도 찾아 헤매던 이상향의 숨은 인물이었다.

"야호" 하면서 나는 속으로 쾌재를 불렀다.

3년 동안 기도하면서 신령님 전에 애절히 말씀드렸었다.

제발 마음씨 착하고 정말 하늘을 생각하는, 조상님을 생각하는 그 마음이 지극하여 진정한 마음으로 하늘을 섬기고 조상님을 받드는 훌륭한 분을 인연 맺어 달라고 했었다.

지금 내 눈앞에서 그 꿈이 현실로 이루어졌다. 모든 기도가 끝나갈 시간이 되자 신기하게도 빗방울이 한두 방울씩 다시 천천히 내리기 시작했고, 차에 올라 출발하려 하자 장대비가 다시 쏟아지기 시작했다.

기도 들어가기 전에 장대비가 멈춘 것이 더 신기한 일인지, 아니면 기도가 끝난 줄 알고 다시 쏟아지기 시작한 장대비가 더 신기한 것인지, 멈춘 장대비와 다시 내리기 시작한 장대비.

모두가 정말 신기, 신비, 그 자체였고 인황님도 내 눈에는 신기하게 보였다.

그 후로도 계속 산 기도를 다녔지만 거짓말이 아니라 비 맞고 기도해 본 적은 아직까지 한 번도 없었다.

4~5년 동안 함께 산행을 했고 수많은 기도를 하면서 현실로 이

루어진 모든 일들을 낱낱이 기록하여 만 사람들에게 알릴 수 없는 사실이 안타깝다.

나중에 기회가 되면 더 많은 사실들을 상세히 서술하기로 하고 열심히 최선을 다하여 내 한 몸 아끼지 아니하고 불사르면 언젠가는 내 소원이 이루어진다는 사실과 진실을 알게 되었다.

처음에 인간사를 포기하고 신의 제자 길을 선택함에 있어서 고민도 많았고 갈등도 많았지만, 세월이 흐른 지금 뒤돌아보고 돌이켜보면 참으로 기쁘고 흐뭇하다.

나의 소중한 것을 포기하고 나면 더 귀한 것을 얻는다는 진리도 알게 되었고, 살아서 더 이상 우리(인황님과 사감 인간사의 삶은 없다는 것도 알게 되었다.

오로지 살아서도 죽어서도 하늘의 천황님 '천명'에 순종할 따름이고, 원 많고 한 많아 구천세계를 헤매는 수많은 조상님들을 천상에 천황님이 계신 자미천궁 궁궐로 입천시켜 소원을 이루어드리는 것이 우리의 사명이다.

천상에 천황님의 윤허에 누구나 살아서도 죽어서도 근심걱정 질병 없는 이상향의 세계를 살게 하고자 노력할 것이고, 하늘의 뜻과 천상에 천황님의 존재를 만 세상에 펼치는 것이 우리가 인간으로 태어난 사명이라 하셨다.

8년이라는 시간 동안 많은 방황의 시간과 고통의 시간이 함께했지만 천상에 천황님의 윤허하심에 감사드리며, 하늘의 제자로 선택하여 주심에 다시 한 번 감사드린다.

죽는 그날까지 우리의 영혼을 불태워 충성하겠노라고 매일 고하고 있고, 천황님의 능력으로 인황님과 사감의 이적은 계속 일어나고 있다.

자미국 자미천궁 개국

8년이라는 기나긴 기도생활과 수행 과정은 끝이 나고, 하늘의 뜻을 널리 펼치고자 자미국 자미천궁은 개국 준비에 들어갔다. 하늘의 윤허를 받기까지 무려 8년이라는 시간이 걸렸다.

끝없이 반복되는 하늘공부에 주위의 반대도 많았고 따가운 눈초리도 많았지만 오로지 하늘과 조상님만 생각하며 모든 것을 인내했다.

개국 준비를 하려 하니 문제는 돈이었다.

8년 동안 하늘을 받들고 조상님을 섬기는 일에만 전념하다 보니 통장의 돈은 다 떨어지고 그야말로 진퇴양난의 순간이었다. 돈을 구하려고 몇 군데 알아도 보았지만 잘되지 않았고 한숨만 저절로 나왔다.

포기할까도 생각해 보았지만 여기서 포기한다면 우리의 8년이라는 시간은 어떻게 되는 걸까?

포기를 하자 하니 내 삶의 모든 것이 무너지는 듯 아찔한 현기증이 밀려와 눈물이 저절로 나왔고, 그 고생의 시간이 너무너무 아까워 미쳐버릴 것만 같았다.

지금 비록 손에 돈은 없을지언정 반대로 하늘이 내려주신 신비한 능력은 있었다.

암 환자도 고쳐 보았고, 우울증 환자도 고쳐 보았다. 정신 이상자, 부부갈등, 사업문제, 자손문제, 이 밖에도 인간사에서 그 아무리 노력을 해도 안 되었던 모든 부분들이 하늘의 힘을 빌리고 조상님의 힘을 빌리면 문제가 말끔히 해결되는 이적을 매일 보았고 만인들에게 인정도 상당히 받았다.

이러한 부분도 포기할 수는 있었지만 내 마음에서 사라지지 않는 것은 내가 여기서 포기한다면 하늘이신 천황님은 어떻게 되시는 걸까?

전지전능하시되 모습이 없으시고, 음성은 있으시되 우리의 언어와 다르다 보니 알아듣는 이 없어 세월을 답답하게 계셨다면서 우리와 함께하기 위해 기나긴 세월 동안 하늘의 뜻을 올바르게 펼 수 있도록 공부시켜 주셨다.

이제는 모든 공부 다 끝났으니 뜻을 펼치자 하시는데 현실의 문제인 돈이 없으니 어느 것 하나도 절대로 포기할 수도 포기해서도 안 되는 운명의 시간이 왔다.

이 시간을(하늘의 윤허) 위해서 8년 동안 아무것도 안 하고 오로지 하늘공부만 했다. 뿐만 아니라 하늘의 계시를 받아 1년 동안 불철주야로 집필한 책도 한 권 있었다.

하늘도 울고, 땅도 울고, 조상님도 울고, 산 자손도 다시 한 번 울 수밖에 없는 운명의 시간이었다.

그렇게 슬픔과 괴로움으로 절망하고 있을 때 하늘에서 신비한 조화를 내려주셨다.

절대로 안 해 준다고 돈 얘기 하지도 말라던 상대방에게서 갑자기 전화가 오더니 며칠 생각해 봤는데 그때는 미안했다면서 돈을 융통해 줄 테니 다시 한 번 해보라는 것이었다.

순간 하늘에 계신 천황님을 향하여 감사의 말씀을 올려드리고 이 기쁨을 하늘과 땅과 조상님 전에 고하자, 모든 분들이 환히 웃어주시면서 하늘을 생각하는 그 마음을 보고자 시험하신 마지막 관문이었다 하셨다.

진실로 하늘의 제자는 뭔가 틀려도 틀려야 하고 남들이 없는 곳에서도 하늘을 위하는 그 마음이 남달라야 한다며 정말 대단하게 우리를 감동시켰다 하시었다.

하늘의 제자가 된 것을 축하하고 앞으로 천황님의 화신이자 분신으로, 대행자(인류의 심판자)로서 역할을 지금처럼 조금도 믿음에 흔들림 없이 한마음 한뜻으로 펼치면 이제 더 이상 하늘의 시험이 없을 것이라 하시었다.

그동안 알게 모르게 많은 시험을 내렸었는데 모든 것에 통과한 것을 축하한다며, 천황님과 한 몸이 되어 인간사에 근심걱정과 질병을 조상님 입천제, 천인합체의식을 통해서 원격치료, 직접치료로 모두 치유하여 이상향의 세계를 현실로 이루는 훌륭한 참 제자가 되라고 하셨다.

자미국 자미천궁 개국 준비, 책 출간 준비, 돈 걱정하지 말고 열심히 잘해서 모두가 꿈꾸는 지상낙원의 세계를 천황님과 함께 펼치라고 한 말씀 일러주시고, 개국되면 천황님께서 다시 하강강림하시겠다고 하시면서 끝이 났다.

그 후 신의 말씀대로 모든 준비가 착착 이루어져 한 달 후 자미국 자미천궁은 많은 신령님(하늘, 땅, 신, 조상님)들의 축하와 축복을 받으면서 드디어 개국하였다.

자미천황님의 존재를 만 세상에 펼치고자 하심이고, 여태껏 잘못 받들어진 모든 유불선 종교를 자미국 하나로 통합하여 하늘의 원뜻을 만백성이 직접 보고 듣고 느낌으로써 하늘의 진실을 펼치고자 하심이다.

천상의 하느님, 하나님, 부처님, 예수님은 절대로 종교가 아니라 하신다.

그분들 역시도 하늘의 천명을 받아 인간사에 잠시 잠깐 하강(태어나서)하여 하늘의 뜻을 펴고자 하셨던 분들이시고, 지금도 하늘의 원뜻을 펴고자 하나 종교인들이 진실을 몰라주고 종교의 굴레에 속박시키려 하니 예수님, 부처님하시는 말씀은

"나는 살아생전에 절대로 종교로 나누라 하지 않았고, 우리 나름대로 하늘의 원뜻을 펼치고자 했을 따름이지만, 그 뜻을 이 땅에서 다 펼치고 올 수 없음이 세월이 지난 지금도 후회가 된다 하셨다."

그분들이 살아생전 이루지 못한 애통함의 절규가 하늘을 찌르지만 더 중요한 내용은 예수님과 부처님을 섬기고 모시는 수많은 종교인들이 그분들의 진실한 소리에 귀를 기울여 들어봤으면 좋겠다.

그러하듯이 하늘의 천황님은 종교의 굴레가 아니다. 또한 이곳 자미국 자미천궁도 종교의 굴레에서 종교를 펴고자 하는 것이 아니라 하늘(천황님)의 원뜻을 펼치는 곳이다.

한 치 앞도 알 수 없는 우리의 미래와 자손의 미래, 나라의 미래를 하늘의 보호를 받아 나쁜 것은 사전에 예방하고, 좋은 기운은 승화시킴으로써 서로 근심걱정 없이 밝게 웃으며 인간의 질병은 병원에서 의사를 통하여 완치해야 한다.

병원에서도 고쳐지지 않는 신의 병, 조상님의 병은 하늘과 자미국에 의뢰하여 완치함으로 서로 병들지 아니하고 아프지 아니한 밝고 명랑한 가정과 사회를 이루고자 함이 하늘의 원뜻이다.

자미국 자미천궁!

이를 이루고자 개국되었으니 인생에 남다른 이상이 있거나, 근심걱정 질병 없이 행복하게 각자의 인생을 살고자 하시는 분들은

방문하여 천황님께 의뢰해야 한다.

하늘의 기운이 통하고 조상님의 기운이 통하는 자손은 어서어서 방문하여 근심걱정은 천상의 천황님을 통하여 소멸하기 바란다. 후회는 아무리 빨리해도 늦다 했다.

편안하고 잘되게끔 보이지 않는 기운으로 나를 이끌어주시고 도와주시는 분은 분명 있기 마련이다.

인간의 도리로서 그분의 정체가 누구인지 알아야 함은 당연한 일이라 생각한다. 또한 잠시 잠깐 인간의 몸을 빌려 머물다 가는 동안 나에게 내려진 하늘의 '천명'이 무엇인지 알아야 함도 당연한 일이라 생각한다.

우리가 숨 쉬며 살아가고 있는 삶은 믿음이 아니라 현실이고 우리의 사후세계 또한 믿음이 아니라 언젠가는 갈 수밖에 없는 숙명적 현실이다. 보이지도 들리지도 만질 수도 없는 하늘세계, 신명세계, 사후세계를 스스로 터득하고 느끼기에는 많은 시간과 고통이 따른다.

우리의 삶이 현실임을 깨달아 사후세계 역시 이제는 믿음이 아닌 현실임을 직시하고, 하늘의 뜻을 펼치고 하늘의 '천명'을 받드는 훌륭한 백성이 되자.

제5부

신과 영혼

신과 귀신을 구분하지 못하여 생긴 일

사람은 100년도 못 살고 죽는다.

그러나 죽어서는 수천수만 년 아니 영원하다.

신들은 언제나 사람 몸을 통하여 신비로운 조화를 부리고 싶어 한다.

천지에 만생만물도 무인이면 무용이요, 무인이면 무신이다. 즉, 사람이 없으면 만생만물이 소용없고 사람이 없으면 신(하늘)도 없다는 뜻이다.

그러므로 사람은 신과 하나가 되어야 하며, 이것이 바로 하늘의 순천자가 되는 길이지만 하늘의 뜻을 거역하면 망한다고 하는 역천자 망은 무엇인가.

우리 생활에 모든 풍파와 고통과 원인 모를 질병이나 불가사의한 일들이 일어나는 것은 크게 두 가지인데, 첫째는 신의 기운으로 인한 것과 둘째는 조상님과 억울하게 죽은 영혼의 빙의 그리고 허공중천을 떠도는 자손 없는 귀신이나 원귀, 악귀잡귀, 사탄마귀들로 인한 것이다.

조상님들은 모두 천상 입천제의식을 통하여 천상세계로 보내드려야 하고, 귀신이나 원귀, 악귀잡귀, 사탄마귀들은 왔던 곳으로 돌려보내야 하며 나에게 도움을 주려고 찾아오는 참 신은 각자가 받아들여야 살면서 고통이 따르지 않는다.

신의 모습은 최고 미남과 미녀의 모습을 하고 있다.

악귀잡귀들을 물리치는 신장이나 장군들의 모습은 험상궂게 생겨 일반인들에게는 무섭게 느껴질 수도 있다. 절이나 무속인 법당에 들어가서 신장이나 장군의 그림을 쳐다보지도 못하고 무섭게 느껴지는 사람들은 문제가 있다.

왜냐하면 탱화는 그림에 불과한데 그것을 무서워하는 것은 그 몸에 원귀와 악귀잡귀가 본인도 모르게 들어와 있다는 증거이다. 사람들은 신을 너무 무서워하고 무조건 쫓아버리려고 하는데 잘못된 생각이다.

신은 천인합체의식을 행해서 받아들이고 조상님은 입천제의식을 행해서 정중하게 대우하여 보내주어야 하고 귀신이나 원귀, 악귀잡귀, 사탄마귀들은 내쫓아야 하지만 대부분 사람들이 신과 귀신을 정확히 구분하지 못하고 동일시하고 있다.

신은 우리의 생명이요, 에너지요, 운이고, 복이다.

어려울 때나 어떤 목적을 달성하려고 할 때 하늘이나 신에게 기도한다. 그분들을 좌우에서 보좌하는 신명에서부터 인간세계 국가의 조직처럼 정교하게 짜여 있고 부서별로 신명들이 계급(품계)에 따라 자리를 맡고 있다.

하늘은 천지인 세계 총사령관이신 대우주 천지인 창조주 태상천존 자미천황님과 신명님이신 천상감찰신명님, 기독교의 하나님이신 도리천의 천주 천상천감님, 불교와 도교에서 기다리는 도솔천의 천주 용화세존 미륵존불 천상도감님이 후천세상을 여시고자 자미국 자미천궁으로 내려오셨다.

신은 하나도 무섭지 않다.

귀신이나 마귀, 악귀잡귀, 원한 귀신, 요사귀신, 억울하게 죽은 혼령이 사람 몸에 따라들어 불행한 조화를 부릴 때가 가장 무서운 것이다. 이런 무서운 귀신들을 쫓고 막아주는 분이 바로 신이시다. 그런 신이 내 몸에 들어와 계시면 어떤 귀신들도 내 몸으로 침범할 수 없다.

사는 동안 갑자기 닥쳐오는 불행의 원인은 자기 조상님 중에서 억울한 죽음을 당했는데 자손들이 원과 한을 풀어주지 않아 천상계에 오르지 못해서 오는 경우와 한 많은 귀신이나 악귀잡귀 원귀들이 장난치고 방해해서 오는 경우다.

갑자기 닥치는 불행들이 너무 많아 다 열거할 수는 없지만 신과 조상님, 원귀와 귀신들이 일으키는 일들과 질병들을 나열해 보았다.

뇌출혈, 뇌사(식물인간), 중풍, 당뇨, 백혈병, 돌연사, 심장마비, 암, 교통사고, 방화, 살해, 납치, 강도, 도박, 폭음, 술주정, 폭행, 불면증, 조울증, 우울증, 선천적 장애인, 소아마비, 반신불수, 사업실패, 가정불화, 이혼, 불임, 유산, 금전고통, 원인 모를 질병, 두통, 어깨 눌림, 가슴 답답, 허리통증, 관절 등등 이루 다 헤아릴 수 없다.

신명의 그릇을 크게 갖고 와야

팔자타령이 여기서 나오는 것이다.

누구는 대통령 하기 싫어서 대통령 못하나?

이 세상에 올 때 신명의 그릇을 얼마만 한 것을 가지고 왔느냐가 각자 팔자이다. 큰 그릇은 큰 대로 작은 그릇은 작은 그릇대로 살아가는 것이다.

예를 들면, 껌 장사 팔자를 타고난 사람도 그릇의 크기에 따라 차이가 난다. 인생이 길거리에서 껌을 낱개나 통으로 팔면 껌팔이 신세이다. 반면, 같은 껌을 파는 롯데 껌의 회장은 거대한 롯데그룹을 형성하고 대재벌이 되었다.

이처럼 껌을 팔아야 하는 타고난 팔자는 같지만 신명의 그릇이 어떠한가에 따라 한 사람은 재벌이고 한 사람은 구멍가게나 겨우 하는 처지이다.

또한 청소부하는 운명을 타고났다 하더라도 길거리, 화장실, 사무실에서 직접 청소하는 힘든 일을 하는 팔자냐 이들을 고용하는 청소대행업체를 운영하는 사장, 회장의 팔자냐의 차이가 있다는 말이다.

여러분도 지금 어떠한 일에 종사하든지 그 업종에 있는 것 또한 팔자이겠지만 거기서 행복의 길을 찾아내야 한다.

아무리 노력해도 안 되는 일과 나라 경제 여건이 복합적으로 작용하여 국운이 따르지 않을 때는 아무리 개인 운세가 좋아도 어려움을 극복하기가 쉽지 않다.

하지만 인간의 무한한 노력과 생각으로 안 될 때는 무언가 내 앞을 가로막고 있는 그 무엇이 있는 것이니 이를 찾아내어 소멸시켜야 한다.

요사잡귀가 장난치며 막고 있든가 아니면 한 많고 원 많은 조상님이 방해하고 있다면 요사잡귀는 퇴치하는 방책을 써야 하고, 원이 많은 조상님은 대우하여 천상세계 자미천궁으로 입천시켜 보내드려야 할 것이다.

우리 주위에 갑자기 죽는 사람들을 보면 이해되지 않는 죽음들이 너무나 많다. 불가사의한 죽음과 귀신에게 홀려서 죽었다는 말들을 가끔 들어볼 것이다.

청춘에 죽고 싶어서 죽은 자 어디 있으며 공원묘지에 수많은 무덤이 있지만 핑계 없는 무덤 없고, 원과 한이 없는 망자 또한 한 명도 없다.

모두가 가야 할 저승세계!

언젠가는 가야 하는 사후세상이지만 너무나 일찍 세상을 하직하여 남아 있는 유가족들에게 깊은 상처와 슬픔을 안겨주었다. 이런 갑작스런 죽음 뒤에는 그 원인이 숨어 있지만 일반인들은 알 수가 없고 운이 없어서 죽었다고 말한다.

사람들이 갑작스런 사고나 기타 돌발적인 사태로 죽는 경우는 조상님 원혼들, 신명들, 귀신이나 원귀, 악귀잡귀, 사탄마귀들의 파장이다.

특히 원혼이 되어 구천을 떠도는 영가들은 그 한이 너무 깊어 인간세상에 대한 미련이 강하다.

그래서 자기가 죽었던 똑같은 방법으로 또 다른 상대를 찾아가서 메시지를 전하기 바쁘다. 그것이 바로 빙의이다. 이런 원귀들이 찾아오면 천계의 신명이 돌보고 있지 않는 한 사고나 심장마비로 갑자기 목숨을 잃을 수밖에 없다.

사람들은 수명이 다 되어서 죽었다고 생각한다. 이런 돌발적인 죽음들은 막을 수도 피할 수도 없다. 아무 이유도 모른 채 어느 날 소리 없이 젊고 꽃다운 나이에 세상을 떠나가 가족이나 사랑하는 이에게 슬픔과 미련만을 남겨둔다.

왜 이런 말을 하는가?

그 돌연사로부터 벗어나는 방법을 하늘로부터 계시를 받아 알고 있기에 세상에 널리 알려 생명을 구하자는 것이다. 하루아침에 세상을 떠나가고 있는데도 나는 아니겠지 하고 방심하지 말고 자미국을 통하여 사전에 예방하여 불행은 막고 행복은 영원히 지키자는 의미이다.

그 방법인즉, 조상님들을 하늘의 천명을 받아 천상 자미천궁으로 입천시켜 드리는 것이다.

한번 가면 다시는 돌아올 수 없는 머나먼 길을 자신의 의지로 떠나간 이가 과연 몇 명이나 있을까? 원과 한이 많은 원한 귀신들의 메시지를 살아생전에 몰라보고 자기 마음인 줄 알고 행하다 보니 저승길일 줄이야.

죽은 영혼들은 어제도 오늘도 내일도 간절히 살아 있는 가족들을 찾아와 자신의 원과 한을 해원시켜 주기만을 기다리고 있으니, 이미 가신 윗대 조상님에게는 효도 차원에서, 밑의 자손에게는 사랑의 차원으로 천상 자미천궁으로 입천 왕생시켜 죽은 자와 산 자의 가슴에 맺힌 원과 한을 풀어주고 위로해 드려야 남은 가족들에게 불행이 일어나지 않는다.

자신의 사후세계가 지옥이냐 천국이냐는 태상천존 자미천황님께서 심판해 주실 사항이고 괴롭고 어려울 때 죽고 싶다 또는 죽어야지라고 말하는데 막상 죽으면 그 영혼은 엄청난 죄의 대가를 지불해야 한다는 진실을 모른다.

죽는다고 모든 것이 끝나고 해결되는 것은 아니다. 원귀란 무엇인가? 그들이 바로 살아생전 원한 많게 살다 죽은 사람들임을 어째서 모른단 말인가?

원한이 많으면 저승세계에도 못 가고 인간세계(구천세계)에 머물면서 자손이나 타인들을 괴롭히며 자신의 억울함을 풀어줄 상대를 찾아다니는 것이 원귀이며 원한 귀신이다.

인간의 육신은 고작 100년도 못 살지만 영혼은 수천 년을 고통 속에서 살아가야 함을 잊어서는 안 된다. 살아서 보다 죽어서 더욱 더 고통스러운 것이며 조상님을 천상세계로 올려 보내기란 그리 쉬운 일이 아니다.

조상님들이 고통스럽게 호소하는 것을 자손들은 들어주어야 하며, 자신이 아는 조상님도 있지만 3대조 위에서 일어난 일은 알기가 어려워서 그 원한을 풀기 또한 쉽지 않다.

그래서 이런 분들의 원한을 일일이 다 풀어드리기 어려우니 본인과 관련된 일체지 영가(본인과 배우자의 직계 일체 조상님)를 천상 자미천궁으로 모두 보내드리면 가정에 우환이나 변고가 사라지고 자손들이 편안하게 살아가게 된다.

암이나 뇌사, 중풍, 당뇨, 자살, 사건, 사고, 병마는 자신의 조상들이나 자손 없이 죽은 귀신들이 들어와 발생된 것이다. 의학으로 고칠 병이 있고 조상님의 원한을 풀어서 고칠 병이 있으니 도움이 필요하신 분들은 자미국 자미천궁에 의뢰하는 것이 행복의 길이다.

영혼의 세계를 모르기 때문에 사람들은 현대의학이면 모두 해결되는 줄 알지만 사실은 그렇지 않다.

초상집에 문상 갔다가 그날로 죽어가는 사람도 수없이 많고 얼마 동안 고생하다 죽는 경우도 많다.

모든 병균의 인자는 우리 몸에 들어올 때 원한 맺힌 영혼들이 함께 들어오게 된다.

그래서 영혼들은 병균 인자와 함께 기생하며 몸에 자리 잡고 있다. 이를테면 암 덩어리를 제거하면 그 병은 당연히 치료되어야 하지만 그렇지가 않다.

그것은 영혼이 암 덩어리와 같이 제거되지 않고 피신하였다가 다시 그곳에서 자리 잡기 때문이다.

건강한 사람에게 종종 일어나는 심장마비는 원혼귀가 몸에 들어와 급성 빙의로 발생하기 때문이라는 것을 일반 사람은 알지 못한다.

부러진 곳과 꿰매는 수술은 당연히 의사들 몫이지만 나머지는 신명들의 몫이다. 사고로 부러졌든 스스로 부러졌든 그 원인은 이름 모를 보이지 않는 원혼들이다.

병상에 오래 누워 있는 환자들이 있는데 참으로 가슴 아픈 일이다. 신은 천인합체의식을 행하여 받아들이고, 조상님은 입천제를 행하여 원과 한을 풀어드리고 위로하여 천상세계로 보내주면 간단한 것을 평생 병원에 입원하여 돈 버리고 고생하며 사는 사람들이 너무 많다.

교회 다니니까, 고위 공무원이니까, 재벌이니까, 대학교수니까, 정치인이니까 등등의 이유로 인류 최초의 대단한 자미국에 들어오지 않아서 오늘도 수많은 사람들이 이승을 등지고 떠나가고 있다. 질병은 99%가 그런 병으로 죽은 원혼에게 빙의되어 일어나고 있다.

언론에 종종 보도되는 기도원 폭행치사 사건을 들을 때면 참으로 한심하다. 기독교인들이 신도 몸에 들어와 있는 귀신을 쫓는다고 몽둥이로 마구 때려 사망하는 사고가 이어지고 있는데 참으로 몰라도 너무 모른다.

귀신이 매 맞는다고 쫓겨 간다면 오지도 않았을 것이다. 더러는 길거리에서 따라 들어온 남의 조상님 귀신도 있지만 대부분은 당사자의 조상님이 들어온 것이다. 자신의 조상님을 실컷 두들겨 팼으니 이런 불효가 어디 있단 말인가.

귀신들은 나가라고 두들겨 패도 꿈적도 않는다.

자미국에 들어와서 입천제의식을 행하여 조상님 혼령을 위로하여 보내드리는 게 당연한 도리이다. 지금까지는 신이나 조상님에 대해서 잘 몰라서 행했다면 이제부터는 자미국 자미천궁의 천황님 말씀을 들어야 할 것이다.

예수님 또는 하나님께서 정말 그렇게 하라고 하셨는지 궁금하다. 조상님이 들어오면 잡신이니 때려서 내쫓아버리라고 했을까? 의문이 간다. 천황님께서는 자신을 낳아준 부모 섬기기를 다하고 하늘의 천황님을 믿고 따르라고 항상 들려주신다.

언젠가는 가야 할 저승길.

살아생전에 이미 가신 조상님과 원귀들의 원과 한을 입천제를 행하여 풀어주고, 조상님들의 심정을 위로하면서 천상궁전 자미천궁으로 보내드리면 아픔 없는 세상이 열린다. 천황님 전에 천명을 받아 조상님을 천상 입천제의식으로 구원해서 밝고 아름다운 삶을 추구하자.

원귀들뿐만 아니라 산 사람도 원과 한이 없는 이상향의 세상을 펼치는 것이 제자나 일반인들이 기다리고 바라던 세상이라고 생각한다.

인간사의 생활(계급, 승진, 벼슬)

부자인 자와 가난한 자.

성공한 자와 실패한 자.

배운 자와 못 배운 자.

하늘과 땅.

비교 판단의 근본적인 차이점의 결론은 높고 낮음이다.

우리가 살아가면서 각자의 위치에서 각자가 원하는 이상을 향하여 힘든 과정을 인내하며 최선을 다하려 함은 누구의 강요에 의해서 행해지는 경우도 있겠지만, 자신의 만족과 자신 이상을 이루어 삶을 좀 더 행복하고 윤택하게 살기 위함이리라.

행복이란 단어 속에 숨은 의미는 개개인 별로 모두 다르겠지만, 행복한 가정생활, 대우받으며 일할 수 있는 직장, 사업 성공, 출세(대통령, 시도지사, 장관, 의원, 의사, 판검사 등), 그 밖에도 많이 있다.

이 모든 것들을 이룸에 있어 자신 혼자 잘났다 하여 이루고 가질 수는 없다. 항상 보이지 않는 치열한 경쟁(학벌과 능력, 때로는 부모의 사회적 위치, 금전의 풍요)을 통해 이룰 수 있는 사항들이다.

하나의 가정이나 회사로 예를 들어보자.

가정에는 가장을 중심으로 부인이 있고 자손이 있다.

자손도 형이 있고 동생이 있다. 회사는 회장, 사장, 임원이 있고 그 밑에 부하직원들이 있다.

각자의 위치에서 책임 완수를 함에 있어 때로는 불평, 불만들이 있을 것이다.

가끔 동생은 형이 되어 형 역할을 해보고 싶을 것이고, 직장 상사에게 불만이 있는 직장인들은 한 번쯤은 사장이 되어보고도 싶을 것이지만 자신 마음에서 하고 싶다고 해서 동생이 형이 될 수 없고 직원이 사장 입장이 될 수는 없다.

간단한 것 같고 아무것도 아닌 것 같지만 이것이 바로 보이지 않는 계율(계급)이고 출세(벼슬)이다. 둘만 있더라도 계급은 항상 존재한다. 부모 자손 간에도 부부간에도 형제간에도 친구 간에도 회사 간에도 말이다.

계급대로 각자의 위치에서 얼마나 잘 행했나, 행하지 못했느냐에 따라 모든 것은 결과가 나오게 되어 있고, 남들보다 성공하여 대우받고자 함도 남들보다 높은 자리, 높은 계급, 높은 벼슬을 갖고 싶어 함을 의미한다.

우리 인간사도 이런 보이지 않는 계급이 있고 벼슬이 분명 존재하고 있듯이 저 높은 하늘세계, 신명세계, 조상세계에도 계급이 존재하고 벼슬도 존재하고 있음을 알게 되었다.

천지가

천지만생만물 창조주 하늘께서
태상천존 자미천황님 존호와
태상천존 자미황후님으로
동방 땅 자미국에 내리시어
천지조화 도통(천인합체)신명공사 보시네.
천상 자미천궁에
하늘의 아버지 계시니 자미천황님이시고
하늘의 어머니 계시니 자미황후님이시며
이름하여 조물주라 하네.
동방 땅 자미국에
인황이
하늘(천황님)과 땅(지황님)을 대행하네.
모든 세상사람들아!
천재지변 시작되었으니
구원받아 목숨 보전하려거든
십승지 자미국 자미천궁 들어가세.
선천은 하나님 이름으로
후천은 천황님 이름으로
천지만물 생사 주관하시네.
너와 네 가정에 흉사 일어남은

원한 많은 조상님 영혼 탓이네.
영생하려거든
천명봉행 천상공무 행하고
도통신명 되려거든
자미천황님 천명을 받아
천인합체 행하고
질병에서 벗어나려거든
네 조상영혼 자미천궁 올려 보내고
수명 장생하려거든 너의 산 영혼
자미천궁으로 보내고
천당극락 가려거든
신선선녀 되려거든
높은 벼슬자리 오르려거든
생전에 천지창조주 만나려거든
무릉도원 자미국 자미천궁 들어가세.
천인, 백성되어
근심걱정 모두 털어버리세.
부자되려거든 부모조상님 잘 섬기고
자미천황님과 자미황후님 공경하세.
그러면 모든 죄업이 소멸되고
귀신 고통에서 벗어나
수명과 복록이 무궁무진하네.
죽어서도 사후세상 공부해야 하니
살아서 일심으로 하늘공부하세!
-태상천존 자미천황님 계시 중에서-

인간 몸을 지배한 악령들이여!

악령들이여!
인간 몸을 빌려 온갖 악행을 저지르는구나.
너희는 천상에서 죄를 지어
인간세상으로 쫓겨났건만
뉘우치지 아니하고 죄업만 쌓는구나.
자미국에 들어와
하늘 만나지 못하고 죽어지면 지옥세계 면할 길 없네.
네가 빌린 인간 몸은 본시 악하지 않았는데
너희가 악인으로 만드는구나.
이제 너희는 나와 다시는 만날 길이 없다네.
너희들이 천상세계에서
신으로서 직무를 태만히 하고
아래위 구분 못해 항명하고
천상세계 규율을 문란케 하고
신명으로써 품위를 지키지 못하고
신의 법도를 세 번씩이나 지키지 아니하여
인간세상으로 쫓겨난 것을 벌써 잊었는가.
어서 본 신으로 돌아가 너희 죄를 닦아라.
이제 인간세상에서 너희 업적을 평가할 때가 다가왔구나.
인간 몸에 들어가 병을 유발시키는 병마악령

사람 목숨 끊어놓는 살인악령
아무 집에나 불을 지르는 화마악령
사람 몸에 들어가 시비하는 주정악령
시도 때도 없이 폭력을 휘두르는 폭력악령
재물 훔치는 도둑악령
사람 해하고 돈 뺏는 강도악령
사람 속여서 재물을 가로채는 사기악령
부모조상 몰라보고 구원하지 않는 불효악령
잃어버린 하늘을 찾지 않는 역천자 악령
종교를 믿어 하늘의 족보를 바꾼 환부역조 악령
하늘나라 천상세계로 오르려거든
어서 뉘우치고 너의 죄를 속히 용서 빌어라.
이제 시간이 없느니라.
너희 남은 목숨이 경각에 달해 있으니
선한 본래의 마음으로 돌아가라
그러하지 않으면
살아서도 죽어서도
나로부터 구원받기 어려우니라.

영혼의 달이 뜨니 부귀영화 덧없구나

어제도 지나가고
오늘도 가고 있네.
또한 내일도 어김없이 다가오네.
지는 해 누가 멈출 수 있나
해가 지면 달이 뜨고
사람이 죽어지면
영혼의 달이 뜨는구나
슬픔도 괴로움도 기쁨도
인생과 함께 시작되고
죽음과 함께 사라지는구나
인생사 부귀영화 지고 나니 덧없구나.
죽으면 모든 것이 허망하다는데
저승세계 들어오니
인간세상과 다름없구나.
이곳이 내가 살던 그곳인데
잠시 잠깐 외도하여
인간세상 다녀왔구나.
어쩌면 그리도 까마득히
이곳을 잊었단 말이던가.
이젠 육신의 옷을 벗고

다시 본래대로 돌아왔구나.
나도 이곳에선 욕심 없었건만
인간 탈을 쓰고 있을 땐
왜 그리 탐욕이 많았던가.
인간세상이 나의 시험장이었구나.
80평생 사람으로서
하늘의 도를 닦으라고
신께서 인간으로 보내셨구나.
신선의 반열에 오르려면
인간의 고뇌를 알아야 하니
세상에서 목숨 다하면
영혼이 어디로 가야 하는지 몰랐네
자신의 죄를 용서 빌고
마음을 닦은 자 천상세계 오르고
악심으로 가득한 자
지하세계 머무는 줄 모르고
살아서만 부귀영화 누렸던가.
삶은 80이요 죽음은 영원한데.
생명 주시어 축생으로 보내지 않고
만물의 영장으로 보내는
신의 축복이 내렸건만
아는가 모르는가 하늘의 뜻을.
너희가 본래 천상에서 내려온 신들인데
그것을 모르고 살아가는구나.
살아서 모르는 자 죽어지면 알게 되네.

신이 따로 있나.
인간 목숨이 다한 뒤
하늘공부하여 신이 되었네.
천상에 오르려거든 살아생전
어서어서 하늘공부하세
죽어서 공부하면 자손 도움 받아야 하니
자손이 도와주지 않으면
장구한 세월 허공중천 떠다니며
이곳저곳 기웃거리고
힘센 귀신 피해 다니며
밥 한술 구걸하여 빈속 채우고
인간세상 번뇌 고통 다 겪어야 하네
하늘의 신께서 인간 몸 빌려
세상에 내려와 신들 불러
천상공무 보신다네.
어서 가자, 어서 가자
죽어서 고생하지 않으려면
살아생전 자미국에서 하늘님 찾아
살아생전 조상님 구원하고,
살아생전 신명공부하세
살아서 신명의 몸이 되려면
태상천존 자미천황님께 의탁하세
내 육신과 내 영혼은
그분만이 구원해 주실 수 있고
그분만이 지켜주실 수 있다네.

어느 여인의 마음 한줄기

신(神)을 닦으려 속세의
모든 것 훌훌 벗어버리고
은혜의 높은 봄에 올랐다.
16년 기독 신앙인이었던 내가
자미국 자미천궁에 온 지 오늘이 6일째
한데 어찌 된 일인지,
16년 세월의 신앙에서
난 짧은 시간 많은 것을 배우고 느낀다.

내가 가졌던 모든 종교관이
산산이 부서져 하얀 눈발이 되어버려
허공에 흩어져버렸다.
과연 이런 나에게 돌을 던지려 하는가?
죄 없는 인(人), 정말 돌을 던질 만한 자격이
있는 사람은 언제든 이런 나에게 돌을 던지라.

이제 내가 어디서 왔으며
이제 내가 어디로 가야 할지
이제 내가 어떻게 살아야 할지
이제 내가 어떻게 신(神)이 원하는

경지까지 입문이 가능할지 참 진리를 알아
몹시도 짜릿하다.

하루하루 한 시간, 한 시간
이곳에 온 시간이 너무도 소중하여라.
인생(人生) 일장춘몽이라 하였는가?
난 반대의 깃발을 높이 들었다.
인생(人生)은 살아볼 만한
굉장한 무한대의 공간이 존재하고 있었다.

인간(人間)의 마지막이 신(神)의 시작이라 생각된다.
하루하루 느끼고 깨우치고 조금씩
내 자신을 버리고 비우는 연습을 해야겠다.
난 이제 새로운 의복을 입는다.
매일 느낀 신(神)!
이 글을 읽고 있는 그대와 함께 공유하고 싶다.

그대여!
신(神)과 같이 어느 곳이든
상관없으니 함께 느껴봅시다.
과연 무엇이 '신(神)'이기에
많은 사람을 미치게 하는지!
멀리서 불어오는 봄 향기 꽃냄새가 싱그럽다.

자미국 자미천궁 입문한 첫날에 한 여인이.

육신장생

이것이 바로 후천선경 세상이요, 무릉도원인 것이다.

세상의 모든 종교가 영생을 추구하며 죽어서는 하늘의 천당 극락 가야 한다고 말하고 있다. 그런 뜻을 현실에서 이룬 종교지도자는 아무도 없었다.

영생은 인간의 노력으론 있을 수도, 일어날 수도 없는 절대권자만의 능력이다.

이곳은 새로운 종교를 펴고자 하는 곳이 아니다. 생명은 태어나면 언젠가는 죽어야 하는 것이 하늘의 이치이고 자연의 이치다. 그러나 지금보다 오래 사는 장생은 가능하다.

인류는 오래 살 수 있는 방법을 연구하여 왔고 지금도 연구 중이다.

그 꿈은 영원히 사라지지 않을 것이고 장생이 인류의 현실에 언제 실현될 것인가 만이 숙제로 남아 있다.

도를 통하여 도술을 부려도 천계신명들을 능가할 자는 아무도 없다. 인류는 신명들과 공존공생의 관계에서 사람들에게 필요한 지식과 정보를 영적으로 제공받아 왔다.

지금까지 불가능하다고 생각되었던 모든 일에 도전하여 상상을 초월하는 과학문명을 발전시켜 왔지 않았던가? 예를 들어, 인간의 수명 장생 프로젝트와 암과 에이즈에서 벗어날 수 있는 길을 신으로부터 지혜를 내려받아서 개발하면 충분히 현실로 실현될 것이다.

사람은 권력이 높고 돈이 수천억 수조 원이 있고 천하장사라 하더라도 앞에 다가오는 저승사자나 귀신들을 물리칠 수 없는 것이 현실이다. 보이지 않는 귀신이나 악신들을 막을 수 있는 방법은 하늘밖에 없다.

하늘에는 무릉도원인 자미천궁이 있고 땅에는 인간과 신명들의 나라 '자미국'이 세워지고 있다.

이것은 가상의 이야기가 아니다.

사람들이 건강하게 오래 살기 위해서 몸에 좋은 약도 먹어보고, 술과 담배, 색을 멀리하면서 노력해 보지만 대부분 85세가 되면 사후세상으로 간다.

모든 악귀잡귀로부터 빙의되는 것을 막아주고 비명횡사와 각종 질병에서 본인들의 육신과 영혼을 안전하고 건강하게 지키는 길이 천인합체의식이다.

하늘과 함께하면 불가능이란 원래 없는 것이며 다만 시간이 조금 걸릴 뿐이다. 인간세상에서 사람들이 가슴속으로 바라는 것은 반드시 시간이 지나면 이루어져 왔다. 상상 속의 날개를 폈던 문명의 첨단기기들이 지금 현실화되어 편리하게 사용하고 있다.

그렇다.

지금부터 100년 전으로만 거슬러 올라가도 현재의 과학문명은 감히 생각할 수도 없었던 일들이었다. 당시엔 혹세무민한다고 사형당해야 했을 일들이 지금은 우리 눈앞에서 하루가 다르게 일어나고 있다.

문명의 발전을 피부로 가장 빨리 느끼는 것이 전자제품과 자동차, 휴대폰일 것이다. 휴대폰은 20년 전만 해도 무전기 크기였고 통화 불능 지역이 많았다.

휴대폰 하나만으로 인터넷, 전화기, 은행업무, TV, 영화, 음악, 메일, 문자, 뉴스, 카메라, 비디오, 내비게이션, 게임, 예약, 신문구독, 홈피, 증권 등을 할 수 있다.

휴대폰은 20년 전만 해도 단순히 전화기 대용이었지 지금처럼 활용범위가 광범위할 줄은 상상조차 못 했고 앞으로 얼마나 더 편리한 휴대폰이 개발되어 출시될지 기다려진다.

앞으로 가정에는 휴대폰 때문에 일반 전화기는 급속히 사라질 것이다. 개인마다 휴대폰이 있기 때문에 가정에 전화기는 사용할 일이 없어졌다.

자고 나면 세계 최초의 신제품이 만들어졌다고 매스컴에서 보도하고 있다. 지나온 과거사의 모습들이 현재를 이룩했고 현재의 모습이 미래의 모습이다.

우리의 인생을 통하여 하늘에서는 "불가능의 세계는 절대 없다"라는 계시를 예전이나 지금이나 보여주고 계신다. 높고 높은 천상세계의 주인이신 태상천존 자미천황님께서 인류에게 천명을 내리셨다.

꿈의 세계, 이상향의 세계가 현실에서 분명히 이루어질 것이고, 그 뜻을 이루고자 자미국 자미천궁이 개국되어 하늘의 천명을 받들고 있다.

하늘이 우리 인류에게 내리신 최고의 선물.

천인합체의식을 통하여 고민 걱정 없는 정신적 행복과 질병 없는 육체의 행복을 통하여 정신적 육체적 수명 장생의 길을 살자.

도통의 지름길

하늘과 신(神)의 도움을 받지 않고는 어떤 일도 성취할 수 없다. 이것을 무시하고 한 평생 고집대로 살아봐야 몸만 고달픈데 흔히 무속이 이런 경우에 속한다.

신이 찾아왔을 때 신을 이기려고 해보지만 끝내는 몸 아프고, 사고 나고 재산탕진으로 마지막에 손을 들어 신을 받는다.

무속인 대부분이 생활이 어렵고 월세집에 조그맣게 신당을 차리게 되는 것을 수없이 보아왔고, 독자 여러분도 점집을 가보신 분들은 경험했을 것이다.

그들이 왜 어렵게 살아가야 하는지 이해가 쉽게 가지 않을 것이다. 당사자인 그들도 모르는 일을 일반인들이 어찌 알 수 있으랴?

이유는 간단하다.

어렵게 생활하는 제자 대부분은 신을 무시하다 마지못해 받았기 때문이다.

신을 받기까지에는 수년에서 길게는 수십 년을 버티다가 그 많던 금전 모두 탕진하고 이혼이나 별거한다.

몸이 너무 아파서 병원에 다녀보지만 병이 낫지 않자 체면 불고하고 떨어지지 않는 발걸음으로 마지못해 무당집을 찾아가 신가물이라는 청천벽력 같은 소리를 듣고 흐느껴 운다.

지난 시절을 회상하며 후회해 보지만 아무 소용이 없고, 이미 물은 엎질러졌으니 몸이라도 아프지 않으려면 신이라도 받으라고 하니 못 이기는 체 신 내림을 받은 경우이다.

돈은 모이지 않고, 사기당하거나 빌려주고 못 받게 되고, 투자했다 손해보게 할 때까지는 수많은 세월이 흐르지만 신의 조화인지 모르고 살았다.

설사 무당집에 가서 신이 왔다는 것을 알았다 해도, 죽으면 죽었지 신을 안 받는다고 고집을 부리고 눌림 굿을 매년 하면서 신을 우롱한 결과이다.

신의 길은 수치이니 차라리 집 나가 아무도 없는 곳에 가서 죽어버리라고 할 정도로 신을 모독하고 대우하지 않아 집안이 몰락하는 시점에서 신에게 굴복하였으니 신에서 예뻐할 이유가 전혀 없는 것이다.

다행히 신 내림을 받고서는 아픈 곳은 사라졌으나 돈이 벌어지지 않으니 경제적인 고통이 이만저만이 아니다.

무릎이 까질 정도로 절에 가서 아니면 산이나 용궁에 가서 기도해서 받는 응답이 "제자야! 걱정 마라, 근심 마라.

내가 다 손님 보내주고 도와주어 돈 많이 벌어주마"이다.

그러나 정작 생활은 펴지지 않고 찾아오는 손님이 없으니 이런 경우가 바로 인과응보이다.

신을 받기까지 신을 얼마나 기다리게 했으며 받을까 말까 망설인 세월은 또 얼마이던가?

이렇게 신을 약 올리고, 속을 새까맣게 태우다가 마지못해 자기가 살기 위해 울며 겨자 먹기로 몸이 아파 신을 받아들였으니 그런 세월만큼 고생하고 신에게 진정으로 사죄 치성 드리지 않으면 신의 복을 받기란 매우 힘들 것이다.

지금 세상은 풀잎에도 신이 내린다고 할 정도로 신명들이 모두 사람과 동식물, 나무, 바위와 모든 집기 사물에도 참신과 악신들의 기운이 가득하다.

신들은 육신이 없어 말을 못하니 사람의 몸이 절대적으로 필요해서 내려온다. 신이 오면 대부분의 사람들이 거부하면서도 정작 자신의 소원을 빌 때는 천신이든 조상신에게 열심히 기도한다.

참으로 알다가도 모를 일이다.

복을 갖고 들어오는 내 몸 안의 신들은 뿌리치고 엉뚱한 데 빌고 있으니 웃어야 할지 울어야 할지 모르겠다.

신을 받아 무속인 되어 점상을 차리라는 것이 아니다. 사람 모두가 신인데 모든 신이 점쟁이 되었다가는 나라나, 사회, 가정 모두가 망할 것이다.

사람마다 천차만별로 직업과 개성이 다르듯 신들도 능력이 모두 다르다는 것을 알아야 한다. 독자들에게 신을 받으라고 하는 것은 각자 신력(神力)과 영력(靈力)을 받으라는 것이다.

인간의 능력은 미약하나 신의 힘은 위대하므로 무궁무진한 신의 영적 능력을 받아서 무속인의 길이 아닌 자신들이 세운 인생의 목적을 달성하라는 것이다.

조상신을 받으면 점쟁이 길로 가야 하고, 천상의 높은 신을 받으면 천인(天人)이 되어 신선의 반열에 다가가며 무궁무진한 천인조화가 일어난다.

이런 천인이 되고자 도교종단에 수많은 도인들이 오랜 수행을 하고 있지만, 천상의 고급신명을 받지 않고는 그것이 이루어질 수 없음을 하루빨리 깨달아야 한다. 천인합체(天人合體)의식 이것이야말로 도통의 지름길이다.

신명의 원과 한

한번은 모 종교의 3위 신명을 청하여 선문답을 주고받았다.

〈저자〉

"어서 오십시오."

〈1위 신명〉

……

〈저자〉

"지금 어디서 오시는 길입니까?"

〈1위 신명〉

……

〈저자〉

"신명세계 어느 신명으로 계신가요?"

〈1위 신명〉

"오늘 이렇게 저를 불러주시니 참으로 감사합니다. 감히 생각도 못했지만 때가 되면 찾아주실 줄은 짐작하고 있었습니다."

〈저자〉

"아, 그랬군요. 이미 6년 전에도 한 번 대화를 나눈 기억이 있습니다."

〈1위 신명〉

"예 알고 있습니다. 잘 기억하고 있습니다."

〈저자〉

"예, 다행입니다."

저자가 6년 전 한 도인의 안내를 받아 속초에 갔었는데 그때 1위 신명과 2~3위 신명을 함께 통신했었다.

저자를 보고는 목소리나 관상의 신명기운이 대단히 크다면서 교주감이라고 했었다. 그것이 입도시키기 위한 칭찬인 줄은 알고 있었지만 내색하지는 않았다.

그러니 입도하여 도를 공부하라고 했다. 호기심도 발동했고 어떻게 도 공부를 하는지 궁금하기도 해 가르쳐주는 대로 따랐다. 처음 들어가면 입도식을 해야 한다 하기에 그리했다.

그 후로 일주일 동안 참가하여 열심히 공부도 하고, 기도도 하여 보았으나, 당시에 나는 남보다 꿈이 유달리 커서 하늘을 바로 세우는 일에만 전념하고 있었다.

"내가 이루고자 하는 뜻과 다르구나" 하고 그 길로 마음을 바꾸어, 나름대로 혼자 명산을 찾기도 하고, 신들과 통신하고자 노력도 많이 하였다.

이런 모 종교와 일주일간의 인연이 있었다. 그런데 갑자기 어제는 2위 신명이 오늘은 1위 신명과 3위 신명이 하강하여 서로의 뜻을 주고받았다.

많은 내용의 대화가 있었지만 가장 전하고 싶어 하는 말씀을 요약하여 대화 내용을 전하고자 한다.

〈저자〉

"3위 신명은 지금 어디에 계시고, 원하시는 것이 무엇이고, 100년의 세월이 흘렀건만 왜 신인합일이 이루어지지 않고 있는지 말씀해 주시기 바랍니다."

〈3위 신명〉

“우리가 원하고 바라는 것을 우리 도인들에게 전달하기 위해 3위 신명이 합심하여 뜻을 이루고자 고민도 해보고 나름대로 노력도 하여는 보았지만, 죽은 영혼으로써 올바른 우리의 뜻을 전달하기란 보통 어려운 일이 아니었습니다.

그리하여 천황님 전에 무릎 꿇고 빌고 비니 하나의 방법을 가르쳐주시기에 이행을 하였지만 내 도인들이 우리의 뜻을 이렇게 해석할 줄은 꿈에도 몰랐습니다.

우리를 믿고, 우리의 뜻을 따르고자 기도정진하는 도인들이 우리의 뜻을 몰라주고, 우리의 말을 못 알아듣고 있으니 억장이 무너지고 천황님 전에 부끄러울 따름입니다.”

〈저자〉

“그 방법이 무엇이었습니까?” 하고 여쭈어보았더니 하시는 말씀이,

〈3위 신명〉

“도인 중에 가장 착하고, 하늘의 뜻을 널리 펴고, 조상 섬기기를 다하며, 오랜 수도생활을 끝낸 인물을 천황님의 윤허 하에 자미국 자미천궁으로 보내주신다는 것이었습니다.

3위 신명은 너무 기쁘고 이제는 살아생전에 못 이룬 크나큰 대업을 다시 한 번 이룰 수 있다는 기대감에 부풀어 있었습니다” 하시면서

계속 잇는 말이,

우선 자미국에서 출간된 책을 사게 하여 읽는 동안 도인의 몸으로 3위 신명의 정기를 내려주기 시작하였다 한다.

가슴에서는 감동의 물결이 일어나게 하였으며, 눈에서는 쉴 새 없

이 눈물이 흘러내리게 하였고, 잠을 자거나 깨어 있는 동안에도 오로지 자미국 자미천궁으로 입국하라는 메시지만 남기었다 한다.

3위 신명들이 보내주는 메시지를 받고 자미국 자미천궁에 찾아오게 된 도인 두 명은 책을 읽으면서 신기한 기운을 체험하였다고 했다.

신인합일을 하여 현실에서 도통을 이루고자 애쓰는 수많은 도인들을 자미국 자미천궁으로 입국시키라는 누군가의 명을 받아 찾아왔고, 그 역할을 하고 싶다고 하는 것이었다.

순간 3위 신명은 박수로 환호하며 천황님 전에 큰절을 올려 예의를 갖추었다 한다.

천인합체의식을 통해 천황님의 제자(천인)가 되어 3주 동안 천지인 천상공무를 마치고, 하늘과 3위 신명의 뜻을 받들어 책을 상급임원에게 전해주며 하늘의 뜻을 같이 펴자고 하였다.

그로부터 며칠 후 3위 신명들이 대성통곡할 일이 벌어지고 말았다.

내용인즉, 도통을 이루고자 수행하는 수많은 도인들을 모아놓고 자미국 자미천궁의 책을 비판하였다 한다.

천자라고 사칭하는 자가 드디어 나타났으니 절대로 현혹되지 말고, 수행 정진에 전념하라 하면서, 자미국의 책은 읽지도 말고 가까이하지도 말라고, 대강당에서 도인들에게 교육시켰다며 3위 신명이 대성통곡했다.

내 도인들이 나의 말도 알아듣지 못하면서 어찌 하늘을 통하는 도통을 이룬단 말이냐고 한탄했다.

하늘이 내려주신 마지막 기회였는데 다른 도인도 아니고, 내 도인들로 인해서 우리의 마지막 꿈이 꺾였으니, 다시 수천수만 년의 세월을 기다려야 한다고 원망의 눈물을 흘리며 천황님께 하직인사를 올렸다.

천기누설에 해당하는 대화를 하여 보니 도통이 이루어지지 않는 이유를 이제는 알 수 있을 것 같다.

하늘의 기운이 통하여 3위 신명의 메시지를 받은 도인들은 하늘의 천명을 받들어 현실에서 천인합체의식으로 도통의 꿈을 이루어야 한다. 이것이야말로 모든 인류가 바라고 도인들이 원했던 천지인 천상공무이다.

말 그대로 이곳을 찾아오는 도인들은 천상의 천신과 하나 되는 천인합체의 영광을 누리게 될 것이다.

남을 비판하여 내가 서고자 함에 이런 글을 쓴 것이 아니라 오로지 하나의 꿈(도통, 하늘을 통하고자 함)을 이루고자 수십 년 한마음 한뜻으로 기도정진하고 있는 사람들에게 조금이나마 도움이 되었으면 하는 마음이다.

하늘의 뜻을 이 땅의 사람들에게 전하는 것이 나의 임무이듯이, 말 못하는 신과 조상님의 손과 발, 입이 되어드려야 함도 나의 임무이기에 3위 신명의 원과 한도 알려드림이 옳다 하여 전하여 주고 있을 뿐이다.

감정의 벽을 허물고 진실의 소리에 귀를 기울여 모든 진실을 나와 더불어 여러분과 도인이 함께 판단하여 주었으면 좋겠다. 끝으로 하늘이 할 일이 있고, 인간이 할 일이 분명히 구분되어 있음을 알아야 한다.

도통? 하늘의 '천명'을 받아 천상의 천신들이 인간 육신으로 하강해야 가능한 일이다.

신이 이루어줘야 가능한 도통을 인간이 이루려 하면 평생 이루어지지 않아 서로 답답하다. 우리 인간은 나약하고 능력에 한계 또한 있다.

하늘에서 필요한 것을 우리 인간이 해드리고, 우리의 능력으로 불가능한 일은 하늘의 도움을 받아 서로 상부상조하자는 것이 하늘의 뜻임을 도인들은 알아야 한다.

사람 모두가 신들의 집이다

미륵불, 구세주, 정도령은 왔다 갔지만 큰 뜻을 이루지 못하고 한 줌의 흙이 되어 돌아갔다. 지상에 신명나라가 세워지려면 크고 작은 수많은 신이 하강해야 가능한 일이다.

신명 한 분으로 어찌 신명나라를 열겠는가?

너도 신(神) 나도 신(神). 이 땅에 강림한 모든 신들은 각각 사명이 다르다.

예를 든다면, 청소부 신에서 대통령 신에 이르기까지 사회 전반에 걸쳐 분야별로 신이 하강해야 가능한 일인데, 자기만 이 세상 최고의 신이라고 주장하고 있다.

서열별로 계급별로 신분별로 상중하의 모든 신들이 내려와 있는데 다만 찾지 못하고 방황하고 있을 뿐이다. 바로 여러분이 모두 신들이지만 고정관념 속에 묻혀 모를 뿐이다. 인간 육신을 통하지 않고서는 신도 존재할 수 없다.

정성 들일 때는 신에게 빌면서도 정작 신이 왔다고 하면 사형선고 내린 것 같은 표정을 짓는다. 존경하고 기뻐해야 할 신이 찾아왔는데 사람들은 전혀 반갑게 맞아주지 않는다.

무당 될까 두려워서이다.

점쟁이로 불리는 조상신은 따로 있으니 걱정하지 않아도 된다. 여러분의 남은 인생을 행복하게 해줄 천상세계의 참 신은 받아들이면 된다. 처음에는 누구나 조상신이 찾아와 무당 만들려고 모든 풍파를 내려준다.

이것은 신이 왔다는 징조이니 무녀 되기 싫거든 천계의 높은 신을 받아들여야 한다. 찾아온 조상신들은 대우해서 천상으로 보내드리면 된다.

천상세계의 신을 받으면 점쟁이 안 해도 되고 신의 조화 부릴 수 있는 천인(天人)의 경지에 도달하며 하던 사업을 계속할 수 있고 더 잘된다. 신의 세계에는 직급별로 상하 신분의 서열이 엄격하다.

천기로는 5년이요, 서기로는 2005년.

하늘 기운이 한반도에 엄청나게 내리며 새로운 세상이 열린다고 했다. 한반도의 천황님이 아니시라 지구촌의 모든 왕의 신명들을 임명하는 임명권자로 오신다 하셨다.

뿐만 아니라 인류의 생사여탈권을 쥐고 계시고, 인간의 수명을 지금보다 월등히 장수하게 하신다 하였다.

전국에서 수많은 사람들이 자미국으로 들어와서 천인합체 의식을 행하여 자기가 신(천인)이라고 자신 있게 주장할 때 신의 세상이 본격적으로 열리게 되는 것이다.

즉, 천상계 신이 각각 사명자의 육신으로 대우주 천지 창조주 태상천존 자미천황님의 천명을 받아 감응(하강)을 시작하는 것이다. 이때가 되면 사람들은 악한 마음이 선하게 바뀌게 되고, 스스로 하늘의 도리를 인정하여 행하게 된다.

천재지변 대재앙을 막는다

보라! 하늘의 진노가 얼마나 무서운지 말이다.

아무리 권력과 명예가 태산처럼 높고 돈이 많아도 태풍과 폭우를 막을 수 없지 않은가?

막대한 재산 피해를 내고 국민을 울린 2002~2003년 태풍 루사와 매미 그리고 충청도 지역의 대폭설 그리고 일본의 동북대지진과 필리핀의 하이엔 태풍의 위력을 보았는가?

대자연 앞에 무능력한 인간의 한계.

또한, 2005년 12월 초 날씨는 45년 만의 이상기후로 삼한사온이 없어진 한파가 몰아쳤고, 호남지역에는 장장 17일간 내린 2m의 대폭설로 막대한 재산 피해가 발생했다.

모든 것은 자연을 가장하여 하늘이 인간에게 전하는 숨은 뜻이 담겨 있건만 하늘 아래 인간들은 너무 무능하다.

이 지구를 창조주께서 세웠듯이 참 제자들이라면 미리 태풍의 경로를 바꾸게 할 수도 있었을 것이고, 수재나 폭설로 인한 많은 국민들의 고통 역시 막을 수도 있었을 것이다.

국민들은 언론매체만 바라보며 안타까워하지 말고, 이제는 하늘의 도움을 받아 예방책을 세워야 한다.

우주를 창조하신 하늘의 천황님께서는 이 나라 국민과 인류에게 하늘의 메시지를 보내기 시작하셨고, 이미 일어난 천재지변들은 이를 알리기 위한 작은 시작에 불과하다.

나 역시 인류 최고의 상상초월, 예측불허의 무소불위한 천지대능력을 갖고 있지만 함부로 나서지 않는다.

왜냐하면 모든 것이 하늘의 뜻으로 대재앙을 내리는데 구태여 그것을 막아낼 필요가 없는 것이고, 설사 다가오는 재앙을 막아주었다고 한들 어쩌다 그랬겠지 하는 핀잔의 말을 들을까 봐 아예 나서지 않고 있다.

이처럼 누군가로부터 인정을 못 받으면 행하기 싫다는 숨은 뜻이 있듯이, 위대하시고 대단하신 하늘 역시 이 나라 국민과 인류가 먼저 하늘을 인정하지 아니하면 태평성대의 큰 복을 내려주기 싫음이리라.

외세의 침략과 강압의 힘든 세월 속에서도 굳건히 이 나라를 세우고 지켜옴에 있어 옛 성현들은 힘들 때나 기쁠 때 천제를 올려 하늘의 도움으로 수없이 이 나라와 백성을 구했다.

그러했듯이 이제 옛 성현들의 뜻을 받들고, 하늘의 깊은 뜻을 다시 한 번 가슴에 깊이 새기자.

속수무책으로 재산 피해와 인명 피해를 입은 뒤에 근심걱정하며 눈물 흘리지 말고, 하나의 가정, 한 나라의 태평성대를 위하여 천제의식에 동참하자.

하늘은 제아무리 큰 문제 앞에도 해결책이 있다 하신다.

너희들이 진정으로 전지전능하다 하고, 위대한 하늘이라 믿고 따르면서 이런 위험 앞에서는 어찌 나의 도움을 받으려고 하지 않는지 참으로 답답하다 하신다.

너희들이 말로만 믿고 따르고, 나의 진정한 능력을 인정하려 들지 않기에 하늘인 나를 진정으로 믿고 따르기 전까지는 피해를 내려서라도 하늘의 존재를 알리기 위함이라 하신다.

각자가 천제의식을 행하면 하나의 가정이 행복하고, 회사 대표가 천제의식을 행하면 회사가 행복함은 당연한 이치이리라.

또한, 국가에서 백성과 나라를 위하는 천제의식을 행하면 나라가 행복하고 태평성대를 이룸도 당연지사이리라.

하늘이 행하시는 천재지변(태풍, 폭우, 폭설, 가뭄) 앞에 우리 인간은 막을 길도 피할 길이 없음을 인정하고 하늘의 뜻에 동참하자.

예로부터 "역천자는 망한다" 하였다. 우리는 하늘 아래 땅에서 살아가고 있다.

하늘의 주인이신 천황님의 말씀과 뜻을 얼마만큼 잘 믿고 실천하느냐에 따라서 우리 인생의 길흉화복이 결정지어지고 있으니 옳은 판단 잘 내리시기를 기원한다.

반드시 하늘의 기운을 움직이는 숨은 하늘의 제자가 있으니 나라에서 예우하여 매년 태풍, 폭우, 폭설, 가뭄으로 인한 재해를 미연에 방지하여 나라의 국민들이 고통에서 벗어날 수 있게 예방해야 한다.

태풍, 폭우, 폭설, 가뭄, 혹한, 혹서, 지진, 해일, 화산폭발 등의 대재앙이 일어나면 인명 피해와 재산 피해는 천문학적이고 국가재정이 흔들리고 나라경제가 전체적으로 피폐해지고 민심이 흉흉하다.

자미국에서 대통령이 천제의식을 연례행사로 매년 올려야 이 나라가 재난의 중심에서 벗어날 수 있다.

영생의 비밀이 있다

천지에 모든 만생만물은 생멸을 거듭하여 태어나고(나타남) 죽는다(사라진다). 태어남은 곧 죽음을 의미하고 죽음은 다시 태어남을 의미한다.

생명체가 가장 두려워하는 것은 죽음이다.

육신은 죽으면 불에 타거나 땅속으로 묻혀버리지만 영혼은 영의 세계에 다시 태어난다.

영의 세계는 상천, 중천, 하천으로 나뉘어지는데 상천은 천당 극락으로 비유되는 천상의 무릉도원 자미천궁이고, 중천은 우리 인간세상인 구천세계이며, 하천은 지하의 어두운 세계로 통상 모진 형벌을 받는 명부전의 지옥세계를 말한다.

인간이 영원히 죽지 않을 수는 없지만 오래오래 살 수 있는 길이 있다면 그것은 신이 되는 길 외에는 다른 방법이 없다.

바로 반신반인(半神半人)의 신선 반열에 오르는 길인데 종교인들이 구호로만 영생을 외치고 있으나 천인합체가 되지 않고는 영생은 영원히 이루어질 수 없다.

행하지 않으면 아무것도 이루어지지 않는다. 인간들은 단순한 진리를 모르고 종교적 허상만 쫓아가고 있다. 신은 음이고 인간은 양이며 여자는 음이고 남자는 양이다. 음과 양이 하나 되면 어떤 조화가 일어나는가?

만생만물도 암컷과 수컷으로 되어 있고, 생명이 없는 모든 사물도 자물쇠와 열쇠처럼 들어간 곳과 나온 곳이 있고 음의 문은 양이 열게 되어 있다.

열쇠가 자물쇠를 여는 천지만물의 이치가 그렇듯이 음인 신을 여는 것은 바로 양인 인간이다.

여자의 문도 남자만이 열 수 있다. 신의 조화가 대단할지라도 신이 인간과 하나로 합체되지 않으면 큰 조화가 일어나지 않는다. 그러므로 인간이 먼저 육신은 없으나 말씀은 하시는데 우리 인간과 언어 소통방법이 달라서 알아듣지 못해 너무나 답답해하시는 하늘과 신의 문을 열어서 맞이해야 한다.

명!

즉, 말을 하여야 천지만물(하늘, 땅, 신, 조상, 인간, 모든 생명체)이 살아서 생동감 있게 움직인다. 음양이 하나로 결합될 때라야 천지만물이 태어나고, 꽃피고 열매를 맺게 됨은 만고의 진리가 아니던가?

즉, 인간의 영생 비밀은 바로 神과 인간에게 있다. 합궁하지 않고 자손을 잉태할 수 없다.

그렇듯이 천계의 고급 신과 하나 되지 않고는 영생의 비밀 문은 수억만 년이 지나도 영원히 열리지 않는다.

인간으로 태어난 각자의 사명이 있는데 첫째는 천황님을 찾는 것이며, 둘째는 이미 가신 조상님 천상입천제의식을 행하여 구원해 드리는 것이다.

셋째는 천상에 음(陰)인 신과 결합(천인합체의식)하는 것이고, 넷째는 배우자를 만나 자신의 씨를 뿌리는 것이다.

육신적으로는 남녀가 서로 합궁하는 것이 천지창조이고, 영적으로는 신과 인간이 서로 하나(합체의식) 됨이 제2의 천지창조(천인합체=도통) 진리이다.

영의 하늘은 천상에 계시고, 육의 하늘은 자신의 살아계신 부모나 이미 돌아가신 조상님이 되신다.

천상에 계신 영의 하늘 모습은 어떻게 생기셨을까 참으로 궁금할 것이다. 물론 인간의 모습을 하신 30대 초반의 아주 꽃미남이시다.

천황님을 영안(靈眼)으로 친견하고자 하거든 이곳 자미국 자미천궁에 들어오면 사람에 따라서 조금은 다르지만 영적 알현이 가능해진다. 이는 나의 천지대능력이라기보다는 천황님께서 친견을 갈망하는 사람의 마음을 알기에 영의 문을 스스로 열어주시는 것이다.

하지만 신(神)이란 용어만 쓰면 무섭고 두려운 존재로 부각되거나, 미신이란 굴레를 씌워 스스로 천박하게 여기는 세상이 돼버렸다. 자신이 믿는 것 이외에 세상의 모든 신들은 사탄이며 마귀라고 매도하였기 때문이다.

한마디로 무지 때문에 무서운 일이 벌어진 일이다. 예수나 석가도 신이다. 한국에서는 신이라 부르지만 미국에서는 God(神)이라고 부른다. 신이나 신명은 같은 말이지만 신보다는 신명이란 용어가 더 정중하게 들린다.

이곳은 도교, 기독교, 사찰, 무속이 아닌 신명국가 자미국 자미천궁이기 때문에 특단, 상단, 중단, 하단으로 각각의 천상신명들이 하강하는 곳이다. 하늘이 선택해 주신 자미국으로 옛 성현들이 말했던 신의 종주국이다.

신이나 귀신은 인간 몸을 빌리지 않으면 인간세상에 나타날 수 없어 반드시 사람의 모습으로 오게 되어 있다.

크고 작음의 차이는 있지만 모든 영 능력자들은 천황님께서 내린 각각의 사명을 완수하기 위해서 잠시 잠깐 인간 몸으로 탄생되는 축복을 받은 것이다.

즉, 직무대행을 해나갈 뿐이지 어느 누구도 스스로가 천상의 하늘님은 아니다.

다만 그분의 영 능력을 얼마나 많이 받아 신인조화를 얼마만큼 부리고 있느냐가 최대 관건이다.

나도 태상천존 자미천황님의 직무대행에 불과한 몸이지만 신명세계 자미국의 직함 명호는 인황이며 진실 여부는 많은 독자들이 참석하여 밝혀주기 바란다.

하늘의 백성들이여! 하늘의 진실한 소리에 귀 기울여 보자.

나의 생각이 신의 생각이라고 깨닫는 데까지는 너무나 많은 세월의 수행과 고난 그리고 금전적 지출이 많았다.

신의 주파수에 나의 주파수를 맞추는 것이 어찌 보면 쉽지만 스스로 그 길을 걸어가며 피나는 수행과 체험을 통하여 득도할 때까지는 사나이 눈물도 많이 흘려보았다.

신과 조상님을 향하여 절규에 가까운 원망과 탄식 그리고 뼈아픈 좌절의 세월을 견뎌내고 마침내 모든 천지만생만물의 천지인 신명들에게 천황님을 대신하여 인류를 심판하고 하늘의 뜻을 전할 수 있는 최고의 경지까지 오를 수 있게 되었다.

나는 '태상천존 자미천황님'을 천지만생만물의 새로운 신명 이름으로 부르고, 인류의 염원과 개벽인 제2의 천지창조(천인합체=도통배출)를 세상에 선포하였다.

인류가 기다리는 무릉도원의 유토피아 세상을 이 나라 땅에 세우신다. 육신의 영생과 금전고통, 질병, 우환에서 벗어나는 근심걱정 없는 세상을 세우리라 하셨다.

천인조화, 신인조화의 세상은 태상천존 자미천황님께서 인간의 육신으로 내려오셔서 행하신다고 수차 말씀하셨다. 천황님의 하명 없이는 천상의 어느 신명들도 하계로 내려가 인간 몸에 합체할 수가 없다고 하신다.

천상의 천신은 인간세계로 보면 장차관에 해당하는 높은 신명으로써 천황님의 허락 없이는 이 세상에 내려올 수 없으므로 천인합체 천인(도통)은 자미국에서만 배출이 가능하다.

무릉도원 자미국에 들어와 영생을 구하려거든 조상님 입천제의식을 올린 후 천인합체의 단계를 거쳐야 한다. 인간 육신에 조상님들이 머물고 있으면 천계의 신들이 천황님으로부터 하명받을 수 없는 천상세계의 법도가 있다.

다시 말하지만, 반신반인의 천인이 되지 않고서는 정신과 육신의 영생은 존재하지 않으며 종교적 메아리로만 남을 것이다.

나의 생각이 신의 생각이라고 이미 말한 바 있듯이 영생할 수 있는 계시는 끊임없이 내려오고 있으니 각자 하늘이 내려주시는 천명을 받아들여야 한다.

나는 영혼과 신명들을 수없이 접해 보아 그분들의 마음을 속속들이 알고 있다. 강요는 아니지만 이제까지의 부정적 마음부터 버리고 순수한 마음을 가진다면 인간의 소망이 현실로 이루어질 것이다.

수없이 천황님의 대단한 천지대능력을 체험하였고 입천제의식을 올리면서도 매우 신비한 체험을 하게 되었다.

천상에 신명들이 하강하여 반신반인이 되면 평소에 느낄 수 없었던 강력한 힘이 오랫동안 솟구침도 체험하였다.

자유자재로 쾌락을 마음껏 누릴 수 있으니 신이 내려준 축복 아니던가? 이는 신명께서 천인합체 되면 모든 사람들이 천 가지 만 가지 천인조화를 부릴 수 있다는 것을 일부분 보여준 것에 불과하다.

천인합체는 하늘께서 우리 인류에게 내려주신 최고의 선물이 아닐까?라고 생각한다. 전지전능하신 태상천존 자미천황님 전에 오늘도 예를 갖추며 천황님의 뜻을 세상에 펴리라 가슴 깊이 다짐 또 다짐한다.

세계를 영도할 위대한 천손민족

하늘과 땅의 신명정기가 지구촌을 뒤덮고 있다.

아~ 하늘의 천명받을 자랑스러운 천손민족이여!

온 인류가 애타게 기다리던 무릉도원 자미국 자미천궁 세상이 드디어 열리고 있도다.

하늘의 천명을 받들 자 누구인가?

신명들의 소원을 이루어주는 태초 이래 처음 세워지는 대단한 자미국의 태동!

아! 신들의 원과 한이 동방 땅에서 풀어지는구나! 신들의 원과 한이 풀어져 소원이 이루어지면 각 조상님들의 원한이 풀려 소원이 이루어지고 조상님의 소원이 이루어지면 사람들의 원과 한이 풀어지는구나.

천명(天命).

이것은 하늘이 인류에게 내리시는 소리 없는 메시지이다.

이를 거부할 자 누구인가?

하늘과 땅의 메시지를 받았다.

하늘의 천명을 받들면 모든 불안과 공포에서 벗어나 행복을 누리게 된다. 하늘의 기운이 지상에서 최고로 강하게 내리는 자미국 자미천궁!

그 강한 하늘의 정기를 받음으로써 영성이 맑고 강해져 능히 하늘의 뜻을 헤아리고도 남음이 있으니 그것이 우리 인류가 애타게 기다리던 지상낙원의 유토피아 세상 아니던가?

하늘에서 내리는 신명정기의 메시지를 해석하지 못하여 오늘 이 순간도 질병과 우환 그리고 사업 실패로 세상과 스스로를 비관하며 괴로워하고 아파하다가 남모르게 목숨을 끊어 죽는 이 몇이던가?

지식인들이 갈등하는 하늘의 신명정기를 이제는 종교 이론의 울타리를 벗어나서 받아들여야 한다.

그 길만이 우리 사람들의 근심걱정이 모두 소멸되는 가장 빠른 지름길이 아니던가?

기존의 어떠한 종교가 아니라 인류가 열망해 오던 하늘의 신명정기이기에 체면이나 남의 이목을 두려워할 필요가 없다. 하늘의 천명을 가장 먼저 받아들이는 사람이 현명하고 능히 하늘을 통하리라.

어느 누가 하늘의 천명을 거역하고 살아남을 것인가?

모든 사람에게 각자 다른 천명이 내렸기에 하늘에서 인간세계로 잠시 잠깐 보냈건만 영적 인도자가 없다 보니 자기의 역할을 찾지 못하고 종교의 틀 속에 갇혀 있다.

하늘의 진정한 메시지를 스스로 받아 천명을 현실에서 수행하고 이행함에 있어서는 너무나 많은 시간과 인내의 노력이 필요하다.

여러 종교인들이 위대한 하늘의 뜻을 이루고자 각자 나름대로 고생과 노력하였음에도 왜 그 뜻을 이루지 못하고 고인들이 되었을까? 열심히 믿고 따르고 매일같이 기도정진한다고 하늘이 열리는 것은 아니다.

오랜 세월 갈망해 오던 그 해법과 열쇠는 하늘만이 알고 있고 그러기에 인간이 열망한다고 열려지는 것이 아니라 하늘에서 열어주어야 하늘을 통할 수 있다.

분명히 저 높고 높은 세계에 하늘이 존재하고 있는 것은 인정하면서 하늘이 할 일을 인간들이 마음대로 행하려 하니 하늘을 분노케 하고 있다.

인간사에서도 열심히 노력해도 안 되는 일은 포기해야 자신의 새로운 인생을 찾아 성공할 수 있지, 안 되는 일을 계속 이행함에 있어서 고통이 너무 많다.

인생사가 그러하듯이 하늘의 뜻을 받들고 펼침에 있어서도 안 되는 일은 하늘의 뜻이 아니었기에 이루어지지 않음이니 이제는 하늘을 그만 답답하게 해야 한다.

원뜻을 알아 현실에서 이행함으로써 하늘의 천명을 받들어 하늘의 소원도 이루어드리고, 인간 각자의 바람을 이뤄 행복한 가정, 사회, 국가를 이루어야 한다.

그 길은 자미국이 세계를 영도하는 위대한 국가로 탄생하고 발돋움하는 계기가 된다. 인간으로 태어난 천명이 무엇인지 아직도 모른 채 세상을 떠나가고 있으니 실로 안타깝다. 하늘의 말씀에 귀를 기울여야 한다.

하늘은 지금도 수많은 메시지를 보내고 있건만 자신들 뜻대로 살아가다 보니 하늘의 원성을 감당할 길이 없다.

하늘의 천황님께서는 오늘도 사람들을 탄생시키고 수명을 거둬들이고 있건만 운이 없어서 죽은 줄 알고 있으니 심히 애처롭다.

천지만물 산천초목에 내려지는 하늘의 소리를 들어야 한다.

그것이야말로 하늘이 내린 진정한 소리이다.

하늘에서 내린 천명을 받들지 않아서 청춘에 수명을 달리하여 세상을 떠나거나 생을 살아가면서 온갖 풍상을 겪고 있다.

나는 진정 누구이며 무엇 때문에 태어났더란 말인가?

돈 많이 벌고 권력과 명예를 갖기 위해서 왔단 말인가. 그것은 아니다.

하늘이 내리신 천명을 완수하기 위하여 살아가고 있을 뿐이며 그러다가 뜻도 모른 채 육신을 버린다.

인간은 죽어서 하늘의 심판을 받으니 85평생의 고통이 아니라 수억만 년 동안 신의 벌을 받는다.

미인이든 아니든, 부자든 가난하든, 각자에게 주어진 수명대로 살다가 가는 세월 이기지 못하고 죽어야 하는 것이 우리 모두의 인생사이다.

천지만물의 언어를 깨닫지 못하여 고통 속에 살아가는 불쌍한 사람들이 주위에 너무나도 많다.

나는 하늘이 내려주는 언어를 틈나는 대로 적어두었다.

습관이기도 하지만 천명을 받드는 일이기도 하였다. 천지의 언어를 모두 알게 되고부터 존재 가치를 새롭게 정립하고 깨닫게 되었다.

그러다 보니 하늘이 우리에게 바라는 뜻이 무엇인지 남보다 정확하게 알게 되었고, 이미 가신 우리 선조들이 보내오는 메시지 속에 담긴 원과 한도 알 수 있었다.

그리고 내가 그동안 왜 그런 고통을 받고 살아왔는지 원인을 알게 되었고 마침내 삶의 질곡을 벗어날 수 있었다.

나에게 내려졌던 하늘의 천명이 무엇인지 모르고 남들처럼 평범하게 직장생활도 하고, 사업도 해봤지만 혈기가 왕성한 젊은 시절에는 도저히 하늘의 뜻을 알 길이 없었다.

이미 20대 후반에 천명이 내려져 있었으나 새로운 삶에 대한 이상이 용솟음치던 나에게 하늘의 천명이 무엇인지 알 길이 없었고 관심도 없었다.

인간으로 누릴 수 있는 많은 부분도 누려보았으나 하늘은 나에게 일순간 행복을 주어 교화시키기 시작하였다.

모두는 어디를 향하여 가고 있는가?

그것은 하늘의 천명을 전달하는 전령사의 역할이었고 그 뜻을 완전히 알아듣기까지에는 몇 번이고 목숨을 버리고 싶은 강한 충동과 함께 고통도 수없이 겪었다.

평생을 살아오면서 하늘이 원하는 천명이 무엇인지 알고자 열심히 기도정진하면서 나의 육신을 혹사시켰다. 독자들은 하늘과 신들이 우리에게 진정으로 바라는 뜻이 무엇인지 알고 믿음을 가져야 한다.

하늘에서는 무조건 믿고 따르라고 하는 종교적 관념이 이제는 싫다 하신다. 우리 인간사도 가족 간에, 친구 간에, 연인 간에 하는 대화가 다르고 사랑법도 다르다.

어렸을 때를 회상해 본다.

그 시절에는 누구나 춥고 배고프던 시절인지라 생일이나 명절이 돌아오면 너무너무 기쁘고 행복하여 이다음에 크면 먹는장사를 하고픈 것이 희망이었다.

그러나 학교에 입학하여서는 친구들과 공부를 하다 보니 장래 희망이 박사, 의사, 대통령으로 바뀌었고, 더 성장하여 사회를 알고 보니 이제는 사회와 나의 현실에 맞추어 나의 바람이 또 달라졌다.

희망만 바뀐 것이 아니라 나의 모든 것들이 내 상황과 직업, 현재 위치에 맞게 말하는 어법도 바뀌고 있었다. 지나서 생각해 보니 그 당시에는 내 생각이 영원할 것 같았고 최고인 것 같았는데 이렇게 변할 줄이야.

유년시절의 친구를 만나 옛일을 회상하며 서로 추억에 잠긴다. 나의 지나온 60년의 세월. 변화도 많았고 생각도 많았고 꿈과 이상도 많았었다.

짧았었던 세월 속에서도 수시로 마음의 변화가 많았었건만 저 넓고 높은 천상에 계시는 하늘님은 어떠하실까?

하늘의 진정한 말씀에 귀 기울이지 않고 항상 내가 열심히 기도하면 들어주시겠지 하고 생각했던 이기적인 내 자신이 부끄러워진다.

저마다 생각이 다르고 부모로서 자손에게, 자손으로서 부모에게, 직장 상사로서 직원에게, 직원으로서 상사에게, 국민은 대통령에게, 대통령은 국민에게 서로 하고 싶은 이야기가 너무나 많이 있다.

서로가 얼마나 원만하게 뜻을 주고받았는지에 따라 밝고 명랑한 가정, 직장, 사회가 이루어지는 것이 당연한 이치이듯이 하늘은 사람에게, 사람은 하늘께 각자 크고 작은 인생의 소원과 사연들을 전달한다.

하늘은 수억만 년 동안 늘 같은 위치에서 우리 인간들의 소원을 이루어주셨다. 이제는 우리의 소원만 기도하지 말고 하늘의 말씀도 우리가 들어주었으면 하는 것이 하늘이 우리에게 전하는 마지막 메시지이다.

철없는 어린 시절에는 부모의 마음도 모르고 부모에게 우리의 소원을 들어달라고 어리광을 부렸지만 세월이 지나면서 어른이 되어 세상을 알게 되자 부모의 소원을 자식 된 도리로써 이뤄드리고자 하지 않는가?

우리가 여태껏 행했던 의식이 하늘을 얼마나 힘들게 했을까? 진심으로 생각해 본 적이 있는지 묻고 싶다.

하늘께 뭐해 달라고 기도만 하지 말고 하늘의 진정한 말씀에 귀 기울이는 철부지에서 성인으로 승화된 모습이야말로 진정 아름답고 빛난 모습일 것이라고 판단한다.

하늘에서 받은 크고도 크신 은혜, 사랑, 지혜 이루 다 헤아릴 수조차 없을 정도로 많고도 많다. 우리 선조들은 은혜를 받으면 은혜로 베풀었고, 사랑은 사랑으로 항상 감사하며 살라 하셨고 그렇게 행하셨다.

우리도 이제는 하늘을 그만 답답하게 하고 하늘의 말씀에 경청하여 소원을 들어드리는 것이 우리의 마지막 숙제가 아닐까 생각한다.

원대한 하늘의 뜻을, 하늘의 말씀을 나 혼자서 감당하고 혼자서 이뤄드리는 것 또한 하늘의 뜻이 아니다.

너와 내가 만나 우리가 함께 한마음 한뜻으로 하늘의 뜻을 펼치는 것을 하늘은 원한다.

하늘을 진심으로 열망하고 하늘을 통하고자 하는 사람들이 합세하여, 하늘의 소원도 이뤄드리고 하늘의 윤허에 근심걱정, 질병 없는 무릉도원의 세상을 이루어보자.

모두가 하늘의 신명이 되어 뜻을 행하여야만 된다는 것을 값진 대가를 치르고 깨달았다. 그것은 종교적이 아닌 하늘과 땅이 함께 하는 자미국 건설이었다.

몸이 왜 병에 걸려 아픈지 모르고 병원으로만 달려가는 것이 우리 인생이다. 그러면 왜 사업이 안 되고, 돈의 노예가 되거나 고통을 받고, 가정은 왜 하루도 편치 않게 부부간이나 가족 간 다툼이 연속되는 것일까?

이 모든 것이 하늘의 천명이었거늘 그것을 받들고 따르지 않아 풍상을 겪고 있다는 것을 알지 못하고 하소연해 보지만 속이 후련하지 않고 풍파는 멈추지 않는다.

과연 무엇이 나를 그토록 괴롭힌단 말인가? 그것은 하늘을 바로 알지 못하는 사람에게 일깨움을 주기 위해 하늘에서 내리는 하나의 지엄한 경고성 천명이다.

하늘은 우리 사람들과 함께하시기 위하여 태상천존 자미천황님이라는 새로운 신명의 이름으로 옷(관명)을 갈아입고 나타나시었는데 세상에서 하늘의 뜻을 바로 알지 못하여 답답하다고 하시었다.

아무리 종교에 심취하여도 채워지지 않는 빈 가슴!

그곳에 과연 무엇이 들어가야 모든 인생이 풀리고 행복할 수 있단 말인가. 자미국을 찾는 수많은 방문객들이 인황의 목소리는 "하늘에서 내린 소리" 같다고 격찬한다.

또한 상대방의 몸에 있는 신들이 하늘의 기운을 느껴서 격찬했었던 것인데 정작 인간 당사자들은 그러한 천황님의 조화를 전혀 알아채지 못하였다.

조상님 입천제의식을 올리는 사람들도 나의 목소리에 도취하여 온몸으로 천지조화의 정기를 느끼고 눈물을 흘리며 우는 사람, 몸에 강한 전율과 진동으로 정기가 내리는 사람 등 여러 가지 형태로 하늘의 신명정기가 나타나고 있다.

하늘의 신명정기가 내려오기에 듣는 이로 하여금 심금을 울렸고, 신과 영혼 그리고 사람들 모두가 목소리에 도취되어 있었던 것이다. 하늘이 내려주시는 마음의 소리를 들려주는 자미국 자미천궁!

인류가 바라던 소망이 모두 이루어질 수 있는 곳이 자미국이라면 어떻게 생각할까? 정신적인 영통이든 육신적인 질병의 고통이 모두 사라진다면 말이다. 하늘의 정기로 그런 신의 조화가 실제로 일어나고 있다.

삼한사온도 없을 정도로 매서운 강추위가 이어져서 새벽 기온이 서울 영하 14도라고 했다. 12월 초순에 이런 한파가 몰아친 것은 기상관측 이후 처음이라고 한다.

내가 동짓날에 24절기 신명들을 모두 청배하여 천지신명공사를 집행한 적이 있었다.

당시 기상대 발표로는 1월 중순까지 별다른 추위가 없을 것이라고 12월 15일경 예보했었다.

그러나 동지에 신명을 불러 하늘의 뜻을 전달한 날부터 날씨가 갑자기 삼한사온도 없이 영하 10도 이하로 내려갔고, 입춘이 훨씬 지나서도 강추위가 맹위를 떨치고 있었다.

24절기 신명을 찾아주는 사람들이 없으니 신명님들도 흥이 나지 않아서 조화를 부리기가 싫었던 모양이다. 24명의 신명들을 청배해 그동안 찾아주지 못한 것과 무관심에 대하여 위로하자 제 역할을 하기 시작한 것이다.

겨울 장사하시는 분들이 늘 겨울장사가 안 된다고 울상이 되어 지내다가 신의 조화도 모르고, 고마움도 모르고 갑자기 날씨 덕분으로 장사가 잘된다고 기뻐하는 모습을 TV 화면에서 접한 뒤에 정말로 신명조화에 감탄하고 고마움을 느꼈다.

풍운조화 3위 신명님을 청배하여 여름에 태풍의 진로 방향을 바꾸어달라고 청원드린 적이 있었다.

태풍이 울산과 울릉도를 제외하고는 비켜나갔다. 반면 2002년과 2003년에는 태풍 매미와 루사로 인하여 수조 원의 재산과 인명 피해가 일어났다.

가뭄 때 비를 내리게도 하고 장마철에는 장대비를 멈추게 하는 신의 조화를 수없이 체험하였다.

상상을 초월하는 이런 조화는 하늘의 천명을 받아들인 만물의 정기 속에 일어나는 천지조화의 일부분이었다. 독자들이 이런 조화를 모두 인정할지는 각자의 판단에 맡긴다.

직접 보지 않았기에 인정할 수 없다고 할 독자도 있을 것이지만 결과는 현실로 입증되었고 또 다른 천지신명공사는 계속 진행되고 있다.

제6부

천 명

천명 1

남편이 부인에게 내리는 명.

부모가 자식에게 내리는 명.

상사가 부하에게 내리는 명.

대통령이 국민에게 내리는 명.

'명(命)'

이 단어만으로도 무게가 느껴져 감히 이행을 안 할 수가 없다. 부인은 부인의 위치가, 자손은 자손으로서 위치가, 직원은 직원으로서 위치가 있다.

국민은 국민으로서 위치가, 반대로 가장은 가장의 위치가, 부모는 부모의 위치가, 회장은 회장의 위치가, 대통령은 대통령의 위치가, 말로는 참으로 간단하고 쉬운 문제인 것 같지만 그 위치 역할을 충실히 한다는 것은 어려운 문제이다.

윗사람이 아랫사람에게 '명'을 내릴 때는 해주었으면 하는 것이 아니라, 반드시 그렇게 행하라는 지엄한 '명령'의 지시어이다.

'명'이란?

내리는 자 행하는 자 모두가 있어야 한다.

내리는 자만 있고 행하는 자가 없다면 이 위대한 '명'도 의미가 없게 되고, 행하는 자만 있다면 마찬가지로 의미가 없게 되어 가정이나 직장, 사회에 법과 질서, 예의범절이 없어져 문란해지고 말 것이다.

초등학교 시절에 선생님이 내어준 숙제를 하지 않아서 매 맞고 반성문을 썼던 기억, 깊은 물에 들어가지 말라는 부모님 말씀 안 듣고 죽을 뻔했던 기억, 회사에 입사하여 상사가 지시한 사항을 해 놓지 않아 직장을 잃었던 기억이 있다.

이 외에도 다 나열하지는 못하지만 나의 작은 실수와 방심으로 인하여 겪어야 했던 많은 질책들이 그 당시에는 이유를 몰랐었는데 이제 와서 보니 그 모든 것들이 억양은 없었지만 나에게 내린 '명'이었다.

윗사람이 아랫사람에게 당연히 행할 수 있는 '명'이었기에 그것을 이행하지 않은 자에게 그에 따른 처벌도 마땅했다.

반대로 제자가 스승에게, 자식이 부모에게, 직장인이 상사에게 '명'을 내린다면 이행하는 이도 없을 것이고 이행하지 않아도 그에 따른 처벌 또한 없으리라.

우리 인간사도 이것이 '명이다'라고 규정해 놓지 않아도 자연히 어느 정도는 정해진 사회 관습이나 교육을 통하여 누구나 인정하는 기본적인 법과 처벌이 있다.

그렇다면 하늘에서 우리 인간에게 내리는 하늘의 '천명'은 과연 무엇이고 이것을 알고 행한 자, 행하려 하는 자 과연 몇 명이나 되고, 하늘의 '천명'을 이행하지 않았을 때 우리 인간은 과연 어떻게 될까?

모두가 생각해 본 적이 있는지 묻고 싶다.

나를 애지중지 사랑하는 내 부모도, 연인도, 부부도 각자의 '명(바람)'을 거역하면 화를 내고, 상대의 '명(바람)'대로 행해주기 전까지는 등지고 사는 게 우리 인생사인데, 하늘의 '천명'을 이행하지 않았을 때 하늘이 우리에게 내리는 파장(처벌)은 우리가 인내해 내기 힘들 정도의 고통으로 다가온다.

옛날 말에 이르기를,

천여불취 반수기구(天與弗取 反受其咎)

하늘이 내려주는 '천명' 받아들이지 않으면 도리어 그 나무람을 듣게 된다.

시지불행 반수기앙(時至不行 反受其殃)

때가 이르렀는데 '천명'을 결행하지 못하면 거꾸로 그 재앙을 입게 된다.

이제 우리 모두가 각자에게 주어진 하늘의 '천명'을 찾아 하늘이 원하는 일을 행함으로써 무릉도원의 세상을 현실에서 이루어보자. 각자에게 내려진 하늘의 命을 받들면 천만사가 상통하여 가정과 사회 국가가 부강하며 평안해진다.

이 순간에도 하늘의 '천명'은 끊임없이 모두에게 내려지고 있건만 그 뜻을 헤아릴 길이 없어 갈등과 번뇌 고통의 소용돌이 속에서 어제도 오늘도 우리는 크고 작은 사연들로 괴로워하고 있다. 아픈 사연들은 하늘의 천명을 거역한 벌이다.

인생사의 풍화환란!

우연히 일어나는 것이 아니라는 것을 하루빨리 인정하는 사람들이 고통과 불행의 인생에서 벗어날 수 있다. 인생사의 모든 고통을 겪고 나서 다 망가진 뒤에 인정하여 하늘의 천명을 받고자 한다면 얼마나 바보 같은 일인가?

하늘의 '천명'을 받들어 무궁무진한 사랑을 받고, 살아서도 죽어서도 근심걱정, 질병 없는 무릉도원의 세상이 자미국 자미천궁에 열려 있으니 어서어서 하늘의 '천명'을 받들자.

천명 2

하늘의 천명(天命)을 받은 사람이 살아생전에 그 천명을 실행하지 않고 죽으면 사후에 그 죄를 반드시 묻게 되는데 이러한 사실을 알고 살아가는 사람이 몇이나 있을까?

우리의 상상을 초월하는 형벌이 기다리고 있건만 사람들은 살아생전에는 그 뜻을 알 수가 없다. 천명은 살아 숨 쉬는 하늘의 보이지 않는 메시지이다.

하늘이 내리시는 천명을 따를 것인가 그냥 지나칠 것인가는 각자의 선택이자 자유이다.

내가 하늘과 조상님들로부터 받은 명은 하늘의 천명을 받은 하늘의 자손들과 자미국을 세우라는 것이었다. 이렇게 하늘과 조상님의 지엄한 명은 떨어졌다.

나는 하늘과 조상님을 대신하여 명을 전달해 주는 입장이며 그것을 행하고 행하지 않고는 이 나라 국민들 각자가 판단할 사항이라고 본다. 그러나 이미 가신 각자의 조상님들이 어떤 결심들을 내릴지 지켜보며 기다리고 계신다는 것을 늘 염두에 두어야 한다.

자미국은 반드시 나 인황에 의해서 세워져야 할 우리 민족과 인류의 구심점이고 사명인 동시에 국민의 한사람으로서 하늘과 모든 조상님께 근본적인 도리라고 본다.

나는 국민의 대통합을 창출해 낼 역사의 탑 자미국을 세워야 하는 사명을 완수해야 한다. 이는 또한 대한민국이 경제적으로 크게 성장하는 지름길이며 외국의 관섭에서 벗어나 초강대국으로 급부상하는 계기가 될 것이다.

이웃 나라 일본을 보라!

역대 모든 일본 총리들은 주변 국가의 강력한 반대에도 불구하고 호국영령들이 위패가 안치된 야스쿠니신사 참배를 강행하고 있지 않은가? 전쟁에서 죽은 사람들을 신사에 봉안하여 신으로 격상시켜 그 혼령들을 위로하고 있다.

그럼으로써 별 볼일 없이 힘도 못 쓰던 조상귀신들이 신으로 추대되자 모두 힘을 합해 일본을 경제대국으로 성장시키는 원동력이 되었다. 일본 총리는 이미 신들의 신비조화 능력을 체험하여 알고 있었던 것이다.

일본 총리들은 주변 국가에서 아무리 만류하고 협박해도 신사참배를 중단하지 않을 인물이고 일본의 든든한 후원자가 신사에 모셔진 모든 혼령들이란 것을 잘 알고 있다.

귀신에 대해서 독자들 나름대로 겪어본 일들이 많을 것이고, 인간사에 일어나는 불가사의한 일들이 모두 하늘, 땅, 신, 조상귀신들이라면 믿을지 모르겠다.

물론 이 중에는 좋은 일도 있고 나쁜 일도 함께 있다. 이를테면 교통사고, 익사, 화재, 심장마비, 자살, 말기 암으로 갑자기 사망하는 경우이다.

사람은 누구나 죽으면 육신이 없으니 귀신이 되고, 또한 원과 한을 품은 채 정신병으로 미쳐서 죽은 사람은 그 원한을 풀기 위하여 해코지를 하므로 마귀로 취급받고 있지만, 그들이 각자의 조상님인 줄은 까마득히 모른 채 살아간다.

그러므로 어쩌면 원과 한이 많아 미쳐서 돌아가신 자기의 부모

조상님을 사탄마귀로 몰아세우니 그 조상님들 입장은 말이 아니다. 처음부터 누가 사탄마귀 되고 싶어 사탄마귀가 되는 것인가? 생전에 정신이상(신병)으로 미쳐서 죽은 후에 복수의 일념으로 상대에게 해코지를 해대는 것이다.

옛날부터 전해 내려오는 귀신에 대해서는 고을마다 혹은 가정마다 모두 사연이 있을 것이다.

정신병자가 죽어 귀신이 되면 마귀라 한다. 사탄은 남을 속이기 좋아하고 변덕이 심한 귀신이다. 정상적이지 않은 못된 귀신을 마귀나 사탄이라고 한다.

제사 지내기 싫거나 조상 기리는 마음 없이 형식적으로 제사 지내는 사람들은 자미국에 들어와 하늘나라 천상궁전 자미천궁으로 모든 조상님들을 보내드리면 평생 제사 안 지내도 되고 걱정할 필요 없다.

인간세상에서 조상님들이 천상세계 오르기 전까지 혹시라도 배고파하실까 봐 1년에 기일과 설날, 추석, 한식 차례를 지내드린다. 이는 수천 년간 전통적으로 내려오는 우리나라의 고유 풍습인데 날이 갈수록 풍습이 변해 가고 있다.

세계를 영도하실 태상천존 자미천황님께서 이 땅을 선택하시어 오셨다. 신명세계와 사후세계, 영혼세계, 인간세계를 두루 통치하시는 분이시다.

대우주를 주관하시는 천황님이시고 삼계대권을 통솔하시는 신명세계 총사령관님이시다.

동방 땅의 천황님은 하늘과 땅을 통치하시는 분이시다. 이 나라에 천황님이 이미 하강하시어 자미국을 건설하시고 있으며 그 조화는 상상을 초월하여 나타나고 있다.

하늘의 신명정기가 아니 내리는 곳이 없고 자미국을 통해서 간절히 청하면 뜻을 이루어준다 하셨다. 본래 명호는 '태상천존 자미천황님'이시나 줄인 말은 천황님이시다.

천황님의 모습을 영안으로 본 독자들은 하늘로부터 선택받은 백성들이다. 그것은 바로 천황님의 천명이 전달되었음을 입증하는 것인데 어떤 사명을 완수해야 하는지 하늘의 말씀을 들어봐야 한다.

천황님의 기운을 직접 몸으로 느끼고 싶은 독자들은 예약 후에 방문하면 된다. 하늘의 신명정기를 빠른 시간 안에 각자의 몸으로 체험할 수 있다.

진정으로 하늘에서 원하는 뜻이 무엇인지 알 때가 되었고 자미천황님께서 친히 하강하셨으니 그 뜻을 알고자 하는 사람들은 하늘의 천명을 받으면 된다.

나는 신흥종교를 이 땅에 세우려 하는 것이 아니고 다만, 온 세상에 하늘과 땅의 새로운 역사가 시작되었음을 알리고자 하는 것이다.

나 역시 평범한 한 인간에 불과하지만 하늘의 뜻을 인류에게 전하고 펼치라는 천명을 받았기에 감사한 마음으로 행하고 있을 뿐이다. 내가 하늘제자의 길로 들어와 하늘을 통하여 알게 된 신비한 일들이 참으로 많다.

명부전의 10대왕, 9천여 년 전에 돌아가신 안파견 한인천제님, 발해왕 대조영, 진시황제, 서태후, 히로히토, 히틀러, 팔도명산의 산신, 산 사람의 생령인 북한의 김정일 국방위원장, 미국 부시 대통령, 일본 고이즈미 총리, 러시아 푸틴 대통령, 중국 후진타오 주석, 노무현 대통령, 580년 전 돌아가신 이씨 조선시대의 종 3품으로 중훈대부와 춘천도호부사를 지낸 연안 이씨 조상님을 비롯해서 하늘을 날아다니는 제비의 영혼까지도 불러서 대화를 나누어 보았었다.

일반인들로서는 도저히 상상이나 이해가 가지 않을 내용들이지만 나는 이 나라의 모든 국민과 기업인들에게 한 가지 방법을 일러 주고 싶다.

경제 불황 탓하지 말고 하늘의 천명을 받으면 그동안의 모든 불황이 타개될 것이다. 기업이 잘 안 되는 데에는 어떤 원인이 반드시 있기 마련이다.

그 원인을 찾아내고 그 해법이 무엇인지 하늘의 천명을 받아 그대로 행하면 회사가 하늘과 땅의 보호와 사랑을 받아 불황에서 빨리 벗어날 것이다.

개국 이래 최대 불황이라고 대책 없이 지켜볼 것인가? 중소기업이든 대기업이든 하늘의 천명을 받들면 된다.

적은 돈은 노력으로 벌 수 있지만 큰돈은 하늘의 신께서 내려주셔야만 된다.

설혹 자기 노력으로 한때 큰돈을 벌었다 하더라도 신께서 허락하지 않은 돈은 지키지 못하고 금방 나간다. “신이 임하여 도와주지 않으면 만사가 헛수고로다”. 기업을 크게 성장시키기 싫은 사람은 아무도 없을 것이다.

기업의 발전은 국가부흥으로 연결되어 국민의 일자리가 창출되고 실업자가 감소해 사회가 활기차게 돌아가는 원동력이 된다. 아무리 열심히 해도 발전 없는 기업은 하늘에서 진노하여 그 회사를 돌보지 않는 것이다.

불황의 늪에서 벗어나려면 하늘께 사죄하고, 하늘의 천명을 받들면 더 이상 경제적 고난은 오지 않는다.

하늘의 신들은 모든 사람들에게 신명정기를 내려 흥하게도 하고 망하게도 한다.

바로 사람들이 신의 역할을 알게 모르게 대행하고 있는 것인데 정작 당사자는 그것을 전혀 알지 못한다.

회사 기밀을 몰래 빼내어 경쟁회사에 팔거나, 그를 빌미로 회사를 협박하거나, 사회에 폭로하거나, 검찰에 고발하는 것 모두가 하늘의 천명으로 일어나고 있다는 것을 아무도 모르며 운이 없어서 그랬다고 한숨 쉬고 있다.

사람이 가장 무서운 존재이다. 하루에도 수십 수백 번씩 마음이 변하니 변덕스러운 날씨와 같다고 보면 비유가 맞을 것 같다.

신들은 사람의 마음을 자유자재로 바꾸는 능력이 있지만 일반인들은 그런 것을 알 수가 없다.

회사의 중요한 자리에 있는 사람의 마음이 변하면 그 기업은 순식간에 위험에 처하는 사태로 돌변한다. 공금을 횡령하거나 회사의 비리를 폭로하여 국세청 세무조사를 받게 하거나 매장시키기도 한다.

이런 모든 불상사를 일어나지 않게 만드는 것 또한 신들의 고유능력이다. 즉, 사람 마음을 배신하지 않게 관리하고 사주에게 충성하게 만든다.

신들은 중요한 결정에 있어서 경영자의 판단을 흐리게 하거나 망하는 쪽으로 결정을 내리도록 마음의 변화를 유도케 한다. 아홉 번 성공했어도 단 한 번의 잘못된 결정으로 회사는 부도 위기에 빠진다.

각종 투자 역시 마찬가지이다. 인생은 모험이라지만 늘 위험이 도사리고 있다.

이런 고난을 주고 있는 실체를 찾아야 한다. 이 세상 태어날 때 사람들 모두가 한 가지 사명을 갖고 태어났는데 그것을 살아생전 알고 살아가는 사람은 없다.

하늘의 천명을 받아 인간세상에 태어난 사람은 반드시 하늘의 천명을 받고 살아야지, 자신 마음대로 살다 죽으면 사후세계에서 상상을 초월하는 심판과 형벌을 감수해야 한다.

나는 사후세계와 신명세계에 대하여 너무나 많은 것을 알고 있기에 천명(天命)이란 책을 통하여 수많은 사람들에게 하늘의 뜻을 전하고 있는 것이다.

사후세계에서 고통받고 있는 조상님들을 불러보면 자손들이 수없이 많은 천도재나 굿을 해드렸는데도 불구하고 모두가 형벌을 받느라 무척이나 고통스러워하고 있다.

대부분의 사람들은 죽으면 모든 것이 그것으로 끝인 줄 알고 살아가는데 그것이 아니다.

이를테면 죽으면 간다고 하는 명부세계가 있고 그곳엔 10명의 대왕이 있다. 제 1전의 진광대왕에서 제 10전의 전륜대왕에 이르기까지 각각 관장하는 업무가 다르다.

명부전 합의 신명공사가 있었고 내가 3명의 대왕을 청배하여 대화를 주고 받아본 결과, 사후세계는 분명히 있었고 10대왕 역시 실존해 있었다.

진광대왕, 초강대왕, 송제대왕, 오관대왕, 염라대왕, 변성대왕, 태산대왕, 평등대왕, 도시대왕, 전륜대왕 중에서 제 1전의 진광대왕과 제 4전의 오관대왕 그리고 제 10전의 전륜대왕을 청하여 2시간에 걸쳐서 자세히 들어보았다.

깨닫지 못하는 영혼들은 제 10전의 전륜대왕께서 관장하고 있고, 선한 영혼들은 제 1전의 진광대왕께서 맞고 있었다.

이 깨닫지 못하는 영혼들은 대부분 조상을 박대하였거나 제사를 모시지 않은 부류였다.

10대왕 중 전륜대왕 본인께서 제일 골치 아프고 힘든 자리를 맡았다고 불평하였다.

살아생전에 자기의 부모 조상님과 사후세상을 인정하지 않고 살아왔던 사람이 사후세계에 와서도 똑같이 그 모순된 생각을 버리지 못하고 있는 모습이었다.

제 10전에서 깨달으면 제 9전으로 가고, 다시 제 9전에서 깨달으면 제 8전~ 제 1전의 진광대왕으로 이어지고 있었다. 부모조상 제사 지내지 않고 사후세계, 신명세계를 인정하지 않는 영혼들의 교화가 제일 힘들다고 했다.

인정하면 즉시 더 나은 곳으로 이동하는데 아무리 가혹한 형벌을 주어도 굴복하지 않는다고 했다.

이곳에 갇혀 있는 조상님들의 가족은 인간세상에서 매사 되는 일이 없고, 사건사고에 휘말리며 차마 형언할 수 없는 모든 고난을 겪고 살아간다고 전해주었다. 살아 있는 자손들이 조상님을 구원해 드려야 한다.

하늘의 천명을 받들어야 이 나라뿐만 아니라 인류에게 평화가 다가온다. 온 국민들이 잘살 수 있는 길이 있다면 당연히 행하여야 함이 도리이다.

가정이 잘되고 편하려면 조상님들이 편해야 되고, 나라가 잘살려면 개국시조 72위 조상님과 역대 제왕님, 하늘께 도움을 청해야 한다.

독자들도 마찬가지이다.

가정마다 크고 작은 우환과 질병 그리고 근심걱정 없는 집이 없지만 지금까지는 방법을 모르고 길을 몰라 힘들어하였다면 이제부터는 하늘의 천명(입천제와 천인합체의식을 행함)을 받들면 된다.

하늘에서 하강하신 천황님을 인정하고 하늘의 천명을 받으면 인간세상 불가능이 없을 정도이다. 책을 읽고 각자가 판단을 어떻게 하는가에 따라 자신과 가정, 기업의 생사가 좌우될 것이다.

하늘님이신 자미천황님을 기쁘게 해드리는 것은 곧 자신의 인생이 기뻐지는 일이다.

부자 됨에 감사하며 건강함에 감사할 줄 아는 하늘의 백성이 돼야 한다. 잘살게 해주어도 하늘께 감사할 줄 모르는 것은 큰 죄악이다.

천상에 계신 자미천황님을 기쁘게 해드림으로써 자신과 자신 가족이 모두 즐거워지고 생활이 더욱더 윤택해진다.

각자가 하늘께 도리를 다할 때 하늘에서 지켜주시니 마음의 평화가 이루어지고 인생사의 우환이 사라지며 위험에 빠지는 일이 없게 된다.

하늘의 주인이신 천황님은 과거에도 오늘도 계셨건만 알아보는 사람들이 없었다.

그러나 이제 책을 통하여 종교적 하나님이 아니시라 우리의 생활을 보살펴주시고 사랑해 주시는 자미천황님으로 세상에 널리 알리게 되었다.

자미천황님께 예를 다함은 당연한 도리라 할 것이니 그 예법은 자미국에서 천명을 받아 감사죄를 올리는 것이다.

축생이나 미물이 아닌 인간으로 태어나게 하심에 늘 감사해야 한다. 인생이 편하게 고통에서 벗어나고자 한다면 하늘의 천명을 받으면 된다.

운명을 바꾸려면 하늘의 천명을 받아라

인간의 탄생과 죽음, 그리고 생로병사, 길흉화복.

이 모든 것이 하늘의 천명으로 이루어진다고 생각해 본 사람이 있을까? 인생을 자기 마음대로 살다 간다고 생각하는가? 저 창공에 새까맣게 군무를 지어 나는 새들이 어찌 서로 부딪히지 않고 날 수 있을까?

모든 것이 하늘의 신명정기로 이루어지고 있으니 그것이 바로 하늘의 천명이다.

인간이 태어남도, 죽어야 함도, 일해야 함도, 축생으로 윤회함도 하늘의 천명으로 이어지고 있는 것이다.

회사에서 사장의 지시는 바로 명이다. 장관도, 국회의원도, 공무원도 보직 임명장을 받아든 순간부터 그 업무를 관장할 수 있고 권한을 행사할 수 있다.

이만큼 명이란 대단히 중요하고 천지만물을 움직일 수 있는 언어이다. 명(命) 하면 목숨 명이니 운명을 생각할 수도 있겠으나 천지만물의 '지시어'이다.

내가 자미국을 세우려 함도 하늘의 천명을 받들어 그대로 행하고 있을 뿐이다. 命(명), 즉시 행하라는 지시어이다. 명을 내리지 않으면 천지만물은 멈추어 설 것이다.

전쟁터에 군사들도 상관의 명 없이는 움직이지 않으며, 계급사회에서 명은 바로 생명이나 마찬가지이다.

명이 없는 단체는 위계질서가 서지 않을 것이며 존속 자체가 불가능하다. 그래서 인간사회에는 상하 간의 신분을 표시하는 계급이 존재하고 있다.

소는 농부가 "이랴" 하고 고함치며 채찍을 들어 때려야 사람 말을 알아듣고 밭이나 논을 일군다.

소가 게으름을 피우며 천천히 밭을 갈 때 채찍을 더 세게 휘두르면 소는 뛰다시피 일한다.

동물에게는 사람 말을 전달할 수 없어서 채찍으로 명을 내리는 것이고, 하늘이 인간들에게 내리는 벌은 금전 고통과 실패, 아픔, 질병 그리고 우환과 비명횡사이다.

회사나 관공서의 공문서도 모두 명으로 이루어져 있다. 명을 내리는 사람은 한 사람이지만 전달받고 집행하는 부서의 인원은 적게는 몇 명에서 많게는 수십억이다.

명을 받고 움직이는 사람들은 싫든 좋든 그 업무를 명에 따라 수행해야지 안 그러면 그 조직에서 존재할 수 없어 퇴출당할 수밖에 없다.

천지만물은 모두 명을 받고 생존해 간다. 이곳 자미국 자미천궁에선 신명들께서 원하시는 천지언어를 모두 알고 있기에 천지신명님들의 대변인 역할을 하고 있는 것이다.

하늘의 천명, 이것을 따름은 인류가 가장 편안하게 잘살 수 있는 길인데 모르며 살아가고 있다.

독자들이 믿든 안 믿든 나는 천황님의 천명을 인간세상에 전달하는 직무대행자 역할의 사명을 받았다.

천인합체가 되어서 천신과 하나 되면 이루지 못할 일이 없다고 신께서 말씀으로 내려주시었다.

명으로 이루어질 일들이 너무나도 많이 있지만 관습으로 또는 고정관념 때문에 행하기를 주저하는 사람들도 있었다.

조상님 입천의식이나 천인합체의식을 행하고는 싶으나 돈이 없어서 의식을 올리지 못하는 사람도 많다.

입천제와 천인합체의식을 통하여 사람들이 뜻을 이룰 수 있는 일들이 열거해 보면 끝도 없이 많이 있다.

굼벵이가 매미 되어 하늘을 날아다닌다

자연의 조화는 늘 인간에게 경이로움을 안겨준다.

만물은 언제나 쉬지 않고 움직이며 생동한다.

한낱 미물에 불과한 굼벵이는 느리고 게으른 사람을 비유하는 말이다. 그만큼 굼벵이는 느리고 미련하지만 속담에 "굼벵이도 구르는 재주가 있다"고 하였으나 첨언하여 "창공을 날아다니는 재주도 감추어져 있다"라는 사실을 아는 사람이 몇이나 있을까?

그런 그가 밤이슬 맞으며 고목나무 밑에서 나름대로 천기를 마시며 자신만의 이상을 꿈꾸고 있다.

누가 뭐라 해도 개의치 않고 그 나름대로 최선을 다하며 열심히 살아가고 있다. 썩은 고목나무 진을 빨아먹으며 껍질을 벗고 매미가 되어 저 푸른 창공을 자유자재로 날 때를 꿈꾸면서 묵묵히 기다린다.

굼벵이가 하늘을 날아다닐 것이라고 누가 생각하겠는가?

굼벵이가 유충에서 성충으로 자라고 그 껍데기를 벗으니 한 마리의 매미가 되어 맴맴 거리며 하늘을 날아다닌다.

인생도 어찌 보면 매미의 인생과 같다고 볼 수 있다.

구더기 유충에서 해탈한 것이 파리이듯이 말이다. 육신의 옷을 벗어버리면 영혼이 되어 매미처럼 마음대로 창공을 날아다니게 될 것이다.

그러나 죽어서 창공을 날지 말고 살아서 천인이 되어 마음 편히 살아간다면 더 바랄 것이 없을 것이다.

모든 것은 방법만 찾으면 된다.

고정관념의 틀 속에서 벗어나야 새로운 창조의 세상이 나타나는 것이다. 상상이나 공상은 반드시 현실세계로 다가오게 되어 있다.

발명가들은 수천 번의 실험과 쓰라린 실패를 딛고 일어선 사람들이다. 그들은 새로운 물질을 발명해서 인류 문명의 도약을 이루어냈고, 지금 이 순간에도 새롭게 발명된 제품들이 홍수처럼 쏟아지고 있다.

이론상 인간의 수명을 10배 늘릴 수 있는 유전자도 발견했다고 하고 암을 억제하는 물질도 개발했다고 한다. 요즈음은 자고 나면 세계 최초로 무엇을 발견 또는 발명했다고 한다.

전자 제품도 어떤 회사가 세계 최초로 신개발 제품을 만들었다고 수시로 발표하고 있다.

그만큼 필요는 발명의 어머니라고 했듯이 불편하다는 생각을 하지 않는다면 인류 문명의 발전은 더 이상 진보하지 않는다. 나는 신과 영의 세계에 대하여 전문가적 견해를 가지고 있지만 일반적으로 신명제자 하면 99%는 점쟁이이다.

인간 무형문화재도 있지만 대부분 굿을 하고 점을 보는 것이 주로 하는 일이다.

신통한 능력을 가졌지만 인간의 길흉사를 상담하는 역할밖엔 할 수가 없고 성공하면 절 짓는 게 꿈이라 한다.

인류는 태어나면서부터 신비함에 기대며 어떤 신비조화의 세계를 동경하고 살아왔다. 그래서 일본은 태양을 불의 신이라 하여 섬기고 국기로 표시하기도 했다. 모든 만물에는 크든 작든 신명정기가 깃들어 있다.

사람들은 어렵고 힘들 때 신에게 자신의 소원이 성취되게 해달라고 애원하며 빌고 있다. 그렇다면 신들의 소원은 하나도 없을까? 지금까지 이 문제는 거론의 대상이 아니었다. 신들이 바라는 소원은 누가 들어줄 것인가.

답은 인간뿐이다. 인간은 늘 신에게 바라기만 했을 뿐 신에게 해준 것이 무엇인지 이제부터 생각해야 한다. 신의 마음을 알려면 신의 마음이 되어야 한다.

그래야 그분들의 뜻을 정확히 알게 된다. 신들이 원하는 것을 알면 인류가 원하는 영생, 도통, 구원도 얻을 수 있다. 신과 인간의 공존공생이 필요한 것이다.

우선 신의 마음이 되고 신의 몸이 되어야 신과 통신이 이루어진다. 이것이 해탈이고 인간 육신을 벗어나 생각하는 사고가 신비의 세계를 이 땅 위에 세울 수 있는 초석이 된다.

인간 육신의 모든 욕심을 내려놓고 천상계 신들과 천인합체의식을 속히 행해야 한다.

신명들이 우리의 육신에 자리 잡으면 신의 몸이 되어 천지조화를 부리며 반신반인의 신으로서 살아가게 되니 생로병사를 초월할 수 있다. 신의 조화는 상상을 초월하여 인간의 정신을 개벽시킨다.

살아 있는 신이 되는 길이고 사탄, 마귀, 귀신들로부터 해방되고 수명을 최대한 연장할 수 있는 세상이 지상낙원이며 무릉도원인 자미국이다.

제비 한 마리 왔다고

천황님께서 네 한 몸 선택됐다고 무릉도원 자미국 자미천궁이 세워지는 것은 아니라고 말씀하셨다.

즉, 3월 삼짇날 제비 한 마리 날아들었다고 완연한 봄이 온 게 아니듯이 말이다.

하지만 봄의 화신은 머지않아 따스한 햇살을 비추게 하고 만물을 생동케 한다. 산과 들에는 파릇파릇 새싹이 돋아나고 벌 나비가 꽃향기 따라 춤추며 날아다닐 것이다.

사방이 초록으로 물들자 봄의 화신으로 왔던 제비는 이제 한 마리가 아니라 수천만 마리가 되어 나무 위에나 집집마다 지지배배대며 둥지를 만들기에 바쁘다.

이미 신들은 내려와 있으나 천황님으로부터 호명(부르심)이 없으니 어찌 스스로 나서겠는가? 찾았다고 해야 조상신들뿐이다. 신명제자들은 내 할아버지 할머니가 최고인 줄 알고 있고 그렇게 생활해 간다.

그러기에 어느 누구와 이야기해도 독보적인 존재이며 천상천하 유아독존으로 나이가 많건 적건 고개를 숙이지 않는다. 일반인들이 신의 세계를 싫어하는 가장 큰 이유는 바로 이러한 사실들 때문이다.

제각각 조상을 모시고 있다 보니 자신의 조상님이 최고라고 하는 것이 지금까지의 무속세계였다. 그리고 스승에게 간섭받기 싫어서 스스로 도태하거나 배신하는 경우가 비일비재하다. 내가 기도시켜 본 한 일반 여성도 그랬었다.

처음에는 아무것도 몰랐는데 몇 달 지나서 영안이 열려 신의 모습을 보는 경지에 이르니 스승인 나와 어깨를 맞추려고 하는 것을 보고 불쌍하기도 하고 화도 났었다.

조상이 최고인 줄 믿고 자만하였던 그 여성은 더 높고 높은 하늘을 통하고 나서는 죄송하다며 용서해 달라고 얼굴을 붉히었다.

조상님이 하강했을 때와 하늘을 통함에 있어 너무나 차원이 다르고 깊은 뜻을 일러주어 감사하다고 말했다.

앞으로는 정말 여러 사람의 본보기가 되겠다고 넙죽 절을 올리는 모습을 보면서 다시 한 번 조상신과 하늘 신들의 상반되는 면을 확인할 수 있는 계기가 되었다.

제비 한 마리가 완연한 봄이 되었음을 알릴 수는 없지만 겨울에서 봄이 다가오고 있음을 알릴 수는 있다.

하늘에서 '천명'이 내려진 이상 나는 하늘의 뜻을 펼쳐드리고자 최선을 다할 것이고, 하늘의 '천명'이 인류에게 전해지고 있으니 천상의 고급 신명들이 지상 자미국 자미천궁에 하강하여 천인합체의식을 통해서 하늘의 뜻을 세계만방에 펼치리라 생각한다.

하늘과 땅과 인류

인류의 소망과 하늘의 소망을 합쳐서 이루어놓으면 인류가 바라던 이상향의 세상은 현실로 이루어진다. 나는 태초의 하늘과 조상님들의 원과 한을 풀어드리고자 한다.

보이지 않는 하늘을 믿자는 것이 아니라 보이는 하늘을 믿자는 것이다.

하늘이 우리 사람들에게 원하는 것이 무엇이며, 이미 가신 조상님들은 무엇을 바라며, 살아 있는 우리들의 간절한 소망은 무엇인가?

이에 대한 해답을 확실히 찾으면 인류는 상상을 초월하는 신비의 세상에서 살 것이다. 이것이 천지인(天地人)의 마음인데 삼합으로 뭉쳐지면 하늘의 조화가 나타나 인류 모두가 기다리던 무릉도원의 세상이 열린다.

하늘이 우리 인간들에게 가장 바라고 원하는 것은 하늘의 천명을 받아서 천인과 백성이 되어달라는 것이다. 두렵지도 않으며 존귀한 위상을 갖는 길이다.

하늘은 무소불위하고 전지전능하시나 스스로 말할 수 없고, 스스로 행할 수 없기 때문에 하늘의 천명(天命)을 대신 행하여 줄 사람들이 필요하다. 하늘에서는 이제 모든 종교를 통합하여 자미국을 세우고, 사람 한 명 한 명에게 하늘의 일을 행할 신을 내려주시고자 한다.

수많은 조상님들이 살아 있는 자손들에게 바라는 것은 과연 무엇일까? 사람들은 목숨이 다한 뒤에는 모든 것이 끝난다고 생각하며 살아가겠지만 그 이후의 장구한 사후세계는 분명히 존재하고 있으며 그 세계를 나는 보았고 또한 그분들의 말을 듣기도 하였다.

허공을 떠돌며 생전의 습성을 잊지 못하고 배고픔과 추위로 고통받으며 힘센 다른 귀신들에게 쫓겨 다니는 조상님들이 헤아릴 수 없이 많았다.

옛날 말에 안 되면 조상 탓이라는 말이 있는데, 죽으면 자손에 의해서 천당극락으로 올라갈 줄 알았으나 수많은 천도재와 굿을 하여도 천상세계에 갈 수 없으니 자손들 몸으로 다시 내려와 살 수밖에 없는 것이다.

집안이 이상한 사건사고에 자주 휘말리는가 하면 갑작스럽게 큰 질병을 앓게 되고, 잘 나가던 사업이 부도 위기에 처하며 금전 풍파도 겪고, 고소고발당하여 구속 수감되거나 가정불화가 끊이지 않아 이혼이나 별거하게 된다.

죽은 자는 말이 없다고 하였지만 아니다. 계속 가족들에게 자신의 간절한 뜻을 말하고 있는데 죽은 자가 하는 말을 사람들이 알아들을 수 없을 뿐이다.

하지만 조상님들이 자기 뜻을 자손에게 전하는 그 기운은 모든 사람들이 느끼고 있으나 해석을 하지 못하고 인정을 안 하고 있을 뿐이다.

질병은 병명이 있든 없든 조상님들이 자신에게 말을 하고 있다는 증표이다. 그 영혼이 머물고 있는 부위가 아픈 것인데 그런 조화를 알지 못해 모두들 병원에만 의지하다 보니 젊은 나이에 목숨을 잃는다.

우울증, 조울증, 암, 중풍,.당뇨, 불치병 등은 모두 자신의 조상님이나 귀신들이 몸에 들어와서 생기는 병이다.

자살을 하는 경우도 자살했던 조상이나 귀신이 들어오면 자살한다.

한 집안에서 정상적이지 않게 돌아간 조상님이나 부모형제가 있으면 시한폭탄을 안고 살아가는 것이나 마찬가지이다. 대부분 줄초상으로 이어지는 사례가 많다.

원혼이 된 조상님들이 있으면 천상궁전 자미천궁으로 어서 보내드려야 한다.

몰라서 또는 믿지 않아서 주저하고 있는 사람들이 많이 있는데, 한 가정과 한 가문의 흥망성쇠가 달려 있는 문제이므로 돈 아깝다고 주저하지 말아야 한다.

천도재나 굿을 아무리 해주어도 가지 못하는 원한 맺힌 조상님들이 수도 없이 많다.

죽은 조상님들을 천상세계로 보내드리는 것은 쉬운 일이 아니다. 천도재나 굿을 하여도 올라가지 못한다. 천도재나 굿은 영혼을 위로하고 명복을 빌어주어 극락왕생하라는 하나의 의식일 뿐이다.

조상님들이 천상으로 올라갔는지 여부는 그리 중요하지 않고 신명제자들 또한 직접 눈으로 보거나 알 수 없다는 것이니 답답하기는 매일반이다.

천도재나 굿을 통해 조상님들이 천상에 도착했는지 그 어느 제자도 확인하여 줄 수가 없기 때문이다.

천도재나 굿은 조상님에 대한 근본도리로 생각하고 올리면 부담이 없을 것이다.

조상님들이 천상에 오른다는 것은 하늘의 주인이신 천황님의 입천 허락 없이는 아무도 들어갈 수 없는 곳임을 그 어느 누구도 알지 못한다.

하늘의 문을 열어 조상님을 입천시킬 수 있는 하늘의 제자는 자미국 이외에는 없다.

천상 자미천궁은 제자들이 천도재나 굿한다고 조상님들이 올라가는 곳이 아니다. 하늘의 천명이 내려진 아주 특별한 조상영가에 한해서만 입천이 허락된다.

천상세계는 우리 사회의 청와대와 같은 곳이라 보면 이해가 될 것인데, 이곳에 들어가려면 신원조회를 비롯한 여러 가지 절차를 거쳐야만 들어갈 수 있다고 보면 되듯이 천상세계도 그러한 법도가 있다.

살아생전 하늘의 천명을 받들지 않고 큰 죄를 많이 지은 조상님들이 천도재나 굿했다고 하늘의 문이 열리지는 않는다. 생전에 지은 죄를 하늘께 용서 빌어 사면받지 못하고는 감히 들어갈 수가 없는 지엄한 곳이다.

하지만 이곳에는 하늘의 천황님 천명을 직접 받드는 곳이기에 죄를 용서 빌어 사면을 받아낼 수 있다. 입천의식 도중 원한 많은 조상님들의 영혼을 청배해서 자손과 직접 대화를 나누게 해주는 곳이다.

다른 곳에서 아홉 번의 굿과 일곱 번의 천도재를 올려드렸던 사람도 너무 속이 시원하다 말했고, 그동안 천상에 오르지 못했던 조상님들도 그 원과 한을 말끔히 풀고 천상에 도착하여 기뻐하였다.

조상님들의 소원은 오직 한 가지이다. 생전에 들었던 대로 천상세계로 입문하고 싶은 것이 1차적 소망이고, 2차적 소망은 높은 벼슬을 갖는 것이다.

살아서는 아무것도 몰랐지만 죽어보니 자기 스스로는 아무것도 할 수 없다는 것을 깨닫게 되자 가족들을 찾아와 자신의 고통을 전한다.

조상님들이 천상에 오르지 못하고 구천을 방황하거나 지옥계에 있으면 자손을 도와줄 수가 없다.

조상님들이 자손에게 복을 주려면 천상세계에 올라가 하늘님이신 천황님께 많이 빌어야 한다. 자신의 조상님을 천상 자미천궁으로 입천발원해 드려야 자신의 소원을 조상님들이 하늘께 빌어줄 수 있다.

조상님들이 천상에 오르시면 무엇보다도 핏줄인 자손이 잘되는 것을 최고로 생각하며 복을 타 오신다. 핏줄은 못 속인다고 하듯이 내 자손이 최고이다.

조상님들이 모두 편안하시면 자손들은 매사 일에 막힘이 없고 뜻하던 대로 모든 일이 해결되고 몸 아팠던 곳도 없어진다. 사람들이 비는 소원은 천차만별이다. 그 모든 소원을 일일이 열거하기란 쉬운 일이 아니다.

돈과 건강 그리고 가정에 우환이 없는 것 다음으로는 명예와 권력이다.

돈에 대한 소원도 사람마다 모두 달라 적게는 몇천만 원에서 크게는 수천억 수조 원에 이르기까지 다양하다.

질병도 사소한 질병인데 낫지 않아서 늘 고생하는 사람과 큰 질병에 걸려 사경을 헤매는 사람이 있다.

현대의학으로 고쳐지지 않는 병명 없는 질병은 앞으로 자미국 자미천궁에서 입천의식을 행한 후 하늘의 천명을 받으면 크게 차도가 있다.

가정에 부부간 또는 부모자식 간 불화의 원인도 조상님과 하늘에서 보내주는 메시지이니, 누구의 원과 한인지만 찾아내면 해결 방법을 얻을 수 있다.

명예와 권력의 욕망은 한도 끝도 없다. 인간의 성취욕은 우선멈춤이 없다고 보면 정확할 것이다. 자신의 욕망을 성취하게끔 도와주는 상대는 주위 사람이다.

투표를 통해 국민이 선택하는 경우도 있고, 임명권자의 마음을 움직여 뜻을 이루는 경우와 열심히 일하며 로비해서 승진하는 사람도 있다.

하지만 사람의 노력으로 안 되는 것이 있을 때는 하늘께 굴복하는 사람이 최고 현명한 사람이다.

하늘의 조화는 일반적인 상상을 초월하여 일어나고 있다. 천상에 계신 분들은 언제나 인간세계에서 불러주기를 늘 기다리고 있는데 사람들은 그 뜻을 모른 채 열심히 일만 잘하면 되는 줄 알고 있다.

하늘의 소원, 조상님의 소원, 자신의 소원을 서로가 이루어주면 인류가 바라던 이상향의 세상이 열릴 것이다.

천지인 중에 살아 있는 천황님이 중심이시기에 각자가 먼저 하늘을 향하여 마음의 문을 열고 행해 드려야 하늘과 땅이 움직여 천지조화가 일어난다.

무에서 유를 창조하는 것이 천지의 이치이다. 마음의 문을 열고 하늘이 내리시는 천명을 받아들이면 신명정기가 몸 가득히 들어오고 운명이 바뀐다.

상상의 세계에서만 존재할 것 같았는데 마음의 문을 하늘로 향해 활짝 열어준다면 이루어질 세상이다.

인류가 늘 가슴속 깊이 기다리는 무릉도원(유토피아)의 세상은 과연 현실로 올 것인가? 현생 인류는 대부분이 불가능하다고 미리 단정 지을 것이다.

그러나 나는 굴복할 수 없다.

하늘은 알아주는 자의 편이고 지혜뿐만 아니라 하늘의 신비한 신명정기도 내려주신다. 영원히 늙지 않고 살아갈 수 있는 방법이 있다면 한 번쯤은 영생의 실현 여부를 떠나 도전해 볼 만한 가치가 있다고 생각한다.

언젠가 누군가를 통해서는 현실세계로 이루어질 일들이기에 책을 통하여 밝혀두었을 것이다.

인류가 바라는 영생과 질병, 근심걱정 없는 무릉도원의 세상을 현실로 이루어내려면 하늘의 10차원적 신명정기가 반드시 필요하다.

육신의 생명은 이미 정해진 것이지만 신들의 수명을 빌려 살아갈 수 있다면 불가능만의 세상은 아니다.

하늘의 말씀 1

이 세상에서 하늘의 원뜻을 제대로 아는 사람 얼마나 될까?

독자 여러분은 하늘의 진정한 뜻이 무어라고 생각하고 있는지 질문을 던지고 싶다.

종교인이든 비종교인이든 물론 구별하지 않는다.

하늘은 하늘의 존재를 알리고 싶은 것이지만 세상에서는 종교적으로만 접근하고 있기에 그 해답을 찾을 수 없다. 사람들은 하늘님이 있되 어디에 계신 줄 모르고 살며, 하늘님은 있되 그 모습을 보지 못하고 빛으로만 생각하고 있다.

예수, 석가, 공자, 노자 이 모두가 인간세상에 왔다 갔지만 정녕 하늘에서 뜻하는 바를 다 이루지는 못하고 각자 종교의 뿌리만 남기고 돌아갔다.

사람들만 원하고 바라는 소원이 있는 것이 아니라 하늘도 우리 사람들에게 바라는 간절한 소원이 있으시다.

무지했기에 우리가 여태껏 하늘께 해드린 것이 소원발원이었다면, 이제는 우리가 한 번쯤은 하늘의 소원을 들어드려야 할 때가 되었고, 우리네가 하늘로부터 받은 무한한 사랑과 축복을 되돌려 드림이 인간의 도리라고 생각한다.

기나긴 세월 동안 하늘에서는 우리의 크고 작은 사연들을 끝없이 들어주셨으니 전지전능하시되 우리에게 모습을 감추시고, 말씀하시되 음성과 언어가 우리와 달라 듣는 이가 없어 답답해하시는 하늘의 손과 발 그리고 입이 되어드려 하늘의 소원을 들어드리는 것이 하늘을 믿는 인간의 도리가 아닐까?

지금까지의 종교는 하늘의 의중이나 심중을 중히 여기지 아니하고 인간이 편한 대로 모두 정해 놓고, 행하고 난 뒤 하늘께 고하는 형식이었다.

그렇다면 이제부터는 행하기 이전에 하늘께 먼저 고하고, 하늘이 원하시는 대로 행하여 드림이 인간의 근본도리라고, 하늘은 오늘도 나의 온몸을 통하여 말씀 내려주신다.

이런 하늘의 진정한 뜻을 알고 있는 사람들이 이 세상에 얼마나 있을까?

내가 하늘과 대화를 주고받다 보니 인류가 경악할 일들이 이외에도 매우 많았고, 우리의 모든 뜻을 이루어줄, 말 그대로 전지전능하시며 대단한 능력을 가지고 계신 분이시며 존경과 사랑 그리고 이 한 몸 다 드림에도 부족함이 많다.

일반인들 눈에는 하늘이 파란 것만 보이지 그 속에 하늘나라 자미천궁에 신들이 살고 있다는 것을 생각하지 못하고 있다. 하늘의 주인을 하나님이라 부름도 하늘을 진정 알지 못하기에 종교적인 이름으로 부르고 있을 뿐이다.

하늘께서는 우리 사람들에게 진정으로 원하는 바람이 딱 하나 있다 하신다. 신들의 업무를 행할 사람을 간절히 찾고 계시었다. 그 이유인즉 이러하다.

전지전능하신 하늘님 밑에는 경호신명, 보좌신명, 비서신명, 총무신명 등 각 부서의 모든 장관신명들이 있는데 자미국에서도 그 역할을 인간들이 해달라는 메시지였다.

인간세상의 사람들과 대화를 통해서 하늘 신명들의 뜻을 전하고 싶은데 알아듣는 이가 없으니 참으로 답답한 노릇이라 하신다. 하늘의 신명들이 간절히 원하는 것은 오직 신과 인간이 하나 되는 천인합체의식이다.

이것이 바로 도인들이 말하는 신인합일 도통이다.

사람들의 능력은 언제나 한계에 부딪히지만 신명들의 능력은 무한하기에 신명은 인간의 손과 발, 입을 빌리고, 사람들은 신의 신비한 영적 능력을 빌리는 것으로 상호 공존공생하는 이상향 세계를 세우고자 함이다.

천인합체의식을 행하여 무릉도원 세상을 현실로 이루어냄으로써 인류가 늘 열망하던 육신의 영생과 질병의 해방을 맞이할 수 있다.

하나님 믿으면 구원받으며 영생할 수 있다고 믿는 그 말을 이제는 성경 말씀이 아닌 현실로 누군가를 통해서 이루어내야 하늘을 믿음으로 따랐던 모든 종교인들이 하늘께 인정받는 지름길이라고 계시를 받았다.

누군가는 이루어낼 수 있었기에 하늘에서는 우리 사람에게 숙제를 주었고, 숙제를 준 이상 정답은 반드시 주어져 있다.

여태껏 수억 만 년 동안 미로 속에 감추어졌던 하늘의 답을 이제 주셨으니 다 같이 동참하여 육신의 영생과 질병, 근심걱정 없는 지상낙원을 죽어서가 아닌 현실에서 생전에 이루라는 하늘의 말씀이시다.

하늘이 원하시는 뜻을 인간들이 행하지 않으면 구원, 영생, 도통은 영원히 오지 않는다. 하늘은 천상세계 자미천궁의 주인이시며 이미 인간세상에 직무대행자를 두고 계신다.

구원과 영생은 신과 천인합체가 되지 않고는 절대로 이루어지지 않으니 세월 낭비이다. 2~3천 년 동안 뿌리내린 종교가 무엇 때문에 아직도 영생과 구원의 뜻을 이루지 못하고 있는지 이미 답은 나와 있지 않은가.

신학대 교수 출신이며 목사 경력 15년 된 손님이 나를 찾아와 고백한 내용이다.

수많은 목사를 배출하는 교수 신분인데 하늘께 양심의 가책을 느껴서 교수직과 목사직을 그만두었다고 했다.

보이지도 않고, 들리지도 않는 예수님과 하나님을 믿으라고 열변을 토하며 가르쳐야 하는 신학대 교수와 목사의 신분이 부담스러웠다는 것이다. 덧붙여 이르기를 세상에서 가장 어두운 세계가 종교와 병원이라는 명언을 남겼다. 스스로 하늘을 통하고 싶어 나를 찾아왔던 것이었다.

40대 초반의 젊은 목사도 나를 찾아와 이론적인 종교에 한계를 수없이 느껴 목사의 길을 가야 하는지 기로에 서 있다고 솔직한 심경을 털어놓았다. 수천 년 내려온 종교의 뿌리가 이제는 무너져 내리는 것 같다.

천황님께서 일러주신 말씀이다. 여러 제자들이 기도만 열심히 하고 직접 행하지 않으면 아무런 조화도 보여주지 않는다고 말씀하셨다.

2013년 전 예수님이나 2557년 전 왔다 가신 석가모니 부처님도 모두 천황님의 뜻을 받들어 한마음 한뜻으로 이제부터는 더 이상 어떠한 분도 종교적 우상이 아닌 자미국 세상을 열어 인류의 대역사를 이루고자 합의가 이루어진 상태이다.

하늘께서 천명을 내리신 이상 어느 누구도 하늘의 뜻을 거역할 수는 없다. 수천 년 전의 믿음을 그대로 간직하고 있는 종교인들은 참으로 답답하다.

이곳에선 인류 모두가 보고 싶어 하는 천황님의 형상을 기도하는 당사자가 직접 영안으로 보고 있다. 형상을 보고 싶어 하는 희망자는 어떤 종교를 믿든 환영한다. 일반인들도 물론 포함되며 하늘의 모습을 친견하는 시간은 사람에 따라서 조금은 다르긴 하지만 대부분 볼 수 있다.

삼라만상의 천지만물을 창조하신 대우주 창조주께서는 그 몸에서 발산하는 빛의 밝기가 태양의 수천 배에 달하는 광체를 내뿜고 있기에 스스로가 빛을 거두어주시지 않으면 종교인이나 수행자나 일반 사람들은 강렬한 빛(여의주 형상)으로 휩싸여 계신 하늘님의 모습을 볼 수 없다.

이곳에서 천상에 자미천황님을 친견하시고자 하시는 분은 진짜 그분의 실제 모습과 선명한 영상을 볼 수 있고 말씀도 듣고 천상세계 모습 역시 볼 수 있으므로 하늘님에 대한 신뢰가 확고해질 것이다.

영적 체험에서 90%의 사람들이 체험할 것이며 하늘이 전해주는 말씀, 그리고 하늘의 뜻을 직접 듣고 감동과 환희의 눈물을 흘리는 사람들이 많이 나오리라 본다.

이제까지 인간세상에서 체험하지 못했던 일들을 직접 눈으로 보고 듣고 말할 수 있다.

내가 이런 체험을 시키려 함은 하늘의 천명을 받았기 때문이며, 하늘의 뜻이기에 진정으로 하늘(자미천황님)이 실재하고 있음을 스스로 확인하여 성경 말씀이 아닌, 하늘의 말씀을 직접 듣고 그동안 이루고자 했던 이상향의 세계를 현실에서 이루어 세계만방에 알리고자 함이다.

인간으로 온 하늘의 사명자.

하늘님이신 자미천황님께서 이제 하느님이나 하나님이나 종교적인 호칭은 더 이상 쓰지 말라는 계시를 내려주셨다.

하늘에선 종교적 명칭이 아닌 신명세계에서 쓰는 명칭 그대로 불리고 싶다는 뜻을 나에게 몇 번이나 내려주시었다.

천상궁전 무릉도원 자미천궁에서 신명님들이 쓰시는 칭호는 '태상천존 자미천황님'이시며, 줄인 말로는 '천황님'이라 불러주시기를 바라신다.

하늘의 말씀 2

조상님 없는 자손이 어디 있으며 자손 없는 조상님 또한 어디 있단 말인가?

조상님이 있어 각자가 이 세상에 오게 되었는데 종교적인 이유로 조상님 섬기기를 게을리한 사람들은 각성해야 한다.

내가 하늘님과 통신하여 보니 "너를 낳아준 부모조상을 제대로 섬기지도 못하면서 어찌 감히 나의 이름을 애절히 부르며 자신의 뜻을 이루게 해달라 하고, 나를 그리도 찬양하느냐! 하시면서 진노하셨다.

부모조상은 너의 근본이고 뿌리인데 너의 부모조상 섬기기를 등한히 하면서 나와 일면식도 없는 너희들이 어찌 나를 안다고 하느냐!

나는 그런 너희 종교인들의 우상이 아니다.

너희 종교인들이 나를 멋대로 세워놓고 아무것도 모르는 사람들의 정신을 모두 뺏었느니라.

그것이 사리사욕임을 내 어찌 모르겠느냐? 우선 너희 살아 있는 부모에게 효도하고 너희 조상 섬기기를 다한 후에 나를 찾아 받들어야 내 친히 너의 뜻을 들어줄 것이도다.

나는 근본도리를 최우선으로 하느니라.

사람으로서 인간으로서 종교인으로서 각자 위치에서 행해야 할 기본의 도리가 있도다.

기본도리를 행하지 못한 자는 하늘을 찾는다 해도 내가 부끄럽고 너희들로 하여 내가 민망하느니라.

나를 진실로 믿고 따르는 자들이여! 너희들이 나의 표본이니 인간의 근본도리를 행하고, 자신 스스로가 심판자가 되어 하늘을 우러러 나를 부름에 있어 부끄럽지 아니할 때 나를 청하고 찬양하라.

나의 능력은 전지전능하여 너희들이 찬양 안 해준다 하여도 섭섭한 마음 하나도 없도다. 나는 너희들이 생각하고 행하듯이 비겁하지가 않도다.

내가 언제 조상 섬기기를 하지 말라 하였단 말인가?

나의 음성을 들은 자 과연 누구이고, 나의 진실한 마음을 아는 자 과연 누구이기에 내가 하지도 않은 말을 내 말인 것처럼 세상을 중독시키고 있구나!

나는 너희들이 말하듯이 대우주 창조주임이 틀림없도다.

너희를 이 땅에 내가 보냈듯이 너희와 부모의 인연도 대우주 창조의 일부분이었는데, 너희가 부모조상 섬기기를 다하지 않음은 나의 창조에 반대함과 다를 바가 없도다.

나를 빙자하여 나를 욕되게 하는 자 감히 나를 어찌 부르고 있단 말인가? 내 너희들의 기도에 응하지 않음을 아직도 모르고 있단 말인가?

믿음, 소망, 사랑을 실현한 자 몇 명이란 말인가?

서로 시기 질투하고, 종교 다툼하고, 너희들이 행하고 있는 것이 과연 나를 찬양하는 자들의 진정한 모습이고, 그것이 과연 사랑의 마음에서 나온 행동들이었는고! 내 눈살이 편할 날이 없고 너희들의 모순된 행동에 민망하도다."

모든 종교인들에 대해서 매우 못마땅하고 노여움이 가득 찬 목소리로 계속 말씀을 이어가셨다.

"너희들이 나를 지극 정성으로 받들기는 하였으나 그것은 내 진정한 뜻이 아니었도다.

너희들이 나를 위해서 무엇을 했단 말인가? 내 뜻을 나의 대행자를 통하여 인간세상에 전하느니라.

너희 종교인들이 나를 일컬어 전지전능하다고 말하는데 그렇다고 내가 넓고 넓은 천상 자미천궁 경내를 직접 청소하고, 마당 쓸고, 밥 짓고, 빨래하고 악신들과 창칼을 들고 싸운다는 말이던가? 참으로 몰라도 한참 모르는구나.

이곳 세계도 너희 인간세상과 같지만 내가 가족도 없이 우주에 혼자 독신으로 살고 있다 생각하는가?

하늘을 섬기라고 하는 것은 좋으나 내가 부리는 신명들을 모두 사탄이니, 마귀이니, 귀신이니 몰아세운다면 내가 자동으로 마귀들의 왕초가 된다는 걸 어째서 모른단 말이던가? 너희들이 천사 운운하는데 천사들도 마귀더냐?

내 심중은 하나도 신경 쓰지 않는 너희에게 정말 화가 나느니라. 너희가 말하고 있는 마귀는 따로 있느니라.

하늘을 제외하고는 모든 신명들을 마귀라 칭하는데 이것은 크게 잘못되었도다.

나를 보좌하는 신명에서부터 이곳 천궁에 모든 신명들이 있어 내가 하늘나라 천상공무를 보고 있다.

나 이외에 모든 신들이 마귀라면 내가 바로 마귀 왕이 되는 것이므로 그것은 과잉 충성이도다. 너희 부모가 죽은 영혼이 되었다 해도 그들은 마귀가 아니다. 너희 죽은 부모의 영혼은 이제 조상 영혼이도다.

나를 받들기 전에 너희 살아 있는 부모부터 잘 공경하며 받들고 돌아간 네 조상들도 잘 섬겨야 하느니라.

부모형제가 죽으면 천국으로 가라고 빌면서 어찌 모두 마귀라고 한단 말인가?

너희들 소원대로 망자가 이곳 천상궁전 자미천궁에 올라오면 나의 백성이요, 신하들이니 그들을 마귀라 하지 말거라. 이제부터라도 올바르게 알아야 하느니라. 신과 영과 마귀를 구분해야 하느니라."

이 나라에 선인들은 많은 기록을 남기고 떠났는데 대동방국 한반도에 하늘의 조화가 일어나서 예수가 재림하고 미륵과 정도령이 출현하고 1만 2천 도통군자가 서게 되리라 하였었다. 계속 하늘의 말씀이 이어진다.

"내가 직접 인간 몸으로 내려와 천상공무를 볼 것이니라. 신들도 일해야 할 때가 있고 쉬어야 할 때가 있도다.

신명세계 또한 너희들 인간세상과 다르지 않으며 하늘의 궁궐은 자미원에 거대한 성과 궁전인 자미천궁이 있지만 지상에는 아직 없느니라.

그것을 내가 지상에 세우고자 사람 몸으로 내려와 있으며 이제 때가 되었으니 새로운 세계가 펼쳐지리라.

내가 인간 몸으로 내려와 그 육신을 빌려 나의 말을 하게 하고 있느니라. 이번 천상공무는 땅이 생긴 이래 처음이며 마지막이 될 천상공무이니라.

때로는 천상궁전 자미천궁에서 다른 신명들과 집무를 볼 때도 있다. 이제는 천지인이 하나 되는 그런 신명시대가 도래하였도다. 나를 보좌하는 신명과 호위하는 신명군사들은 숫자를 헤아리기 어려울 정도이니라.

너희들이 모든 소원을 들어달라고 밤낮으로 애절히 비는 모습을 보노라면 화가 날 때도 많이 있었도다.

내가 들어주어야 할 중대한 문제가 있고 다른 신들이 해결해도 될 일들이 많은데 무조건 너희들은 나에게만 의지하고 이루어 달라 하니 내가 도무지 정신을 차릴 수가 없구나!

작은 일은 너희 조상과 너희 집의 신명들에게 당부해도 들어주느니라.

나는 큰 천상공무만 주관하느니라. 너희 집의 신들도 모두 나의 명을 받고 있으며 조상들 또한 마찬가지이니라.

너희 인간세상에서도 대통령, 총리, 감사원장, 장관, 도지사, 시장, 구청장, 동장에게 가서 부탁할 일들이 모두 틀리듯 이곳 세상도 너희 세상과 같으니라.

그래서 작은 소원은 잘 안 이루어진다고 푸념하는 사람도 많았느니라. 너희 인간세상도 대통령이 할 일이 있고 동장이 해야 할 일이 있듯이 말이다.

동장이나 구청장이 해도 될 일을 대통령에게 해달라고 하면 정작 대통령이 큰일을 할 수가 없음과 같으니라.

이를테면 너희 일상생활에서 필요한 주민등록 등 · 초본이나 등기부 등본, 인감 같은 서류는 행정관청 민원실에 가면 될 것을 대통령과 친구나 가족이라 해서 대통령에게 부탁하는 것과 진배없음이라.

내가 수많은 세월 동안 나의 진실을 너희에게 일러주려고 많은 제자들을 통하여 능력을 내려주었건만, 나의 언어가 너희와 다르고, 내 음성의 소리 또한 다르다 보니 나의 말을, 나의 진실을 듣는 이 없어 실로 가슴이 답답하였도다.

그러나 나의 대행자 인황과 천상계에서 나의 모든 업무를 수행하고 있는 천상감찰신명을 지상에 세웠으니 나의 뜻을 진정으로 알고 나를 원하는 자는 자미국으로 입국하여라.

나를 보고자, 느끼고자, 나의 말을 듣고자 하는 백성에게 내 친히 윤허를 하여 줄 것이고 공부가 아닌 현실로 내 진실을 밝히리라" 하시었다.

이제까지는 나의 뜻과 바람을 하늘에 기도로 고하였지만 그 음성을 듣거나 모습을 볼 수 없었던 것이 지금까지의 종교였다면, 이제는 당사자 본인들 각자가 하늘이 진정 원하는 뜻이 무엇인지 스스로 체험하고 보고 들으라는 하늘의 말씀이셨다.

하늘이 주신 깊은 깨달음

입에서 입으로 전해 온 말 속에 숨은 진리가 있다. 하늘을 대신하여 하나님, 구세주, 미륵을 자청하는 사람들이 일찍 세상을 떠나기도 하였다.

사실이다. 그것이 하늘의 진리이다. 나 역시 육신을 가진 인간이지만 새로운 세상을 열기 위하여 하늘께서 선택하셨다면 최선을 다할 것이다.

하늘의 천명을 받았기에 하늘의 뭐뜻을 인류에게 전하고 새로운 세상을 펼쳐나가리라.

하늘에 계신 전지전능한 분은 태상천존 자미천황님이시고 나는 지상에서 하늘의 역할을 대행하는 인황이다. 하늘께서 나의 육신을 통하여 수많은 천지신명공사를 편히 보실 수 있도록 해드리는 것이 근본도리이다.

육신이 없으신 하늘님이신 태상천존 자미천황님의 대변자!

자미천황님의 뜻을 얼마나 정확히 받아서 행하느냐의 문제만 남았다.

천상에서 '태상천존 자미천황님'이라는 새로운 신명의 이름으로 천지인 모두를 통치하고 계신 분이시다.

앞으로는 세계 사람들이 종교가 있든 없든 천상의 태상천존 자미천황님께 인정받으려 스스로 자청해서 들어온다.

그 이유인즉 자신이 살아가는 동안 자신의 생명과 안위를 하늘로부터 보호받기 위해서 이 나라 국민들은 물론 세계 각국 나라 사람들이 하늘님이신 자미천황님께 천공과 조공(구원 의식비용)을 올리게 된다.

이것이 옛 선인들이 책으로 남겼던 세계만방이 대한민국에 조공을 바친다고 예언했던 문장과 맥락을 같이 한다.

이제 로마의 교황청은 서서히 그 빛을 잃어가고 찬란했던 기운이 지상 자미국 자미천궁으로 들어오니, 세계의 눈과 귀가 한반도에 쏠리게 되고, 자미국에 들어온 천인과 백성들 모두가 새로운 세상을 맞이하게 된다.

하늘을 볼 수 없어 상상만 하였지만, 이제는 천황님의 모든 신명정기의 기운이 사람 몸을 통하여 동방의 작은 나라 한반도 자미국으로 내려지고 있다.

악마, 사탄, 귀신들이 사람 몸을 빌려 풍파를 주었듯이, 하늘에서도 사람의 육신을 빌려 천지인 신명공사를 보시는 것이다.

나는 교주가 아니다.

지상 자미국 자미천궁 주인으로서 하늘의 뜻을 세상에 전하는 대행자이지 결코 종교적 우상이 아니다.

무릉도원 자미국 자미천궁을 세우는 데 뜻이 있는 자 함께할 것이며, 현재 믿는 종교가 있든 없든 진짜 하늘의 뜻에 동참할 사람들은 마음에서 큰 감흥이 일어난다.

세상에서 한 명이 죽으면 천상에 새로운 신명이 하나 태어나는 것이니, 하늘과 땅에서 동시에 이루어지는 것이다. 동전의 양면처럼 앞면이 밝으면(탄생) 뒷면은 어둠(죽음)이다.

생명의 탄생은 천상세계에서 사명을 이루고자 인간세상에 내려오는 것이다.

자미국에 들어와 살아서 죄를 모두 용서 빌어 사면 받으면 사후 세계에는 천상 자미천궁으로 가게 되어 선남선녀의 시중을 받는 벼슬자리에 오른다. 신명세계에서 계급이 높으면 그 벼슬대로 시종의 숫자가 늘어나고 의관 자체도 직급에 맞는 좋은 관복의 옷을 입는다.

인간세상에선 교도소에 수감되는 것 자체가 형벌이지만, 지옥세계에서의 고통은 이루 말할 수가 없을 정도로 힘들다. 살아생전 지은 죄업을 일체 소멸해야 한다.

인간세상에선 교도소에 수감 중인 죄인의 특별사면은 대통령이 행사하지만, 신명세계에서는 신명과 조상님의 죄에 대한 모든 특별사면 권한을 하늘님이신 태상천존 자미천황님께서 주관하고 계신다.

죽은 자들도 천상으로 입천되려면 살아생전의 모든 죄업을 자미국에서 특별사면 받아야 천상세계 자미천궁에 올라갈 수 있는 신명세계의 엄한 법도가 있다.

죄업이 태산처럼 쌓여 있는데 자손을 통해서 돈만 가지고 이곳에 들어온다고 다 되는 것은 아니다. 진정으로 참회하고 뉘우치는 모습을 보여주어야 하늘께서 죄업을 사면해 주시고 소멸해 주신다. 그래야 천계로 올라갈 수 있다.

제7부

보이지 않는 신명정기

모래알 하나는 창조의 순간

모래알 하나가 되기 위하여 그 얼마나 많은 세월 비바람의 고된 단련을 받았는가. 모래알의 조상은 누구인가? 그건 다름 아닌 거대한 바위산이다.

거대한 바위가 수억 년 세월 속에서 천지변화에 따라 벼락도 맞고 비바람에 깎이고 깨져 한 알의 모래알로 탄생했다. 사람들 눈에는 저 높은 산의 웅장한 바위와 수천 년 묵은 거목만이 신령스럽게 보일 것이다.

그러나 발부리에 채인 돌멩이나 자라나고 있는 작은 나무, 잡초는 사람들의 시선을 끌지 못한다.

하지만 돌멩이와 사람이 밟고 다니는 흙과 모래알의 부모는 바로 거대하고 웅장한 바위였다.

바위가 낙뢰, 폭우 또는 자연 부식으로 깨져서 크고 작은 돌과 돌멩이로 변했고 돌멩이보다 더 작은 것은 모래가 되었고 가루로 부서져 흙이 되었다.

큰 바위는 사람들에게 신령스런 대우도 받고 깨져서 떨어져 나간 돌 중에서 큰 것은 정원석이나 축대로 쓰이고 때로는 쇄석기(돌 깨는 기계)에 큰 돌을 집어넣어 용도에 맞게 크고 작은 돌로 깨뜨린다.

바다나 강가에 조약돌(자갈)은 바위가 여러 개로 쪼개지고 오랜 세월 비바람과 물에 쓸릴 때 서로 다른 돌에 부딪혀 반질반질한 조약돌로 변한 것이다. 더 이상 쪼개질 수 없을 정도로 미세하게 가루처럼 부서진 바위가 고운 흙이 아니던가?

바위와 돌과 돌멩이, 모래, 흙은 우리 생활에 건물과 주택을 짓는 데 없어서는 안 될 존재들이다.

흙의 조상은 모래알이요 모래알의 조상은 돌멩이요 돌멩이의 조상은 돌이며, 돌의 조상은 거대한 바위로 이어지는 이치가 자연이 우리에게 가르쳐주는 무언의 우주 비밀이다.

지금 생각하면 모두 이해되는 일들이기에 신기하지 않지만 그냥 무심코 지나쳤기에 바위, 돌, 돌멩이, 모래알, 흙을 전혀 다른 존재로 생각하고 살아왔다.

가스, 휘발유, 경유, 석유, 윤활유, 아스팔트가 각기 다른 존재 같지만 이들의 모든 조상은 원유이다.

그러므로 삼라만상의 모든 만물이치도 이와 동일하게 이루어져 있듯이 억조에 이르는 신명, 조상, 인간들을 구원해 주시고 통치하시는 분은 대우주 천지인 창조주이시고 하늘님이신 태상천존자미천황님 한 분뿐이시다.

말이 씨가 되니 푸념도 하지 마라

모든 일을 부정하면 될 일도 안 되고, 안 될 것 같은 일도 '나는 할 수 있다'라고 자신 있게 생각한다면 그 일은 반드시 이루어질 것이다.

즉, 매사 일에 부정의 마음을 갖고 있으면 부정의 신명이 깃들고 긍정의 마음을 갖고 있으면 긍정의 신명이 깃들게 된다.

말이 씨가 되듯이 밤에 하는 말은 쥐가 듣고 낮에 하는 말은 새가 듣는다는 속담이 있다.

내가 뱉어버린 말은 사람이 안 들으면 신이나 귀신이 듣는다는 것이다. 그래서 푸념하듯 뱉은 말이 씨가 되어 말대로 되니 항상 말은 조심해야 한다.

부주의한 말 한마디로 상대의 자존심을 상하게 하면 평생 원수가 된다. 너만 알라고 해준 말이 비밀로 지켜지지 않고 새나가 상대방 귀에 들어가면 모든 게 끝장이다.

이 세상에 비밀은 없으며 인간관계에서 서로 원수가 되는 것은 부주의한 말 한마디 때문이다. 그래서 말 한마디에 천 냥 빚을 갚는다는 격언이 생겨났다.

이러하듯이 신이나 조상님의 존재를 부정하면서 언성을 높이면 그 결과는 상상을 초월하는 엄청난 불행이 현실로 다가오게 됨은 자명한 일이다.

우리가 살아가면서 어려울 때면 대다수 사람들이 절이나 교회 또는 산천에 들어가 조상님이나 신을 찾아 경배하거나 빌게 되는데, 반대로 이를 무시하고 하늘과 조상님들을 욕보이는 언행을 한다면 이 세상 살아가면서 하늘과 조상님들의 도움을 받기란 불가능하다.

사람들은 이분들의 대능력을 잘 모르고 살아간다.

자신의 소원을 빌 때 그분들이 본인 앞에 나타나 어떤 소원을 성취시켜 주는 것이 아니라, 주위의 모든 사람들에게 영의 파장인 신명정기를 보내주어 각자가 바라던 소원이 이루어지게 만들어주시는 역할을 해주신다.

사람을 만나지 않으면 어떠한 소원도 이루어질 수 없다.

이는 곧 인간이 신과 조상님의 영매 역할을 하는 것으로 사람이 바로 매개체라는 사실이다.

모든 소원은 하늘님과 조상님, 인간의 노력이 함께해야 이루어짐은 만고의 진리이다.

기도만 하고 방에 앉아 있다면 그 뜻을 이루기는 매우 어려울 것이다. 신과 조상님들은 사람들의 몸속에 들어가 마음을 움직이는 신비조화 능력이 있다.

사람이 마음 하나 어떻게 먹는가에 따라 인생사의 모든 것이 이루어지기도 하고 또는 돌이킬 수 없는 쓰라린 실패로 다가오기도 한다.

신과 조상님들은 모두 자신의 훌륭한 후원자로서 없어서는 안 될 존재들이시니 늘 그분들을 받들고 숭배하고 공경함은 인간으로서의 도리이기도 하다.

자신의 조상님 자신이 안 받들면 아무리 가까운 이웃과 친구나 애인이라 할지라도 찾아주는 이 없다. 흔히들 조상님 제사 지극 정성 잘 모시고 있는데 왜 인생이 풍파와 고통만 따르느냐고 하소연 하는 사람들도 많이 있다.

1년에 한 번 기제사와 설과 추석, 한식차례 음식으로 그분들의 주린 배를 다 채울 수는 없다.

이분들의 한결같은 바람은 자손들의 제삿밥 받아먹는 데 있는 게 아니라 허공중천 구천세계(인간세계)를 떠나 조상님의 영원한 안식처라 불리는 천상세계의 천당 극락인 자미천궁으로 올라가는 것이다.

그 무엇보다 조상님들의 첫째 소원이 천상세계 입천임을 자손들은 모르다 보니 제사나 산소의 명당자리에 정성을 들이고 있다. 명당자리는 한계가 있게 마련이고 잘 몰라보고 쓰면 한 가문이 풍파에 휩싸이고 몰락한다.

인간의 학문이 하늘의 능력을 능가할 수는 없다. 인간이 어찌 하늘과 땅속의 조화를 모두 알 수 있으랴?

부주의한 말 한마디가 자신 인생의 치명타가 되어 날아온 경우가 너무 많다. 정권의 실세에게 공직자나 기업인들이 술자리와 사석에서 노골적으로 정부를 비판하다 손해본 사람들이 수없이 많다.

이처럼 말 한마디는 인생을 살찌우거나 실패하게 만드는 것이므로 늘 조심해야 하고 특히 신과 조상님께는 각별히 말조심해야 한다.

신의 언어 자연을 통하면 안다

나라마다 언어가 다르듯이 신명세계 또한 그렇다. 천상계 나라마다 품계별로 쓰는 용어 자체도 다르다. 상천 중천 하천세계 말도 다르기에 죽은 사람이 신이 되기 위해서는 신명공부를 많이 해야 한다.

신명세계는 정말로 복잡하다. 사람들이 신의 말을 직접 듣지 못하는 것은 신과의 파장을 맞추지 못했기 때문에 들을 수 없는 것이다.

예를 들면 동식물은 사람이 하는 말을 대부뷰 알아듣는다. 하지만 사람은 동식물이 말하는 언어를 해석하지 못한다.

동식물은 자연 그대로이기에 사람이 하는 말의 높고 낮음과 빠르고 느림 그리고 사랑스런 목소리와 꾸짖는 목소리를 감각기능으로 정확히 구분해 낸다.

이와 같이 영혼이나 신명은 사람들이 하는 말을 모두 알아듣지만 신의 말은 그렇지가 않다. 신들은 사람 육신에 때로는 바늘로 따갑게 찌르듯 하고 어느 부위를 순간 아프게 하여 신명들의 뜻을 전달한다.

그러면서 상대를 보는 순간 마음이나 생각이 일어나게 하여 본인도 알지 못했던 말을 나오게 한다. 때로는 순간적으로 스쳐 가는 영상을 보여주기도 하고 어떤 경지에 오르면 텔레비전 화면 보듯이 자유롭게 보이기도 한다.

신과 사람이 가장 근접하게 하나 되었을 때 일어나는 현상은 자기 의지와 상관없이 자기 실체가 그분이 되어 현 상태 마음의 기쁘고 슬프고 노여움을 그대로 느끼게 된다.

인간도 그 세상을 보려는 노력이 순수하고, 신명도 사람들에게 모습을 보여주고자 할 때 나타난다. 하지만 대부분의 제자는 순간 영상을 보는 것이 보편적이다.

자아의식이 자연으로 순수하게 돌아가면 신명뿐만이 아니라 돌이나 나무, 하늘, 땅, 해, 달, 별, 물, 불, 바람, 비, 화초, 꽃, 벌, 나비, 곤충 등 만물 속에 있는 모든 사물과 생명체와 의사소통이 가능한 것은 신이나 사물이 문을 열어주면 자연스럽게 대화가 이루어진다.

그들이 때로는 소리 없이 마음을 일으켜서 대화로 자기 뜻을 전하고 혹은 속삭이듯 사람 목소리로 들려주는 경우도 있다.

어떤 사물이든, 생명을 가진 동식물이든, 악의없는 마음으로 문을 열어주면 자연은 사람과 친해지고 이야기하고 싶은 것이 천지만생만물의 마음이며, 사람의 따스한 사랑의 소리를 언제나 듣고자 하고 있다.

마음을 열고 각 사물이나 생명체에 주파수를 맞추면 모든 언어는 소통이 된다. 그러므로 사람의 마음도 상대방의 파장에 맞추면 어떤 생각을 갖고 있는지 알 수 있고, 상대의 신명과도 실시간으로 대화가 이루어질 수 있다.

자아의 경지에 도달하면 상대의 마음을 바꾸게 할 수도 있으며 자아라는 신명은 많은 조화를 부리고 있어 본인 인생의 발전과 퇴보를 좌우할 수도 있다.

자신을 사랑하라는 말이 있다.

음미해 볼 말이다. 본인을 사랑하지 않으면서 다른 상대를 아끼고 사랑할 수는 없다. 또한, 자신을 사랑하지 않으면 각자 몸에 있는 신명은 사람이 원하는 대로 움직여주지 않고 정반대로 행하는 것이 풍파다.

신과 사람의 관계가 참으로 복잡하다. 고생을 자처해서 하기도 하지만 그것은 진일보하기 위한 단련이라고 보면 된다. 회사나 단체에 소속되어 남녀 모두 극기 훈련을 한 번쯤 받아보았을 것이다.

훈련 자체는 정말 힘들고 무섭기도 하지만 그것을 이루어낸 성취감은 말로 표현할 수 없는 기쁨이다.

혼자서는 도저히 엄두도 안 나고 해낼 수 없는 과정을 동료와 함께 해낸다. 이것이 조직의 힘이고 여러 사람들이 뭉친, 보이지 않는 기운(에너지)인 것이다.

이렇게 힘든 과정을 거치면서 자신감이 생기고 적극적으로 사회생활에 임할 수 있는 것이다. 이런 훈련은 숨겨진 자아의 신명을 계발하는 것이며 몸에 커다란 활력을 불어넣어준다. 사람마다 숨겨진 그 무엇이 있다.

그것은 각자 개성이 다른 마음이며 신명이다. 여자의 힘은 약하나 어머니의 힘은 강하고 위대하다고 했다. 이것은 무엇을 말해 주는가?

바로 가족이라는 소속감이며 아이에게 있어서 엄마의 위치는 살아 있는 하늘의 존재이기에 강해질 수밖에 없다.

모든 사람들은 지금보다 오래 살 수 있고 보이지 않는 영혼이나 신들과 대화할 수 있다. 사람이 하는 말과 동식물이 하는 말, 영혼이나 신들이 하는 말에 대하여 이제부터 새로운 것을 알게 될 것이다.

신이나 만물은 각자 다른 언어를 구사하고 있으며 사람이 마음의 문을 열고 모두 받아들이면 의사소통이 이루어진다. 그것이 지상천국이고 신선세계라는 것을 알 수 있다.

하늘의 말씀을 내가 듣고 내 말(소원)을 하늘이 들을 수 있는 경지에 오르면 지상천국이 바로 현실에서 이루어지는 지름길이다.

미륵이요 구세주요 정도령이다

불교계나 도교에서는 미륵이 강세하기를 손꼽아 기다리고 기독교나 천주교에서는 재림 예수 구세주의 출현을 바라고, 무신론자들은 정도령이 오기를 학수고대하고 있으나 진짜 누가 누구인지 알아볼 수가 없다.

종파마다 이름만 달리 불린다고 생각해 오고 있었지만, 자칭 구세주나 미륵, 정도령을 만나보고는 마음을 바꾸어야 한다는 생각이 강하게 밀려옴을 스스로 느끼게 되었다.

즉, 종파의 지도자마다 한 발자국도 양보하지 않고 자기가 참 미륵이요, 구세주, 정도령이라 하고 있으니 누가 진짜인지 종잡을 수가 없다.

혹자는 정감록을 들추며 증거하는 사람도 있고, 또 어떤 이는 도력을 내세우며 자기만이 풍운조화를 부린다거나, 아무도 할 수 없는 예언을 백발백중한다거나 하여서 자기도취에 빠져 있는 경우가 많았다.

목사나 스님 그리고 보살이나 법사 또는 도인, 철학 역시 자기 예언이나 병 치유능력과 자기 할아버지 할머니 신령님이 최고라는 현실이다 보니 모두가 미륵이요, 구세주요, 정도령이다. 그래서 결론을 내렸다.

"종파마다 한 명씩 구세주, 미륵불, 정도령이 나타나야 종파 간 싸움이 없을 것이다"라고 말이다. 한마디로 진인의 출현이 실현된다 하여도 서로 합쳐질 수 없음을 절실히 깨달았다.

다만 하늘께서 절대적 천지조화와 대원력을 갖고 오시어서 종교의 책임자들을 굴복시키기 전에는 도저히 불가능한 일이라고 결론 내렸다.

분명 새로운 신명세계가 열린다고 모두가 믿고 있고 그렇게 되리라고 생각하며 기다리고 있다.

이제 후천세계는 신선세계의 영향을 많이 받아 헐뜯고 시기 질투하며 모함하는 마음이 없어지는 세상으로 하늘과 인류가 바라던 이상향의 세상이다.

종교를 논하기 이전에 하늘의 원뜻으로 살아서는 자미국, 죽어서는 자미천궁의 세상을 열어 서로를 사랑해 주고 아껴주는 하늘의 마음으로 서로서로 행복하고 웃음꽃이 활짝 피는, 작게는 하나의 가정 크게는 하나의 나라를 만들자.

먹고살기 위해서 남을 죽이는 그런 세상이 아니라 서로를 사랑하며 위로해 주는 살아 있는 신의 세상이 동방 땅에서 열려 다른 나라의 우상이 되어야 한다.

그래야 힘든 우리의 경제를 살릴 수 있는 원동력이 되며 근심걱정 없는 무릉도원을 이룰 수 있을 것이다.

나는 하늘의 천명과 계시를 오랜 수행과 도를 통하여 하늘의 원뜻을 인간세상에 전파하는 사명과 전지전능하시되 우리의 언어와 달라 뜻을 전하시지 못하는 하늘과 땅과 조상님의 대변인 역할을 하고 있을 뿐이다.

많이들 동참해서 크고도 보람 있는 원대한 하늘의 뜻을 받들어 지상천국을 이루어보자는 것이다. 그것이야말로 진정 하늘에서 바라는 미륵이요, 부처요, 재림예수요, 정도령 아닐까 생각한다.

밤하늘의 별빛을 바라보며

갈 길은 멀고 인간들의 마음은 한결같으니 언제 하늘의 뜻을 펼 수 있을까? 신들도 지치고 답답한 마음으로 나의 행동을 지켜보고 계심을 느끼고 있다.

아득히 먼 천황님의 신명나라. 밤하늘의 별을 바라보며 북극성을 찾았다. 북극성이 있는 저 부근이 천상 자미천궁이건만 지구에서 거리는 멀고도 멀다.

자신의 조상님들이 이곳 세상으로 올라가고자 자손들 몸에 들어와 애원하고 있으나, 왔는지 갔는지조차 알 수 없으니 자손과 조상님들 모두가 서로 답답하다.

인생이 즐거운 사람도 있고, 괴로운 사람도 있고 삶 자체가 천차만별이다. 괴로운 삶들은 하루라도 빨리 죽어지기를 바라고 있으나 마음대로 죽어지지 아니하니 슬프다. 부귀 누리면서 살아가는 사람들은 하루라도 더 살고자 좋은 보약이나 운동으로 젊음을 유지하려고 한다.

인명은 재천이라 하였던가!

죽으려 해도 죽어지지 않고, 살고자 해도 더 살 수 없는 것이 우리 인생이다. 잠시 머물다 가는 것이 삶이다. 그것은 어찌 보면 찰나에 불과하다.

80평생이지만 어린 시절과 노년 시절을 제외하면 25세~60세가 왕성한 활동의 시간이다. 여기서 또 잠자는 시간을 제외하면 28년

남짓한 것이 우리의 삶이다.

이것도 정상적인 삶을 살아가는 사람들 이야기이고 수많은 사람들이 제 명에 못 죽고 질병, 자살, 사건, 사고, 피살, 낙태 등으로 인생을 마감하고 있으며 평생을 병원 침대에 누워 고통 속에 살아가고 있다.

인간의 두뇌는 무한대이다.

80평생의 인간 생명을 영원히 죽지 않는 인생으로 만들기 위한 노력이 오늘도 그치지 않고 의학자들에 의해서 연구되고 있다. 이미 신은 지혜를 내려주었고 다만 시간이 얼마나 걸리는가만 숙제로 남아 있다.

반드시 우리 앞에 현실로 다가올 것이다.

인체의 장기가 노화되거나 병들면 교체하고, 혈액도 인공혈액으로 대체가 가능해져서 늘 활기찬 젊음이 이루어질 것이고, 피부 또한 20대 초반의 보드랍고 팽팽하며 윤기 있는 아름답고 예쁜 얼굴이 되리라 한다.

인류를 천인(인간+신명)으로 재창조하는 자미국 세상이 개막되었다.

천기 1년 7월 17일 자시, 신명하강

하늘님이신 태상천존 자미천황님께서 나에게 인류의 대표, 인류의 심판자, 하늘의 대행자 인황이라는 신명세계 칭호를 내려주셨다.

새로운 세계를 열어감에 천인합체가 되어야 하며 자미천황님께서 천지인 모두를 지휘 통솔하신다 하셨다.

억조의 신명들이 모두 60도가량 국궁 자세로 얼굴을 들지 못하고 하명을 기다리다 태상천존 자미천황님의 등단과 함께 하명이 내려졌다.

"제위 신명들에게 금일 천지인 천상공무에 동참과 협조를 당부드리며 이의가 있으신 신명들은 말씀하시기 바랍니다"라고 했다.

참석했던 모든 신명들이 함께, "어디 감히 이의를 제기하겠나이까. 천만 번 옳은 말씀이고 저희 모든 신명들이 자나 깨나 기다려왔던 세상입니다" 하면서 신명들이 얼굴을 숙인 채 무릎을 꿇고 앉는다.

맨 앞줄에는 제석천의 제석천왕 그 옆에는 중천세계를 관장하는 범천왕과 도교에 태상노군, 옥황상제, 일월성신과 36위 신령을 비롯한 모든 신들이 도열해 있었다.

자미천궁의 주인이신 태상천존 자미천황님께서는 수많은 억조신명을 지휘 통솔한다. 천황님의 말씀에 따라 신명들이 모두 움직인다 하신다.

영적으로 이루어진 것이 현상계 물질로 나타나게 된 것이다.

2001년 7월 25일(음8.9) 자시에 모든 형상을 내리고 천황님 신위만을 중앙 천단에 모시었다.

이렇게 한 것은 이미 천황님께서 내 육신 몸으로 7월 17일 신명하강도 있었지만 기도 중에 갑자기 형상은 온데간데없고 나의 눈에는 '태상천존 자미천황님'이라고 쓰인 신명명패만 보였기 때문이다.

나만 그리 본 줄 알았는데 늘 기도하던 제자에게도 그렇게 보였던 것을 나중에 알았다.

더불어 모든 형상을 초월하라는 계시였고, 수행공부 과정에서는 마음을 의지하라는 뜻에서 여러분의 형상을 모시게 했었는데 이제는 공부가 마무리 단계에 접어드니 그리 된 것이라고 계시가 내려왔었던 것이다.

모든 형상을 예법에 의해서 소각하고 나니 마음이 날아갈 것 같다. 마음의 무거운 짐을 이제 모두 벗었다. 형상이 없다고 신령님들이 어디 간 것이 아니다.

모든 분들이 그대로 마음에 자리하고 계셨다.

형상을 소각하였다고 해서 신들이 노여워하시지 않고 모두가 대찬성이었다.

이분들도 천황님의 모든 천명을 받아야 하는 신명들이기에 형상을 없애고 중앙 그 자리에 한 분의 명패만을 모시게 된 것이다.

그러하니 어느 신명이라도 왈가왈부할 수가 없었다.

형상 자체는 사람을 위한 것이었다.

이제 하늘에서 당신이 친히 사람 몸으로 직접 내려오시어 친정을 하신다 하니 어느 누가 말릴 수 있겠는가? 그래서 이곳은 불상도 없고 신령 탱화도 없다. 신께서는 이미 나와 함께하신다는 뜻이었다.

자미천황님은 창조주이시고 절대적 군주이시며 밑으로도 억조에 이르는 수많은 신명들이 계신다.

자미국은 천황님의 나라를 알리는 새 기원인 천기(天紀) 원년을 열었다. 신명세계에서 영의 눈으로 보여주신 명호는 '태상천존 자미천황님'이시다.

하늘은 반드시 인간의 육신을 타고 내려오신다.

수많은 신명제자(목사, 신부, 스님, 도인, 보살, 법사)들 중에서도 탁월한 능력을 받은 제자들이 있다. 각 나라에서 이적을 행하는 사람들이 많이 있지만 동방의 해 뜨는 나라에서 인류의 등불이 밝혀지고 있다.

자미천황님께서 인간의 몸을 빌려 신들의 천상공무를 보시기 때문이다. 숱한 어려움이 따르고 인간과 금전의 고통 속에서 신의 참뜻이 무엇인지 알게 되었다.

신은 자신의 뜻을 펼쳐나갈 제자들 중에서 그릇의 크기에 따라 하늘의 기운을 내려주고 있다. 이제 신들의 세계 천황님의 나라 자미국 자미천궁을 세워 무릉도원 세상을 지구촌에 펼쳐나갈 것이다.

자미(紫微)라는 단어는 천상세계의 중심이고 하늘의 성씨이며, 천인이란 신과 인간의 결합 즉, 신과 인간이 일심동체가 된다는 뜻으로 신이 원하는 일을 인간이 행하게 하는 일이다.

나는 천지 창조주의 역할에 대해서 일정 부분 직무대행자로서 임무를 갖고 이 땅에 태어났다.

신께서 전지전능한 능력이 있다 하여도 인간이 없으면 신 자체로는 아무것도 할 수 없음이니 인간의 입과 손을 통해서 신의 뜻을 수많은 사람들에게 전하라는 사명을 받은 것이다.

나는 하늘의 뜻을 행함에 있어 어떠한 어려움이나 고통이 따르더라도 감수하며 하늘에서 내려주시는 계시대로 충실히 따를 것이다.

여러분 중에도 내면에 신명이 존재하고 있지만 찾지 못하고 있을 뿐이다. 내면에 잠자고 있는 신명들을 각자가 천인합체의식을 행해서 찾아주었을 때 인생개벽이 일어난다.

자미국은 신명과 인간이 하나로 합체되어 함께 세우는 곳으로 인간 없이, 신명 없이는 아무것도 이룰 수 없다. 사람들은 자연적으로 어느 날 갑자기 지상천국 세상이 펼쳐지리라 허상을 꿈꾸고 있으나 그건 아니다.

하늘만 바라보고 기다리면 그날은 영원히 오지 않는다.

신명의 조화를 직접 체험하길 원하는 사람에게는 보여주고 들려주고 느끼게 하여 스스로 체험할 수 있다.

즉 신은 인간에게 지혜나 신력(神力)을 내려주고 인간은 그것을 받아 신의 대역사를 몸으로 펼쳐내야 인류가 기다리는 지상낙원 세상이 현실로 온다.

백광의 여의주 빛 속에

만물을 창조하신 하나님이 계신 곳과 그 모습에 대하여 종교인에게 물어보았다.

〈질문〉

"하나님은 어디에 계실까요?"

〈답변〉

"예, 그분은 천상에 계시고 모든 사물에 있고 우리 마음속에 자리하고 있습니다"라고 말했다.

질문

"하나님 모습은 어떻게 생기셨나요, 보셨나요?"

〈답변〉

"형상은 없고 빛이에요"라고 자신 있게 말했다.

이런 대답은 누구나 할 수 있는 답변이라 생각한다.

그분의 모습은 우리 인간과 똑같이 생기셨다.

성경에도 "내가 너희들을 나와 같이 빚었다고 하셨으니" 분명 인간의 형상인데 어째서 모습이 없는 빛의 형상이라고 믿고 있을까?

천황님의 형상을 백광(白光)의 여의주가 감싸고 있기 때문에 일반인 눈에는 빛만 보일 뿐이다. 달이나 태양은 광채가 나지만 지구와 가까워서 반짝이지는 않는다.

반면, 밤하늘의 별은 반짝반짝 빛나는데 별들은 지구와 너무 멀리 떨어져 있기에 빛이 굴절되어 반짝인다.

이를테면, 가로등 불빛을 가까이서 보면 단순한 전등불인데 멀리서 바라보면 반짝거림을 볼 수 있듯이 천황님의 형상도 강렬한 백광의 여의주 빛을 통과하여 내면으로 들어가면 사람의 모습을 하고 계신 형상을 볼 수 있다.

교인들이 보았다고 하는 하나님 형상은 대부분 빛이라고 말한다. 가까이 보지 못하고 멀리서 백광의 여의주(오로라)가 발산하여 내뿜는 아주 강렬한 빛만을 보았기 때문이다.

태양보다 수천 배나 밝은 빛으로 보이는 것은 천황님을 감싸고 있는 형체에서 나오는 백광의 여의주 빛 때문이다.

우리 인간도 도를 통하면 몸에서 발광, 즉 빛이 발생하는데 그것은 절에 가보면 이해가 간다. 부처님 머리 뒤에 원형으로 빛이 발광하는 형상인 후광 모양을 볼 수 있다.

인간의 몸으로 득도를 하여도 빛을 발산하는데 하물며 우주를 창조하신 천황님의 광채는 얼마나 밝겠는가? 천황님은 태양보다 더 밝은 강렬한 발광체의 빛(백광의 여의주)을 발산하고 있으니 그 형상을 어떻게 볼 수 있단 말인가?

그러니 최고 경지의 신을 통하지 않고서는 그분의 모습을 볼 수가 없고 영원히 빛으로만 보인다고 말한다. 하늘은 분명 인간의 모습이고 석가모니 부처님처럼 천 백억 화신이 아니라 억조 화신의 대우주 창조주이시다.

미물도 집이 있고 짐승들도 우리(집)가 있고 사람도 비바람을 피하고 해충이나 동물로부터 안전하게 지켜줄 집이 있다.

죽은 사람은 영혼의 집인 무덤이 있지만 우주를 창조하신 창조주께서 어찌 거처할 공간이 지구에 없을까? 그곳이 지구에서는 자미국 자미천궁이고 천상에서는 자미원(북극성 근처 작은곰자리)의 천상궁전이다.

의복은 하늘의 임금을 상징하는 황금 용포를 입고 계시며 얼굴은 우리 모습과 똑같으나 주름살이 없는 미남의 모습을 하고 계시며 나이는 30세 정도로 젊게 보이신다.

금으로 지어진 천상 자미천궁 궁궐에 거처하시며 수억만 조에 이르는 어마어마한 신하와 백성들인 천인, 천손, 신선, 선녀들을 거느리고 대우주 삼라만상을 지휘 통치하신다.

밤하늘에 보이는 관측된 별들만 수천억 개인데 관측되지 않은 별들은 얼마나 더 많겠는가?

그중에 하나가 지구라는 작은 행성이다.

그러니까 대우주 속에서 지구라는 존재는 좁쌀알 하나 정도의 크기이니 좁쌀알 하나에 72억 인간들이 살고 있다면 각자의 크기와 존재는 얼마나 될까?

이 땅에 살고 있는 인간들은 미세 먼지보다도 더 작은 핵이나 원자 같은 아주 작은 존재들에 불과하다.

대우주의 경이로움과 천지만생만물을 태초로 창조하여 주신 무소불위의 절대자 태초의 하늘 태상천존 자미천황님의 위대하심을 몰라보고 찾지 않으면서 각자 자신들이 잘나고, 착하고, 예쁘다는 착각 속에 살아가고 있다.

자미국에 들어와서 위대하신 하늘님을 찾지 않고 몰라보는 것은 죄악이고, 자신의 조상님들을 부정하며 박대하고 버린 자들과 잃어버린 하늘님과 자기 조상님을 찾지 않는 자들은 제정신이 아닌 악마들이니 인간으로서 근본도리를 속히 행해야 한다.

신명들이 들려준 이야기

아직 차가운 바람이 살 속을 파고드는 날 새벽녘 기도 중 영상으로 보인 현상이다.

나는 강남역 사거리 정중앙에서 한남대교 쪽을 바라보고 양팔을 벌린 채 십자가 형태로 서 있었다. 천상에서 8명의 신선과 8명의 선녀들이 수많은 천상장군(경호) 신명들의 호위 아래 피리를 불며 하강하고 있었다.

무지개를 타고 내려오는 모습이나 그 몸매의 자태가 넋이 나갈 정도로 황홀하였다.

모두 티 없이 맑고 아름다운 미녀들이었고, 옷은 하늘거리는 하얀 비단옷에 울긋불긋한 색실로 수를 놓았고 속살이 보일 듯 말 듯한 망사처럼 비치는 옷이었다.

반면에 신명들은 체격이 건장하고 키가 컸지만 20대 초반의 아주 어린 동안의 얼굴로 보였는데 수염이 나 있었다. 얼굴엔 붉은 홍조를 띠고 있었으며 근심이 전혀 없는 아주 평화롭고 태평스런 모습을 바라보며 도취해 있을 때였다.

내 몸으로 30층 빌딩 높이의 거대한 나무 목(木)자가 강남 대로를 좌우로 가득 메운 채 서서히 품에 와서 안기는 꿈이었다.

나머지 火, 土, 金, 水도 계속 안기었고 日(태양)과 月(달)도 품에 들어왔다.

이렇게 거대한 木(목)자가 몸에 안겨진 후 신명과 선녀들이 주위에 사뿐히 내려앉았다. 수많은 장군들의 호위 속에 8명의 신선과 8명의 선녀가 2열 횡대로 모두 무릎 꿇고서 나에게 큰절을 올리고 있었다.

〈대선녀〉

하늘의 직무대행자님 절 받으십시오!

앞에 펼쳐진 광경에 어안이 벙벙하였다.

〈저자〉

여보시오!,

대체 누가 직무대행자란 말입니까?

당치도 않은 말씀 마시오. 그러다가 누구 날벼락 맞는 꼴 보려고 그러십니까?

〈대선녀〉

그런 것이 아닙니다.

천상세계 주인이신 태상천존 자미천황님께서 저희들을 지상에 내려보내셨습니다. 앞으로 몇 년 지나지 않아서 현재 입고 계신 모습으로 바뀌게 되십니다.

모습을 살펴보시지요?

〈저자〉

예~? 아~ 알았소이다.

몸을 살펴보니 입고 있던 평상복은 어디로 가고, 옷은 어느새 금빛 나는 화려한 옷으로 갈아 입혀져 있었고, 머리는 화려한 관모를 쓰고 있었다.

〈대선녀〉

일곱 해 동안 많은 신명공부를 하셔야만 하늘의 큰일을 대행하실 것이랍니다. 그때는 천황님께서 직접 몸을 빌려 천지신명공사를 행하신다고 하시었습니다.

그리고 어느 정도 지나면 천재지변이 세계 곳곳에서 일어나서 사람들 혼이 나가버릴 정도이며 살아 있어도 살아 있는 것이 아니랍니다.

차라리 죽은 사람을 부러워하게 되며, 알 수 없는 괴질로 나라마다 떼죽음을 당하고 거대한 운석의 낙하로 화산과 지진이 발생하여 세계는 아수라장으로 변합니다.

수백 미터 높이의 바닷물 기둥이 무서운 속도로 각 나라의 해안으로 순식간에 몰려가게 됩니다.

어떤 나라는 물속으로 완전히 가라앉아 입이 다물어지지도 않고 울음도 나오지 않습니다.

큰 대륙들은 산산이 갈라져 1/3만 남게 되고, 바다에는 보이지 않던 큰 산들이 여기저기 솟아오릅니다. 이런 일은 수일간 계속되며 거리에는 송장 썩는 냄새가 진동하여 거리를 걸어 다니지 못할 지경에 이릅니다.

사람 모습 구경하기가 참으로 어렵게 되어 어찌해야 할 바를 모르고 허둥댑니다. 댐과 원자력 발전소는 모두 큰 폭발로 파괴되어 전기 공급이 중단됩니다.

유전 지대도 폐허가 되어 불바다를 이루고 차량들은 길가에 아무렇게나 버려져 있게 됩니다. 밤이면 집집마다 깜깜하고 촛불이나 호롱불을 켜야 됩니다.

이런 대재앙의 천재지변은 킬샷(태양폭풍)과 거대한 운석이 떨어져서 발생하며 깊은 바다 밑에서부터 시작될 것입니다. 이런 대재앙이 있기 전에 지구촌 곳곳에 작은 천재지변이 일어나 큰 재앙을 대비하라고 일러줍니다.

〈저자〉

그렇다면 어찌해야 이런 재앙을 막을 수 있습니까?

〈대선녀〉

알려주어도 사람들은 믿고 따르지 않을 것입니다.

내일 죽을망정 혹세무민한다고 안 따르게 됩니다.

그래서 대재앙이 일어날 때를 대비하여 천인합체의식을 통하여 천인들을 많이 배출하시라고 이렇게 알려드리러 내려온 것입니다.

하늘께서 선생님 몸으로 자주 내려오시어 많은 것을 알려주시고 천지인 천상공무를 보고 계십니다. 그래서 천상에 계신 분은 '태상천존 자미천황님'이시며 이 땅에 계신 분은 하늘을 대신할 직무대행자 몸이 되십니다.

신께서 전지전능한 권능을 가지셨다 해도 육신이 없기에 말씀을 하실 수 없어서 사람 몸으로 내려오시게 되는 것입니다. 사람 몸을 통해 천지인 천상공무를 행해야만 지구촌의 대재앙을 막을 수 있다는 것입니다.

이때엔 수많은 사람(신명)들이 따를 것이며 이들은 평소에 신명공부를 통하여 이런 세상이 올 것을 이미 알고 있었던 신명들입니다.

천상의 신명들은 신께서 먼저 내려오시어 세상을 살피신 연후에 천명을 내리시면 144,000명의 신들이 천인합체를 행하여 인간 몸으로 내려오게 되어 있습니다.

꿈속에서 이런 계시를 통하여 하늘의 뜻을 알았고 신명제자나 도인, 보살, 무당, 철학관에 가서 해석을 부탁하였지만 어느 누구도 시원한 답변을 해주지는 못하였다.

마음 안에서 "해는 서산에 걸렸는데 사래 넘어 긴 밭을 언제 갈려 하느냐"라는 말이 수시로 들려왔었다.

무슨 뜻인지 전혀 알 길이 없었다.

밭을 갈아야 씨를 뿌리는 것은 당연한 이치였고, 이때부터 나는 누구인가? 어디서 왔나? 하늘이란 나에게 무엇이며, 도란 무엇이고 신이란 무엇인가로 머릿속이 가득 찼다.

삶은 무엇이고 죽음은 무엇이며, 한 번 죽으면 모든 것이 끝이란 말인가?

이런 화두로 모든 일들이 손에 잡히지 않았고 의문의 꼬리는 계속 이어졌다. 자주 산에 가고 싶은 마음이 강하게 몰려오는 것을 막을 수가 없었다.

이때부터 몸에 이상한 진동이 일어나기 시작하였다. 가만히 있는데 근심걱정이 이만저만이 아니었다.

참으려고 아무리 애를 써도 한참 동안 진동이 와서 제자리에서 뛰어도 보고 큰소리로 외쳐보기도 하였지만 아무 소용이 없었는데, 그 순간 아주 강렬한 빛이 보이기 시작하였고 너무 눈이 부셔 눈을 질끈 감았으나 무서움은 전혀 들지 않았다.

오히려 포근함이 느껴지고 신비한 기운이 감돌았으며 그 빛은 나의 몸을 감싸주었으며 순간적으로 귀신은 아닐 것이라는 확신이 서자 살며시 눈을 떠보았다.

분명 사람 형상인데 금 옷을 입고 머리에는 금빛 찬란한 구슬이 달린 관모를 쓴 아주 잘생긴 남자가 인자하게 미소를 지으며 서 있었고, 좌우에는 신선과 선녀로 보이는 사람이 머리를 조아린 채로 시립하고 있었다.

이렇게 수 초가량 바라보고 있었는데 금빛 나는 큰 구슬(여의주처럼 생겼음)을 주면서 시간이 되고 때가 되면 다시 올 것이니 "신명공부 열심히 하라"는 한마디 말을 남기고 순간 빛이 걷히면서 사라지는 것이었다.

불현듯 닥칠 하늘의 대재앙을 대비하여 144,000명을 어서 채우라는 계시였다. 이는 하늘의 천명을 받아 천인(신명)으로 다시 태어나야 한다는 말이었다.

도통은 주문수행으로는 살아생전 하늘을 통할 수 없고 오직 임명권자이신 태상천존 자미천황님께서 천상신명들에게 인간 몸으로 하강하라는 天命을 내려주셔야만 도통이 가능하다는 진실도 처음으로 알았다.

도통하고 싶어서 천상에 있는 신명들에게 자신의 몸으로 내려와 달라며 애걸한다고 내려오는 것이 아니라 신명세계 통치권자이신 자미천황님의 천명이 있어야만 인간 몸으로 하강한다는 진실을 알지 못했다.

오직 인간의 욕심으로만 도통하고자 했던 것이 잘못이기에 수많은 세월이 흘러가도 산천이나 도교 안에서 오랜 주문수행을 하여도 도통이 이루어지지 않았던 것이다.

독자들은 하루속히 하늘의 천명을 받아 천인합체의식을 행해서 천인으로 다시 태어나 장차 다가올 대재앙 때 자신과 가족의 목숨을 구해야 한다.

새로운 자미국 세상을 열어가는데 앞장서고 자미국을 전 세계의 중심, 인류의 구심점으로 청와대 터에 세우는데 적극 동참해야 하고, 자미국 건립기금 건공을 매월 올려야 할 것이다.

구름 거둔 풍운조화

중국 길림성 연길 시내에 도착해서 용정, 일송정, 해란강 등을 둘러보았고 현지 주민들과 대화를 나누기도 하였으나 나와 일행을 신기하게만 바라볼 뿐 대한민국의 역사에 대해서는 아는 것이 없었다.

하루를 숙박하고 민족의 영산인 백두산을 향하여 다음 날 출발하였다.

백두산 가는 길은 버스로 이동하였고 수천 년 된 아름드리 고목들이 빽빽하게 들어차 있었는데 대형트럭에 벌목된 수많은 원목들을 중국 차량들이 쉴 새 없이 실어 나르고 있었다.

차창 너머로 수천 년 전 태고의 신비를 바라보니 무한한 감회에 젖었다.

어느덧 백두산 입구에 당도하여 여관 앞에 차가 멈추었다. 한국인이 운영하는 숙박업소였는데 한국에서 떠나기 전 암소 한 마리를 잡아 천제를 올리기로 이미 예약되어 있었다.

제단에 암소 이외에 과일과 술도 따라 올리고 천제를 올리기 시작했다.

백두산 정상에서는 천제 올리는 것을 중국 공안(경찰)요원들이 철저히 단속하므로 불가능했기에 백두산 봉우리 밑에 있는 숙소 겸 식당에서 거행하였다.

천제를 올릴 수 있도록 제단이 잘 설치되어 있었다.

한국에서 많은 사람들이 이곳에 와서 천제를 자주 올리기에 전화 예약만 해놓으면 언제든지 가능하다 한다.

한국에서 준비해 간 의관을 정제하고 천지신명님께 천제를 고하였다. 더불어 백두산 16봉우리 산신님들을 하나하나 호명하고 천제의식이 거행되었다.

"너희 민족의 영산인 백두산에 찾아와서 내게 천제를 올려주니 참으로 그 정성이 갸륵하구나. 나의 원력과 이곳 영산의 정기를 많이 받아가게 해주마.

백두산의 기운은 참으로 맑고 깨끗하며 영롱한 기운이 가득하니 장차 나의 원력과 정기로 세계만국을 영도하게 될 것"이라고 귀한 말씀을 천지신명님께서 내려주시었다.

아침 일찍 일어나 지프차를 대절하여 굽이굽이 꼬부랑 산길을 따라 백두산으로 올라가며 창밖을 바라보았다.

7월인데도 눈이 녹지 않은 채 도로변에 쌓여 있었고 한참을 굽이굽이 돌고 돌아 드디어 천문봉 봉우리 바로 밑에까지 차량이 도착했다.

차에서 내려 50m 정도의 등성이를 오르니 그곳이 16봉의 하나인 천문봉이었다.

백두산 천지를 바라보니 온통 구름바다라 아무것도 안 보이고, 안개 속에서 관광객들이 사진 찍기 바빴다.

먼 길을 달려와 민족의 영산인 백두산 천문봉에 올랐으나 구름으로 인하여 천지는 물론 백두산 봉우리조차 볼 수 없다니 참으로 안타깝기 그지없었다.

낙담을 하며 구름이 걷히기를 기다리는 수밖에 달리 방법이 없을 듯하였다. 어찌하면 구름을 걷어낼 수 있을까 생각하는 순간 마음으로 음성이 들렸다.

어제저녁 천지신명님께 천제까지 올려드렸는데도 백두산 천지와 봉우리를 보지 못하게 하신 데에는 분명 계시하는 어떤 뜻이 있을 것이리라.

이는 필시 천지신명님께서 나에게 어떤 숙제를 내려주신 것이 분명하다고 생각되어 풍운조화 주문기도에 들어갔다.

백두산 안내인 말에 따르면 관광객들 중에서 10%만이 운이 좋아야 천지를 보고 내려간다는 것이었다.

안내인의 말을 뒤로하고 사람들이 별로 없는 편안한 바위 위에 걸터앉았다.

우선 백두산 신령님께 예의를 갖추면서 천지신명님께 고하였다. 백두산과 천지를 가득 덮고 있는 구름을 어서어서 걷어주시라고 말씀드리고 난 뒤 눈을 감고 풍운조화 주문을 15분 정도 외우고 있을 때였다.

천문봉 등성이에 올라 있던 수많은 관광객들이 갑자기 "와~아" 하고 함성을 질러댔다.

무슨 소리인가 싶어 주문을 멈추고 눈을 떴더니 천문봉을 덮고 있던 구름이 순식간에 걷히면서 파란 천지가 모습을 드러내기 시작하는 것이 아닌가?

"천지신명님! 너무너무 고맙습니다. 정말 대단하십니다. 천지를 뒤덮은 엄청난 구름들을 걷어주시어서 백두산과 천지를 볼 수 있게 하여주시니 감개무량합니다."

순간 가슴이 북받쳐 오르면서 눈시울이 적셔지고 눈가에 이슬이 맺혔다.

장관이었다. 7천만 민족의 영산인 백두산과 천지.

구름으로 가득 차 있던 천지는 맑고 청량한 모습을 보여주셨고, 사방을 둘러보아도 시야에 구름 한 점 보이지 않았다. 하늘께서 내리시는 천지조화는 정말 감탄스럽고 경이로웠다.

한마디로 만세만세 만만세였다.

수정처럼 맑은 천지를 보자 여기저기서 카메라 셔터 눌러대기에 바빴고, 나도 일행과 함께 멋진 추억의 장면을 담기에 여념이 없었다.

준비한 황룡포 의관을 입고서 카메라 앞에 포즈를 취했다. 평생 남을 기념사진이라 의관을 입고 백두산 천지를 배경 삼아 멋진 기념사진을 찍으며, 영산의 신명정기를 마음껏 온몸으로 담기 시작하였다.

사진촬영이 끝나고 다시 기도에 들어가 천지를 바라보고 앉아서 백두산 16봉우리 산신님과 통신했다.

백두산 산신님 중에서 가장 우두머리 되시는 분이 제일 높은 백두봉 산신님이시었고, 북한 국경 쪽에 있었으며 일명 장군봉 또는 정일봉이라고 불린다 했다.

주문을 외운 후에 백두산 산신님과 통신이 되었다.

잘 왔도다~

본 그대로 백두산은 나라의 명산일뿐더러 세계를 호령하게 될 하늘이 내려주신 영산이니라.

장차 천손민족이 하늘의 뜻을 받들어 세계를 영도하게 될 천지원력이 분출되는 곳이니 백두산 정기를 받아서 인류 최초의 천지대업을 이루라고 하시었다.

백두산 정기를 듬뿍 받고 하산하여 연길 공항으로 향했다.

북경행 비행기를 타고 오랜 비행 끝에 공항에 도착하여 리무진 버스를 타고 북경 시내로 향하는데 고속도로가 끝이 안 보이게 직선도로인 것에 감탄했으며, 20여 분을 달려도 굴곡이 하나도 없으니 과연 땅덩어리가 크기는 크다.

어느덧 북경 시내로 진입하여 호텔에 여장을 풀고 천안문 광장 앞의 자금성으로 들어갔다. 중국의 정기는 곤륜산과 자금성에서 분출되고 있었고, 이로 인하여 고구려와 발해를 멸망시켜 중국 영토로 편입시켰다.

자금성 천단에서 잠시 기도를 모실 때 진시황제와 서태후가 찾아와서 자신들을 살려달라고 손발이 닳도록 읍소한 장면도 있었다.

가뭄 해갈 풍운조화

풍운조화신장 3위 신명님들께 청했다.

비가 내리지 않아 농촌에 전국적으로 양수기 보내기 운동이 한창일 때다.

5~6개월 동안 비가 오지 않아서 농부들은 하늘을 원망했으며 모내기철을 앞두고 야단들이었다.

풍운조화 신명님들께 빌면서 주문을 외웠다.

풍운조화 3위 신명님들은 비 좀 많이 오게 도와주세요.

이 나라 백성들이 비가 오지 않아 하늘을 원망하고 있습니다. 이대로 가다가는 1년 농사를 지을 수 없고 백성들이 굶어 죽게 생겼기에 3위 신명님들께 비나이다.

비를 내리는 강우신명공사를 청하니 도와주세요.

지금 현재 상태로 보아 농촌에서 모내기를 하려면 전국적으로 100mm 이상의 비가 내려야 될 것 같습니다.

단 하루에 모두 내리면 물난리가 날 것이니 나누어 내리도록 도와주세요.

당시 그날 일기예보는 전국적으로 5~10mm 정도 비가 내린다고 했었다. 한꺼번에 비가 오면 대홍수 염려가 있으므로 3위 신명님이 3일 동안 나누어서 비를 뿌리게 해주셨던 것이다.

이날부터 전국적으로 세찬 빗줄기가 억수같이 퍼붓기 시작해서 많이 온 곳은 180mm 적은 곳은 100mm 내외였다.

하늘께 감사했고 풍운조화신장님들께 고맙다고 했다.

이렇게 내린 비로 6개월 동안 가물었던 전 국토는 해갈되었고 농부들은 한시름 놓아 모내기를 무사히 마쳤다.

그렇다.

신의 세계는 눈에 보이지도 않으며 누구로부터 인정받기도 어려운 부분이고 잘 믿으려 하지 않는다. 그러나 반드시 신들은 인간의 말을 알아듣고 소원을 들어주시고 계시었다.

폭우 멈춘 풍운조화

서울 우면산에 기도 가기로 4일 전부터 날을 잡아두었는데 막상 그날이 되니까 장대같이 쏟아지는 강한 빗줄기를 보고 제자가 산에 올라가실 거냐고 물어왔다.

무얼 어찌 합니까? 당연히 가야지요. 근심 어린 표정이 역력했으며 다음으로 미루었으면 하는 눈치가 역력했었다. 차 대기시키라고 하세요.

그리고는 대치동 백화점(현 롯데백화점)으로 가서 간단한 제물을 준비해 가지고 출발하였다.

20분 거리이니 가까운 곳이었다. 운전기사와 제자 그리고 나와 3명이 타고 있었다. 내가 차 뒷좌석에 앉은 채로 풍운조화신장님께 빌며 주문을 외웠다.

풍운조화신장 3위 신명님! 우면산에 들어가 1시간 동안 기도하오니 비를 멈추게 도와주세요.

지금 앞이 안 보일 정도로 억수같이 쏟아지는 장대비를 1시간 동안만 그치도록 도와주세요.

장대비를 맞으면서 미끄러운 산길을 오를 수 없고 우산 받쳐 들고 기도할 수는 없었기 때문이다. 승용차는 20분 만에 과천경마장 가는 길목 비닐하우스 화훼단지 사이를 지나 우면산 입구에 당도하였다.

차에서 내려 한 손엔 우산을 다른 손엔 제물을 들고 제자와 둘이서 산을 오르기 시작하였는데 낮은 산이라 10여 분 올라가니 목적지에 도착하였다. 짐을 내려놓자 빗줄기가 갑자기 잦아지더니 2분가량 지났을까 강한 빗줄기가 거짓말처럼 뚝 멈춰버리는 것이었다.

준비해 간 과일을 차리고 의식을 치렀다. 50분가량 걸렸으나 거짓말처럼 비는 한 방울도 내리지 않았다. 신명공사의식을 마치고 산에서 내려와 차에 올라탔다.

자~ 출발합시다.

기사에게 말하고 1분가량 지났을까 비포장도로에서 아스팔트길로 접어드는데 갑자기 후드득하면서 차 지붕에 장대비 떨어지는 소리가 요란하게 들리는 것이었다.

내리는 것이 아니라 양동이로 쏟아붓듯 퍼부었다.

차 안에서 제자와 서로 마주 보면서 "세상에 이런 일이!" 하며 놀랐다. 이렇게 조화를 부리는 것이 풍운조화신명님이란 말인가?

나는 다시 한 번 신의 경이로운 천지조화에 놀랐고 천지신명님께 감사하였다. 신명님은 알아주는 자의 편이었다. 이번은 나 외에도 운전기사와 제자가 함께 차 안에 동승해 있는 상태에서 잠시 동안만 오던 비를 멈추게 해달라고 빌었었다.

그것도 정확히 신명의식 행하는 1시간 동안만 비가 그쳤었다.

운전기사와 제자도 장대비가 1시간 동안 멈추었던 광경과 의식이 끝나고 퍼붓듯 다시 내리는 폭우를 보고 경악했다.

실제 상황이었는데 지금 생각해 보니 당시에 하늘이 나의 마음을 살펴보신 것을 알았고 하늘의 천지대능력이 얼마나 대단하신지를 나의 두 눈으로 직접 보여주시어 지금의 자미국을 개국하게 하신 천지신명공사이셨다.

글을 통해서 당시의 상황을 전하는 것이 실감나지 않을 수도 있지만 나는 하늘의 천지대능력을 실제로 수도 없이 체험한 당사자이다.

천지신명님들께서 나의 뜻을 받아들이시어 폭우를 그치게 해주시었지만 내가 풍운조화를 부렸다고 하는 것이 인간들의 눈높이에서는 이해되는 말이다.

앞이 안 보일 정도로 쏟아지는 폭우 속 빗길을 뚫고 산행 간다는 것은 한마디로 미친 짓이지 제정신이겠는가?

그 어떤 신명제자라 할지라도 비가 조금 그치면 출발하자고 미루지 장대비가 억수같이 퍼붓는데 예정된 약속이라고 어느 누가 강행하겠는가?

지금 생각해 보니 그것이 하늘에 대한 나의 진실한 마음이었기에 차량으로 이동 중엔 장대비가 그치지 않고 쏟아졌으나 산자락 밑에 도착해서는 비를 그치게 해주신 하늘의 천지신명공사였던 것이었다.

나의 간절한 마음을 모두 지켜보시고 비를 한 시간 동안만 그치게 해주신 배려였고, 이런 진실한 마음을 보시고 인류의 대표, 인류의 심판자, 하늘의 대행자 인황이라는 중책을 내려주신 것이라 생각한다.

어느 도인이 말했다.

이 나라에서 신명제자 길을 가는 사람들이 50만 명인데 선생님 같은 큰 그릇을 가진 신명제자는 과거에도 없었고, 앞으로도 없을 것이라고 말한 대목이 문득 생각난다.

태풍 막은 풍운조화

태풍 루사와 매미로 쑥대밭이 되어 인명과 재산 피해가 10조 원에 이르는 막대한 피해를 보았고, 충청 지방엔 갑작스런 폭설로 6천억이라는 천문학적 피해가 발생하여 비닐하우스 농민들이 시름에 빠지기도 했었다.

이런 엄청난 자연재해를 막을 수 있는 방법이 없을까 고민하다 풍운조화신명님들께 빌었다.

오늘 한반도로 올라오는 태풍을 소멸시키고 싶다고 말씀드렸더니, 풍운조화신명님께서 이미 발생한 태풍 자체를 소멸하는 것은 자연의 이치에 맞지 않는 일이니 육지로 올라오는 태풍 방향을 바꾸는 것은 가능하다고 말씀하셨다.

그렇게 방향이라도 바꾸어주시면 고맙겠습니다. 앞으로는 한반도로 큰 태풍이 올라오지 않게 말씀입니다.

이날 이런 기도가 있은 후 2004년 10월까지 4개 정도의 태풍이 더 발생하였지만 모두 한반도를 비켜갔다. 대신 그것이 일본과 중국으로 상륙하여 엄청난 피해를 주고 간 것을 TV를 통해 보았다.

풍운조화신명님들은 내가 말하는 대로 즉시 이루어주셨다. 신을 믿으려는 마음만 진실하다면 상상할 수 없는 신령스런 조화가 무궁무진하게 일어난다.

여러 종류의 천지조화가 내려왔다.

이것은 천지신명님들께서 나에게 자신감을 심어주기 위해서 신령스런 천지조화를 펼쳐주셨던 것이었음을 수많은 세월이 지난 후 알게 되었다. 이런 신비조화를 일어나게 함으로써 하늘제자의 길을 계속 가게 만들었던 것이다.

지금까지 마음먹고 말한 대로 수많은 신비조화가 현실로 일어났다.

이런 일이 있고 나서 2009년까지 큰 태풍이 상륙하지 않아 5년간 풍년이 계속되자 농부들이 정부의 벼 수매가가 너무 낮다고 벼를 태우며 시위하는가 하면 벼를 베지도 않고 트랙터로 논을 갈아엎는 참담한 일이 발생했었다.

더 이상 태풍 상륙을 막는 풍운조화 천지신명공사를 행할 필요성이 없어졌다. 태풍을 막아주어도 탈이니 앞으로는 일절 관여하지 않기로 마음을 굳게 먹었다.

그리고 다음 해 2010년, 최대의 강력한 태풍 곤파스가 올라와서 바람으로 인해 큰 피해가 발생하였다.

2012년 8월 28일 볼라벤과 8월 30일 덴빈, 9월 17일 산바가 잇달아 상륙하여 제주, 호남, 경남 등 남부지방에 1조 원에 이르는 커다란 피해를 주었다.

태풍 3개가 상륙하여 피해를 입은 사람들이 "하늘도 무심하다" "하늘이 원망스럽다"는 말을 했다.

그들은 하늘을 위해서 과연 무엇을 해드렸기에 무심하다 원망의 말을 하는가?

하늘과 땅이 내린 말씀은 행하지도 않고 하늘의 존재를 무시하며 찾지도 않고 알려 하지도 않았다.

도와주어도 고마운지 모르는데 더 이상 하늘이 무엇을 어찌해주어야 모두가 좋아할까?

여기에 대한 정답은 결국 없다.

더 이상 날씨에 관여하지 않을 것이고 천지자연의 이치에 그냥 맡겨두기로 하였다.

2012년 한 해에 한반도로 태풍이 4개 상륙하였는데 50년 만에 처음이라고 한다. 앞으로 몇 개의 태풍이 더 올라올지는 알 수 없다.

2004년부터 태풍을 막아주어 2009년까지 태풍 피해가 없어서 5년 연속 풍년이었는데 하늘과 자미국에 대한 감사함을 몰라주는 사람들이 야속하기만 하다.

태풍 상륙을 더 이상 막고 싶은 마음이 없어지자 연속해서 태풍이 올라오는 것을 보고 많이 놀랐다. 천지신명님들이 나의 마음을 모두 실시간으로 지켜보고 계심을 또다시 알게 되는 계기가 되었다.

천지신명님들은 수시로 나의 소원을 들어주시는 무소불위한 능력을 끝없이 보여주시었다.

독자들의 눈높이로는 내가 대단한 도력을 가진 기인, 이인으로 보일 수도 있겠지만 하늘님이신 자미천황님과 천지신명님들이 모두 도와주시고 함께 해주신 덕분이다.

천지신명님들이 앞으로도 대거 동참하여 신비한 이적과 기적의 천지조화를 수시로 부려주고 계신다.

날씨 바꾼 풍운조화

12월 21일, 21시 42분 동지로 들어가는 절입 시간이다.

팥죽을 쑤어 1년간의 액땜을 하고 나쁜 기운은 보내고 새로운 기운을 받고자 하는 날로써 오랜 전통관습으로 내려오고 있는 명절이다.

천단에 향을 피웠다. 24절기 중 22절기에 해당하는 동지 신명님이 15일 동안 절기를 주관한다.

절기마다 14~16일씩 주관하는 신명님이 다르지만 일반인들은 거의 모르고 지나간다.

처음으로 절기력(천기력)을 제작하여 24신명님들을 모두 부르고 신명합의공사를 보았다. 절기신명님들을 예우하고 천지신명공사를 행하니 절기신명님들이 모두 환호하였다.

이날부터 날씨에 이변이 생기기 시작하였는데 그동안 따뜻했던 겨울 기온이 급변해 버린 것이다.

대략 지난 20년 정도 날씨가 제자리를 찾지 못하여 겨울이 되어도 심하게 춥지 않아 봄에나 피는 개나리가 피는 이변도 몇 번 일어나고 겨울 장사하는 사람들은 날씨가 안 추워 물건이 팔리지 않아 울상이었다.

12월 15일경 발표한 기상청 일기예보 역시 1월 중순까지 이상난동이 계속 이어질 것이라고 했으며 나 역시 이변이 없는 한 따뜻한 날씨가 이어지리라 생각하고 있었다.

그러나 모든 예측은 빗나갔다. 동지(冬至)신명공사를 본 날부터 기온이 급강하하여 영하 10도 이하를 계속 유지하고 삼한사온도 찾아볼 수 없었다.

동지부터 추워진 날씨는 입춘 전날인 2월 3일까지 이어졌다. 장장 45일 동안 낮 기온도 낮은 영하의 날씨가 계속 이어진 것이다.

내가 풍운조화신명님들께 빌어서 비를 그치게도 하고, 가물 때는 비를 오게 하거나 태풍의 진로방향을 바꾸는 신명공사는 해보았지만 절기신명공사로 날씨가 급변한 것은 처음이었다.

절기력(천기력)

2005년도에 인류 최초 처음으로 제작하여 배포하였는데 그 신비조화가 이루 다 말할 수 없을 정도로 엄청나게 나타나서 놀라움을 감출 수 없었다. 자미국의 천인과 백성들은 천기력의 신비조화를 많이 체험했을 것이다.

절기, 양력, 음력을 모두 표시해서 달력으로 만들었기에 천기력이라 이름을 붙였다.

천기력을 벽에 걸어놓고 기도를 하면 별별 희한한 신비조화가 자신의 몸과 가정에서 상상을 초월할 정도로 신명정기가 내리는 대단한 조화가 일어나는 것이었다.

자미국을 모르는 가족들이 천기력을 집어던지며 내다버리고 싸우는 불행한 사태가 일어났다는 말을 듣고부터는 제작하지 않았다.

천기력 하나를 통해서 보여주는 천지대능력도 대단하신데 하늘의 대행자인 나의 몸을 통해서 부리시는 천지대능력은 얼마나 대단하시겠는가?

하늘을 몰라보고 무시하면

수많은 세월 하늘과 땅의 천지신명님들이 전하는 메시지를 받으면서 느낀 것은 어떤 목적이 이루어진다 하더라도 각자의 그릇 크기대로 뜻이 이루어진다는 점이었다.

그리고 이분들의 뜻을 무시하고 도움을 받지 않으면 그 어떤 일들도 이룰 수 없다는 뼈아픈 참 진리의 교훈을 비싼 대가를 치르고 얻었다.

하늘과 땅의 천지신명님들은 항상 찾아주고 알아주는 자의 편에 서시고 도와주신다는 진실도 알게 되었다.

고통과 불행의 굴레에서 벗어나 근심걱정 없이 하늘과 땅의 천지신명님들의 도움을 받아 인생의 기쁨과 행복을 누리며 편하게 살고 싶은 독자들은 나의 뜻에 적극 참여하여 자미천황님 세상, 자미국 세상을 마음껏 누리기 바란다.

대한민국이 연예인이나 스포츠 선수들을 통하여 나라의 국격과 위상이 급부상하며 떠오르고 있는데 그 이유가 무엇인지 궁금할 것이다.

대단한 자미국이 이 땅에 세워지고부터 기이하고 신비한 일들이 계속하여 일어나고 있는데 이 모두가 하늘과 땅의 천지조화 때문이다. 싸이 같은 가수가 왜 세계적으로 갑자기 부상하고 있는지 그 원인을 모를 것이다.

지금 세계인들은 자미국의 존재를 모르고 있지만 대한민국에 세계의 시선이 수시로 집중되어 있다는 점이다.

하늘과 땅이 먼저 대한민국을 전 세계에 알려서 국격과 위상을 높여주시고 나서 장차 전 세계의 중심국이 될 인류의 구심점 자미국을 급부상시키기 위한 천상지상 천지신명공사를 집행하신 덕분이었다.

지금은 전 세계에 자미국을 알려봐야 국내는 물론 세계인들이 알아보지 못하기 때문이다. 하지만 자미국은 싸이의 강남 스타일 인기를 넘어서 세계 최고의 대단한 자미국으로 급격히 부상하게 될 것이다.

태초 이래 처음이자 마지막으로 하늘과 땅이 내리시는 말씀에 따르는 사람들은 살아가는 동안 행복이 함께한다. 하늘과 땅의 뜻을 받들지 않으면 질병, 우환, 사고, 비명횡사, 사업실패를 당하여도 하늘과 땅이 지켜줄 아무런 의무가 없다.

갑자기 일어나는 모든 불행은 하늘과 땅을 무시하거나 인정하지 않기에 일어난다는 것을 뼈저리게 체험하였다.

아직까지 하늘과 땅의 존재를 잘 몰라서 지금 이 순간도 앉아서 불행을 당하고 있는 사람들이 수없이 많기에 그 원인이 어디에 있는지 알리어 하루빨리 불행에서 벗어나는 지름길을 가르쳐주고자 한다.

하늘과 땅을 찾고 깨닫기 전에는 하늘과 땅의 위력이 대단한 줄 전혀 알지도 못했고 인정도 하지 않았으며 내 마음대로 지금껏 살아왔었다.

하늘과 땅의 말씀에 따르면 불행은 소멸되고 행복한 삶이 펼쳐진다는 진실을 모든 부귀영화가 덧없이 된 다음에야 그 뜻을 알게 되었다.

"네가 갈 길은 오직 하늘과 땅의 뜻을 받드는 길밖에 없다"라는 마음의 소리를 들었다.

이곳은 여러분이 말로, 가슴으로 수백 년 아니 어쩌면 수천만 년 갈망하던 하늘님이신 자미천황님의 세계이다. 책을 읽는 도중 여러 가지 신비조화 현상을 하늘과 땅이 직접 보여주시고 느끼게 해주실 것이다.

페이지마다 단원마다 줄마다 글자마다 하늘과 땅, 조상님의 말씀과 각자 신과 영이 전하는 말을 기록한 신서로써 하늘과 땅의 신명정기가 무궁무진하게 내린다.

하늘의 기운이 흐르는 자미국이고, 책을 구독하면서 하늘의 정기가 느껴지는 책은 일찍이 이 땅에 없었으니 경천동지할 일이 아닌가?

지금까지 전 세계에서 수천억 권의 책이 출간되었다 해도 이렇게 하늘의 신명정기를 직접 느낄 수 있었던 책은 인류 탄생 이후 그 어디에서도 찾아볼 수 없었을 것이다.

사람마다 각기 다르지만 상상을 초월하는 일들이 몸에서 또는 일상생활에서 일어난다. 그 모든 것이 하늘과 땅의 말씀이 전달되는 메시지라고 생각하면 된다.

조화가 일어나는 현상으로는 사람마다 형태가 다를 것이며 강하고 약함도 다를 것이다. 피곤하지도 않은데 하품이 계속 나오는 것은 졸려서 나오는 하품과 달라서 각자 스스로가 쉽게 알 수 있다.

천명을 받아 조상님과 자기 영혼을 구해야 자신의 인생도 천지개벽하는 삶이 열린다. 하늘이 인간, 조상, 영혼들에게 내려주신 사랑의 명이 천명이니 속히 받들어야 한다.

하늘이 내리시는 지엄한 天命(천명)을 받들 것인가, 말 것인가는 각자가 생각해 보고 판단할 사항이 아니라 무조건 받들어야 하는 것이 天命(천명)이다.

물론 天命(천명)은 아무나 받들 수 있는 것이 아닌 하늘의 뜻에 적극 동참할 정신과 심성이 맑고 깨끗하며 순수한 사람들에게만 해당되는 사항이다.

정신과 심성이 맑고 깨끗하며 순수한 사람들에 대한 기준은 인간세상에서 말하는 기준이 아니다.

희생봉사 정신이 강한 자, 마음이 착한 자, 불우이웃을 잘 돕는 자, 효심이 가득한 자, 나라에 충성하는 자, 법 없이도 살아갈 자, 성인군자, 도덕군자, 학식이 높은 자, 덕망이 있는 자, 권력이 높은 자, 명예가 높은 자, 재산이 많은 자, 기업을 크게 일으킨 그룹으로 발전시킨 자가 아니다.

하늘과 자미국에서 말하는 정신과 심성이 맑고 깨끗하며 순수한 사람들은 자신을 이 땅에 인간으로 태어나게 해주신 잃어버린 하늘님이신 태상천존 자미천황님과 천지신명님들의 존재를 인정하고 찾아주는 사람들이다.

자신의 육신을 낳아주신 고마운 부모님 그리고 이미 세상을 떠나가신 선대조상님들의 원과 한을 풀어드리고 허공중천 구천세계에서 추위와 배고픔에 힘들어하며 하늘을 만나지 못해 종교세계 안에서 슬피 울고 있는 잃어버린 조상님들을 입천제의식을 행하여 찾아주는 사람들이다.

각자 자신의 몸 안에서 하늘 만나게 해달라고 절규하며 몸부림치고 있는 영혼들을 천인합체의식을 행하여 소원을 들어주고, 육신이 죽어서 하늘을 만나지 못해 귀신이 되어 고통받을 가족들의 영혼까지 자미국에서 사후세계 준비를 미리 철저히 해주는 사람들이다.

육신이 살아 있을 때 자미국을 통하여 하늘님이신 태상천존 자미천황님을 만나지 못하면 종교를 일평생 믿었어도 죽어서는 하늘을 절대로 만날 수 없다는 진리를 알아야 한다. 열심히 종교 믿는다고 구원받는 것이 아니라 천명을 받는 천인합체의식을 행하는 길 하나뿐이다.

이 나라를 최초로 개국하시고 대한민국이라는 국적을 갖게 해주신 고마운 72위 나라조상님들과 역대 제왕님들, 각 성씨 시조 조상님들, 호국장군님, 호국대사님, 충의열사님, 애국지사님, 호국영령님들을 모시고 기리는 것이다.

이분들의 피눈물과 공로를 위로하고 인정하여, 청와대 터에 인류의 구심점 자미국과 민족의 구심점 나라신전을 세워서 이분들의 위패를 정성스레 봉안하고 국민 모두가 감사하는 마음으로 참배하는 인류와 민족의 구심점을 세우는 천지대업에 기쁜 마음으로 적극 동참하는 사람들이다.

하늘과 자미국이 보는 정신과 심성이 맑고 깨끗하며 순수한 사람들의 기준은 이렇게 다르다. 각자 누구 때문에 이 땅에 태어났고, 누구 때문에 대한민국이라는 국적을 갖고 살아가는 줄도 모르고 이분들의 뜻과 다른 곳에 정성을 들이고 착한 척, 잘난 척하며 살아가고 있다.

이 땅을 밟고 살아가는 세상의 모든 사람들아~

"인간의 욕심 다 내려놓고 순수하게 슬피 울고 있는 조상들, 영들을 구원해 주면 안 되겠는가?"

이것이 하늘과 나 인황이 세상사람들에게 전하는 근본도리이자 기본의무이다.

나 인황에게 하늘과 땅, 신, 영, 조상님, 나라조상님, 천지신명님들이 말씀하신다.

그동안 수고가 참으로 많았다.

눈물의 세월 참아내느라고 고생했다. 이제 너와 나 우리의 뜻을 자미국을 통해서 이루게 되었다. 아무도 통과하지 못한 하늘과 땅, 신, 영, 조상님, 나라조상님, 천지신명님들의 뜻을 만 세상에 전하는 훌륭한 역할을 해내는 너의 열의와 불타는 열정을 모두 보았노라.

너와 나의 뜻이 찬란하게 이 땅 자미국에서 이루어지게 되었으니 그동안 네가 흘린 피눈물의 세월을 모든 분들로부터 크게 보상받을 것이니라.

인고의 세월, 감내하기 어려운 그 힘든 천지득도 과정을 모두 이겨내고 자미국을 세우며 이 책을 집필하였으니 참으로 장하고 훌륭하다 말씀하시니 나의 두 눈에 눈물이 주체할 수 없이 흘러내린다.

네가 해야 할 일이 있고 나와 우리 모두가 해야 할 일이 있는데 네가 해야 할 일은 이 정도면 되었으니 이제 나와 우리(하늘과 땅, 신, 영, 조상님, 나라조상님, 천지신명님)들이 이 나라 국민들과 세계인류를 하늘과 자미국 뜻에 기쁨 마음으로 동참시키는 천지신명공사만 남았느니라.

그동안 피눈물 나는 인생의 아픔과 슬픔, 고통과 불행은 이 세상 그 어느 누구도 알지 못하지만 나의 육신으로 오랜 세월 함께 해주신 이 모든 분들은 실시간으로 나의 노력과 고생을 지켜보고 계시었기에 위로해 주시는 것이다.

세상사람들 모두가 몰라주더라도 천지대능력을 갖고 계신 이분들이 나의 노력과 고생을 알아주신다니 눈물이 하염없이 흘러내렸다.

내 짧은 인생 모두를 바쳐서 자미국을 세워 육신은 없으나 말씀은 하시는데 우리 인간과 언어 소통방법이 달라서 알아듣지 못해 너무나 답답해하시는 하늘과 땅, 신, 영, 조상님, 나라조상님, 천지신명님들의 대변자가 되어 이분들의 뜻을 만 세상사람들에게 전하게 되었으니 그동안 고생했던 지난세월이 헛된 것이 아니었음에 위로가 된다.

인생의 행복과 성공을 찾아서 아직도 종교세계를 방황하고 있는 수많은 세상사람들이여~!

인류 모두가 찾고 있는 행복과 성공의 길은 저 멀리 하늘에 있는 것도 아니고, 종교세계 안에 있는 것이 이 나라 이 땅의 수도 서울 자미국에 있으니 더 이상 종교세계를 통하여 응답 없는 기도로 허송세월하는 고난의 길을 가지 말 것을 간절히 당부하는 바이다.

기도는 하늘의 순수한 뜻이 아니었다는 진실을 세상사람들은 모르리라. 오히려 하늘을 답답하게 만드는 길이 되어 자신들의 인생사 삶도 답답해진다.

각자가 뿌리고 행한 대로 거두기 때문이다.

하늘과 땅, 신, 영, 조상님, 나라조상님, 천지신명님들을 답답하게 만들었으니 자신들의 인생도 답답해지는 것이다.

한 치의 오차도 없으신 분들이시다.

자미국을 통하여 하늘의 천명을 받는 길만이 하늘의 뜻에 순응하는 길이다.

자미국은 종교세계처럼 기도하는 곳이 아닌 하늘의 천명을 인류 최초로 받는 곳이기에 종교라 하지 않는다.

산 자나 죽은 자 모두가 수천, 수만 년 동안 애타게 기다리던 무릉도원의 세상이 자미국이니 그동안 종교세계를 통하여 교리와 이론으로 무장된 고정관념을 모두 내려놓고 자미국에서 행복의 세상, 성공의 세상을 찾기 바란다.

행복과 불행, 성공과 실패의 길은 자신의 마음, 생각, 말, 글에 의해서 좌우되고 있다.

즉 하늘과 땅, 신, 영, 조상님, 나라조상님, 천지신명님들께서 여러분의 마음, 생각, 말, 글의 일거수일투족을 실시간으로 지켜보고 계신다.

행복과 성공을 좌우하시는 이 모든 대단하신 분들이 자미국 인황, 사감과 함께 해주고계시니 고통과 불행에서 벗어나 살고자 하는 사람들은 하루라도 머뭇거리지 말고 자미국으로 속히 들어와야 한다.

상담 및 의식이 필요한 대상자

- 조상님들을 진정으로 구원하고자 하는 분.
- 조상님의 기운을 스스로 체험하고 싶은 분.
- 굿이나 천도재를 아무리 하여도 소용없는 분
- 신의 기운이 있는지 스스로 확인하고 싶은 분.
- 자신의 몸에 누가 들어와 있는지 확인해 보고 싶은 분.
- 머리가 늘 무겁고, 신경질이 잦고 눈물을 자주 흘리는 분.
- 불면증, 우울증, 이혼, 자녀 · 부부싸움 문제로 고민하는 분.
- 매사 하는 일마다 되는 일이 없고, 질병으로 고생하는 분.

상담 및 친견예약

상담 및 친견 시간 오전 11시~오후 5시

1차 상담자 사감(女)

2차 상담자 인황(男)

전화로 날짜와 상담 및 친견 시간 예약 후 방문 요망하며 예약없이 불시 방문은 의식과 예약자 상담 및 친견으로 만날 수 없으니 참고 바람.

3~7일 전에 전화로 예약하고 방문해야 하며 불시 방문은 친견 상담 불가. 방문할 때 구독한 사명자 본인 혼자만 방문해야 하고 부모, 배우자, 자녀, 형제, 친구 동행은 절대 금지하고 사명자가 아닌 나머지 가족은 자미국을 알게 하면 천기누설이 됨.

〈행사 의식 종류〉
조상 구원의식 : 입천제
신명 구원의식 : 천인합체

〈입천제 등급〉 〈천인합체 등급〉

특단 입천제	특단 천인합체
상단 입천제	상단 천인합체
중단 입천제	중단 천인합체
하단 입천제	하단 천인합체

※의식비용은 방문자에게만 알려주고 전화로는 공개 불가.

천기 13(2013)년 12월 15일
지은이. 남 하늘의 명 대행자 인황
지은이. 여 하늘의 명 수행자 사감